U0481746

打赢品牌仗

用战略思维讲透品牌营销

朱金科——著

WINNING THE BRAND WAR

USE STRATEGIC THINKING TO UNDERSTAND BRAND MARKETING

图书在版编目（CIP）数据

打赢品牌仗：用战略思维讲透品牌营销 / 朱金科著.
—北京：企业管理出版社，2021.3
ISBN 978-7-5164-2319-6

Ⅰ. ①打… Ⅱ. ①朱… Ⅲ. ①品牌营销—研究
Ⅳ. ①F713.3

中国版本图书馆CIP数据核字（2020）第261442号

书　　名：打赢品牌仗：用战略思维讲透品牌营销
作　　者：朱金科
责任编辑：张　羿
书　　号： ISBN 978-7-5164-2319-6
出版发行：企业管理出版社
地　　址：北京市海淀区紫竹院南路17号　　**邮编：**100048
网　　址：http://www.emph.cn
电　　话：总编室（010）68701719　发行部（010）68701816　编辑部（010）68701891
电子信箱：80147@sina.com
印　　刷：三河市荣展印务有限公司
经　　销：新华书店
规　　格：170毫米×240毫米　16开本　16印张　230千字
版　　次：2021年3月第1版　2021年3月第1次印刷
定　　价：68.00元

真知的获得，首先要真，始终以一种谦卑的态度去探索。

朱金科很真，一身正气，元气满满，这是他给我的一贯印象。

他的书稿我很认真地看完了，受益匪浅。作为从事影视广告创作20年的老兵，从创意到导演，我深知战略思维的重要性。我有时一天要看很多份创意脚本，来自不同的制作公司，它们或者是似曾相识，或者是直接复制，看不出半点原创。有时我想：是不是进入大数据时代了，就不需要策略，不需要原创，只是复制即可？答案当然是否定的。究其背后的原因，首当其冲的就是深度思考与战略思维的缺失。

这的确是这个时代的特征。所以，尤显出朱金科的可贵，他的真实，他的正气，他的谦卑，他的勤奋，他的持之以恒，他对战略人格的洞察与真知灼见。

真，其实是战略的原点，信赖的始点。

感谢朱金科的大作，探索之路，与真同行。

——苏明亮　著名影视广告导演

营销通常被当作工具，而很少被提高到战略级别，能够把营销真正讲深、讲透的也很少。本书通过大量的原理与案例，讲述了作者自己的战略营销逻辑，分层递进，条理清晰，是一本全面了解营销原理的好书。

——盛励　麦设计创始人

一边读本书，一边想起我出道策划业时的点点滴滴，感慨万千，真是长江后浪推前浪。朱金科是一个有激情、有梦想、勇于思考的策划人，从他的书中可以看出，他不是一个人云亦云的人，而是一个勤奋动脑的人。我相信，他对品牌营销的重新思考，他所阐述的战略思维，一定会对每一个珍视事业的人有所助益！

——朱玉童　深圳采纳品牌营销顾问有限公司总经理、中国十大营销策划人之一

本书深入简出，大量引用世界各地知名品牌案例，对企业战略、品牌发展、策略定位等方面进行分析，内容有深度、有广度、有高度，非常值得当代企业家借鉴和阅读。希望通过本书，让当代企业家找到自己企业品牌战略发展的思路。

——何家明　东莞市鞋业商会会长

对策划人而言，这是一本不错的入门级必读教材。

——桂久强　紫燕食品副董事长

无论是何种类型的企业，想要做好营销策划与创意，都要具备顶层战略的视角和高度。我在实体企业从事管理工作多年，每当遇到营销方面的问题时，总想在第一时间就能寻找到正确的解决方法，但往往难以如愿，相信读者朋友也有同感。本书的出现恰逢其时，书中既有理论思想的总结，又有具体案例的剖析，对于企业管理和营销策划从业者来说，完全可以放在手边，作为工具书随时使用。

——王涛　中蕴实业集团副董事长

品牌营销的核心是你为企业和消费者创造了什么价值，营销价值不是无中生有，需要策划人具有全局视角和体系化解构的能力。金科凭借多年

的实战和总结，从战略思维的角度去洞察和解构，值得我们借鉴。

——李钢　锦坤文化发展集团前高级合伙人、研与美咨询联合创始人

既能够把营销与创意放到战略层面去对待，又能够接地气地用起来，这是当下很多中国企业需要做的，我相信这本书能够带给你有益的启发。

——由天宇　亿欧公司董事副总裁、亿欧智库院长

正直、自律、勤奋的策划人朱金科老师，以非常丰富的案例，对战略和营销进行深入思考，注重从人格和精神层面注入战略思维，谱写出了战略与战略者之人格的协奏曲。

——赵晓明　河北金融学院金融研究所所长、环雄安定位学会创始人

《孙子兵法》云："谋定而后动，知止而有得。"在这个快品牌快营销的时代，能够真正从战略的视角思考品牌与营销的可持续性，以及两者之间的深度关系，是难能可贵的。这本书从一个非科班出身的从业者视角，洞悉营销本质，授人心法，值得推荐。这也为真正想从事这个领域的广告人以及传统企业主提供了很好的指导！

——倪放伟　上海美御品牌营销咨询集团创始人

作者将自己在营销策划工作中的点滴体会和感悟，如蜜蜂采蜜和集腋成裘般汇集起来，终成此书。这是一部营销策划领域的精华之作和精彩之作，每一页都闪烁着作者如钻石般的智慧之光。从这些光彩中，我们看到的是一个在营销策划领域深耕不辍之人，在面对风云变幻时显露出的独立、自信、从容和执着的人格。我们生活在一个商业时代，在工作和生活中，能够深切体会到营销策划的重要性。没有策划，再好的产品和人才都会像是明珠暗投，难以显露出自身的光彩。从这本书中，我们可以得到专业的启发和帮助，从而让自己的生活和工作精彩起来。

——卢志民　企业管理学博士

朱老师钟情翰墨、笔耕不辍。本书用战略的眼光洞穿营销创意的本质，内容丰富、干货满满，是一本战略有高度、实战有广度、思想有深度的难得佳作，读来让人受益匪浅。

——李骐　项目管理专家、读行会创始人

本书旁征博引、论据充足，书中提到的几乎都是各个行业里熟知的经典案例，逐一分析，有理有据。是一本针对广告行业从业者的专业性很强的指导手册，对于企业家又是一本全面了解品牌创建、品牌战略、品牌形象、市场营销等诸多方面问题的“航标书”。

——吴朝君　资深平面设计师

书中作者所有的心得体会在很大程度上已经触动到我，它既有思想启迪的功能，又具有战略研究的价值，不失为一本专业性非常强的书籍。

——魏利明　著名工业设计师

自序

一个策划人的自白

促使我进入广告行业的启蒙书是《科学的广告 + 我的广告生涯》，作者是“现代广告之父”克劳德·霍普金斯。他在自序中提到写作的动机，是被他的作家、出版人、广告人等朋友劝说而动笔的。霍普金斯说：“任何将终生奉献给某项事业并因此而博学多才的人，都应该为后来人留下可资借鉴的先知。凡是深思熟虑得来的东西都应该留下来，传下去。”霍普金斯写书的时候，已经功成名就，从洛德暨托马斯广告公司董事长的位子上退休了。他的学说还深刻影响了“广告教皇”大卫·奥格威，改变了青年奥格威的人生方向。

当然，我的所学所知所写，远远不能和霍普金斯相提并论，拙著旨在学习先贤之精神。我从事广告行业、战略营销行业六年有余，这么短的资历能写出什么呢？这个行业的巨人巨著已然很多，相信现在您的脑海中已经罗列出了一连串的人名和书名。我不敢说我写的这本书内容非常优秀，但我能保证它的每一个字都是经过严谨考证、认真写就的。本书适合中国的企业家、品牌厂商的营销负责人、营销咨询从业者、广告行业的老兵和新手以及中小企业的经营者阅读，从中可以了解如何从战略视角看待各种营销创意并制定战略方向和原则，以及具体战术实操中的精妙细节。而对广告营销有兴趣的热心读者，也能从中吸收到一些有益的营养物质。

如果用一句话来阐释本书的核心观点，那就是“以战略的视角和思维

来洞悉品牌营销创意”。我的工作涉及战略、营销、广告、传播、心理等多个学科的知识，而战略策划讲究举一反三，融会贯通。很多看似不相关的东西都有其内在的关联，找到它们的关联点就可以编织出一张巨大的思维之网，解决问题的时候就可以触类旁通、辨证施治。营销创意涵盖的内容非常多，比如企业诊断、企业战略、品牌战略、品牌话语体系、符号系统、市场调研、传播宣传应用、广告片制作、年度营销传播、传播广告监督管理、新产品开发建议、产品规划、文案撰写、招商策划、渠道规划、整合传播、包装设计策划、画册设计、VI 设计策划、终端管理，这些都是营销咨询公司的服务内容。我从工作中发现问题，寻找症结，总结经验，写成文字，再用一条“以战略视角洞悉营销创意”的主题脉络将这些文字串起来，集结成册，即呈现为本书。我不是妙笔生花的作家，因此在写作过程中充满了煎熬。我不停地逼着自己去观察、去思考、去总结、去提炼、去优化文字，大纲一遍一遍地修改，内文一篇一篇地打磨，直到自己看得过去为止。授人以鱼不如授人以渔，相比具体的内容讲解，我更愿意跟您分享这背后的底层逻辑和代码。

一套心法：本质、常识和规律。

策划界老前辈王志纲老师曾多次讲过，做事情要尊重人性、把握事物的本质、尊重常识、敬畏规律。

所谓本质，就是事物最根本的特质。比如消费者买车就要把握汽车的本质——符号。汽车作为大额商品，其“符号”价值远远大于“实用”价值。我们会发现汽车在本质上有三个符号：“有车”“好车”“豪车”，分别为车主提供了不同的社交名片。“符号”到手，为别的理由再花钱就是为“溢价”买单了，那些不成熟的消费者，就是因为还没有把握事物的本质。

常识，也就是大部分平常人的认知和认识。100 多年前，法国心理学家古斯塔夫·勒庞在《乌合之众》里讲过，群体认知是无意识的“人云亦云”，因此才会有“认知＞事实”的现象。常识不一定正确、不一定科学、不一定严谨，但一定有用。一个新的产品、新的事物要想快速地让大家接受并愿意尝试，就要尊重常识，利用大家原本就理解的事物来介绍，而不是生造一个大家都陌生的概念。市场总监很兴奋，但市场不兴奋，有什么用呢？

敬畏规律。自然有自然的演化规律，社会有社会的发展规律，中国先哲老子称这种规律为“天道”。不论是小事大事，想要干成事就不能和规律逆着来。比如说开车导航，现在高德导航有联网大数据，连拥堵时间都能准确计算。一个小时的路程，我们到达的时间误差不超过三分钟。导航能够算准，就是由于其遵守了大数据的规律。

一种生存哲学：就如不干胶，贴了就管用，用不着就揭掉。

有人说，策划这行忽悠的永远比实干的多。策划是商业的顶层设计，一步错步步错，“心正则箭正”。如果策划人盯的不是问题的症结，而是客户的钱包，这是必然要出大问题的。小则自己崩盘，大则害死客户。正所谓“君子爱财，取之有道”，开门做生意，求利不丢人，只是这“利”要服从于“义”，才是长久经营之道。“不干胶”的生存哲学，就是保持自己的独立人格，不依附权贵，不贪恋金主。要知道，靠山山会倒，靠人人会跑，只有自力更生才能吃饱。在拿着狗皮膏药就能打到赏钱的时代，我们要坚持做一只“不干胶”，贴了就管用，用不着了就揭掉，绝不恋栈！

做品牌营销，最重要的是要养成“战略型人格”。那么，为什么要强调“战略型人格”呢，这要从我的营销生涯的三个转折点讲起。

机电专业毕业后，我被学校分配到东莞某台资电子厂实习，先学着操作注塑机。我就像一个孩子冲进了图书馆，每天眼睛所见，尽是“十万个为什么”。从机器的运行原理，到产品出模后的处理，再到生产流程和5S现场管理的每一个细节，工作中的一切都是我好奇的对象。刚开始带我的师傅还能一一应对，慢慢地师傅也被问得词穷了，于是师傅去请教班长，班长又去请教课长。如果你问什么工作是我最感兴趣的，答案就是“我现在正干的这个”。那时候，我还不到20岁，根本不知道什么是“人生的选择”，只知道把眼下的事情搞明白，不懂就要问；只知道把手上的活儿做到精益求精，不熟就死练。

工厂实习结束以后，正式的工作是跑销售。我前后卖过工业皮带、

PLC 控制器、变频器、生产线、老化测试设备、音圈绕线机、LED 显示系统等工业领域的产品，甚至有段时间还蹲守在各大楼盘拉过装修业务。我性格内向，不爱说话，属于一眼看上去就“不适合做销售”的人。但不论卖什么东西，我都认真学习专业知识，客户关心的一切问题我都能对答如流。甚至于销售部的同事带我去见客户，都说这是我们工程部的“朱工”。虽然口才不好，但我还是凭业绩做到了销售冠军。一方面因为我是机械电气专业毕业，有点工科底子，卖的又都是工业产品和设备，“专业对口又肯钻研”，这是优势之一。另一方面就是我态度诚恳，为了给客户解决问题，冒着大雨坐公交车接着又打摩的去送货，半夜还在帮客户调试机器，这些细节很多年后回忆起来连我自己都要被感动了。但毕竟我真的“不适合做销售”，能偶尔成为公司销售冠军不算什么，行业里还有大把优秀的销售人才。我要是把销售当成终身事业，瓶颈还是很明显的，有没有更适合我走的路呢?

第一个转折点，源于一句话：“我看你骨骼清奇有灵性，是个做广告的料。”

我平时有读书的习惯，只要是觉得能让自己进步的书我都会读。我真正对营销有点概念是因为读了定位理论的书，比如《聚焦》《定位》《广告的没落、公关的崛起》这些。因为一个阴差阳错的机缘，我被广州的老 4A 广告人周亚妮女士发掘。她说：“听说你想做公关?其实公关是广告的一部分，我看你骨骼清奇有灵性，是个做广告的料，来我公司吧。”于是我开始跟着周大姐做广告，写文案、做策划、讨论设计、协调拍摄、跟进印刷制作，天天就是干这些广告行的辛苦活儿，加班到深夜两三点更是家常便饭。但是，我热爱这个工作，发自内心地热爱。周姐并没有一股脑地把 4A 那一套法宝教给我，而是希望我自己去感悟，想学什么就买书看，钱公司出。在广州做广告的那三年多，我几乎读了所有叫得出名字的广告前辈的书，也经历了广告行的各种心酸和喜悦，虽然勤勤恳恳、扎扎实实，但我看不到出路在哪里。那时候，我还对战略一无所知，但其实这也暗合了战略的思路。什么是战略?德鲁克说过：战略不是我们未来做什么，而是我们今天做什么，才有未来。如果实在看不清楚未来，那就做好当下的事情，这就是战略。当时我真的以为自己会这么平淡无奇地过一生了，直到偶然一天，广告人小马宋老师向我推荐了一本书，叫作《超级符号就是超级创意》。我瞄了眼目录马上就买来看了。天啊，怎么会有这样的一本书！书里面讲的东西，和我之前在行业里浸泡所得的“认知”完全不一样！这本书的作者看问题很犀利，俨然有一些克劳德·霍普金斯、大卫·奥格威的影子在内。

广告行业看似“高大上”，实则“下九流”，被甲方牵着走，怎么有人能经营得如此游刃有余，牢牢把握主动权？怎么有人能把广告专业上升到战略策划、传播学、符号学的高度？这一系列的疑问，让我对华与华这家公司充满了好奇。我曾问过小马宋老师，能否推荐我去华与华工作，他答复说有没有他推荐都一样。好吧，于是我就自己整理了一些学习《超级符号就是超级创意》的心得体会，写了有几千字，发给了华与华商学院的徐昇老师。后来有幸去上海见华与华合作人颜艳老师，面试还算顺利，过两天人事就给我发了录取通知。我收到那封邮件，就像是拿到了大学录取通知书一样兴奋。在那里工作后，我感到每天的太阳都是新的，哪怕雨天我也觉得阳光是这么的灿烂。我就像一块海绵，每天拼命地吸收宝贵的知识养分，每周一华杉老师亲自点评各个项目，这更是难得的学习机会。我心想，要是能这样下去多好啊。但接下来，事情开始发生反转。

第二个转折点，也是源于一句话：“你不适合华与华，我决定劝退你。”

你没看错，我要说的第二个转折点不是“进华与华”，而是“出华与华”。我复盘下来发现，往往逆境学到的东西，比顺境学到的要宝贵得多。哪有什么岁月静好，成才之路必然历经磨难。刚进去华与华的那段时间，我以为可以每天都像这样学本事，没想到忽略了一个很重要的问题：公司请你来是干活儿的，不是学习的。好景不长，刚上班没几个月我就被徐昇老师劝退了，理由就是“你不适合华与华”。为什么呢？因为我太重视吸

收养分，在工作上没能好好规划，没能尽到“商学院运营经理”的职责。好不容易雨过天晴透出一丝亮光，没想到突然天塌了。不过我并没有因此记恨徐昇老师，相反，从那以后我们还时常一起吃饭，成了互相勉励的好友，当然这是后话了。我觉得所有发生过的，也许都是该发生的。我失落了一段时间，又在其他公司开始了普普通通的工作、平平淡淡的生活，但我心中对战略、对营销的热爱，一分一毫都没有减弱。工作之余，还阅读了大量的书籍并且做了笔记，比如《麦肯锡传奇》《一个广告人的自白》《奥格威谈广告》《品牌洗脑》，等等。

再后来，我开始详细了解王志纲老师的经历和著作，从1996年出版的《谋事在人》，到2014年的《王志纲谈旅游》，我一口气读了十几本。我对王志纲老师和王志纲工作室佩服得五体投地，了不起！王志纲老师口中的“傻博士”也令我印象深刻。这位“傻博士”就是路虎老师，他写的文章我都会存在电脑里仔细研读。他对于战略思考得很透，他的那些观点我在工作生活中也会反复琢磨。如果能当面请教那该多好？怀着崇敬的心情，我去了王志纲工作室的上海办公室，如期见到了路虎老师。路虎老师是一位年过半百、两鬓斑白的“60后”，这位和家父年纪相仿的智库总裁并没有躺在功劳簿上休息，而仍然像蜜蜂一样辛勤地工作着。我很感激路虎老师在百忙之中还接待了我，对我这个后辈给以鼓励。

后来偶尔会看看路虎老师的朋友圈动态，更是令我感到敬佩。原来他每天都早起、健身，还保证一天有几个小时的严肃阅读时间。这种生活状态，他称之为“逆碎片化生存”。我认为这是一种很重要的战略思维。时间、金钱、人脉这些资源很宝贵，一旦“碎片”了就形不成“势”，就很难实现战略目标。《孙子兵法》里提到，如果遇到寡不敌众的情况怎么办？找一个狭窄的关隘，让敌方只能一小撮一小撮、一小节一小节地打过来。这下优劣势就扭转了，就算敌方有六千人，每次也只能几百人分批过来，我方虽然只有三千人，但三千人打几百人还是很有胜算的。抗战前，举国皆知中日必有一战。蒋百里在国军将领的研习班上课，想提振将领士气，他问了一个很难回答的问题：“一个人跟十个人怎么打架？”大家答不出来。蒋百里说："打完一个，再打下一个。"这就是"整块"对战"碎片"的绝对优势！如果一个人拼蛮力去"以一当百"，那是匹夫之勇，连战术都谈不上。如果运用智慧使对手"碎片化"，就会变相地将"以一当百"转变为"以百当一"，从而具有压倒性的兵力优势，这才是战略。在同等条件下，那些懂得把优势资源集中成"整块"来利用者，相比那些天天金钱碎片化、时间碎片化的人，就有了绝对的竞争优势。这也是战略思维的一个缩影，它不仅可以应用在军事战略、企业战略、品牌战略上，更能将生活中不起眼的件件小事擦出战略的火花。积少成多，点连成线，线拼成面，面搭成体，这样融会贯通，量变产生质变，长远看未来可期。

第三个转折点，同样源于一句话："这个世界上成功的往往不是聪明的人，而是执着的人。"

2019 年，我有幸去拜访了专攻调味品行业的营销大师——张戟老师。我在见面之前已经读了张戟老师写的《引爆市场》和《破解中国企业战略转型成功密码》，算是有点准备。虽然只有短短的一个下午交流，仍然让我受益良多。其实战略策划本来是不分行业的，只是因为客户觉得专精服务一行的专家更加靠谱，于是马太效应产生了，服务某一行多的公司，身上的行业标签就越来越大。其实大家忽略了一点：战略是融会贯通的。战略思维是相通的，只是应用领域不一样。真正的大战略往往是多个学科的碰撞，多个行业的整合。如果号称是某某行业的战略专家，但对于战略的认识却很狭隘，钻牛角尖，那不叫"专家"，而是"钻家"。这就需要中国的各家品牌厂商、诸位企业家朋友擦亮眼睛，不要拿着黄金的价钱买了一堆黄铜回来。怎么鉴别呢？时间。张戟老师从业已近 20 年，经历过中国策划咨询市场上的各种波动浪涌，尤其是本土的策划咨询公司，忽忽起来几家风头正劲，过几年又没消息了。我总结下来，王志纲老师的智纲智库、华杉华楠两位老师的华与华、张戟老师的至汇咨询，能够在行业屹立十几二十多年不倒，他们至今还在著书立说、积累案例、奔走布道，可谓是最耐烧的柴火。耐烧的柴火，非硬木不可。硬木的"硬"体现在哪里

呢？专业硬、品格硬、原则硬！张戟老师在《引爆市场》一书的后记中有一句话让我印象深刻："这个世界上成功的往往不是聪明人，而是执着的人。追梦的人是值得尊敬的。"

聪明人做事情往往瞻前顾后、患得患失，就像曹操讽刺袁绍的那样，"干大事而惜身，见小利而忘命，非英雄也"。要想成就一番事业，必须执着于自己的信仰，始终服务于最终目的，这样每一步就是进步，每一步才是进步！在一个碎片化成为主流的时代，"逆碎片化"就是不随波逐流，不人云亦云。这背后体现的是坚强的意志力。只有"逆碎片化"，才能保证一条清晰完整的人生主线，所有的动作都为这条主线修路搭桥，总有一天能够到达终点。而碎片化呢，就是不停地变道超车，不停地消耗积累，不停地摧毁意志，形成"差习惯—差结果—更差习惯—更差结果"的恶性循环，最终一事无成。如果只靠聪明，却没有对理想的执着，就容易得过且过、急功近利，一步接着一步把好好的棋下死。而杰出的策划人、企业家，往往并没有那么"聪明"，他们最显著的特征就是"执着"。"傻博士"并不傻，路虎老师在20世纪90年代就已经取得了经济地理学博士学位，"傻"是因为他像阿甘一样地执着，不为外界诱惑所动，一心只把梦想实现。

本书就是笔者经过多年的观察积累，一篇一篇写出来的，曾在2019年集结成册，但我并不满意，2020年又推翻重来，以真正的战略视角来解读营销、创意以及生活中诸多有趣现象背后的原理，从9万多字增加到了20多万字。谋事在人，成事在天，做好自己能做好的，其他的就交给时间。

咨询这个行业，算是无本生意，在和客户打交道时，风险也是不对称的。这种模式本身就容易把人性中的"贪婪、侥幸"放大：反正客户又不懂，忽悠也能骗到钱；反正中国市场大，一二线不灵的招数去四五线也能"降维打击"；反正我就火这两三年，以后大不了转行或者退休……任何行业，拼到最后拼的是什么？存在！为什么财富500强中的那些百年企业受人尊敬？因为它们经历了百年荣辱，还以优异的成绩活到了现在。急功近利的人，注定和时间做不了朋友。明天会怎样，谁也不知道，明天不是我们能掌控的，我们能把握的只有今天。别人怎么样我们也没办法，我们能管住的，只有自己。

为什么有的人随波逐流？为什么有的人乘风破浪？我经常会看到一些初入职场的迷茫小白，也会接触到一些混日子的迷茫老鸟，他们的特征也很明显——“四个不知道”：进公司之前，不知道自己要什么；来公司之后，不知道自己该干什么；离职走人了，不知道自己收获了什么；不知道自己不知道。这样的人，一天天心怀各种焦虑，被所处环境中“集体无意识”的泥石流裹挟，来去身不由己。如果你有坚定的志向和信念，你就不会焦虑，你的志向和信念，会驱使你做有价值的事情，乘风破浪，离彼岸越来越近。在这个瞬息万变的时代，没有扎实的核心力量，不足以应对一波又一波的变化。战略策划人的核心力量就是利用符号、语文表达（话语 + 文字）、构造场景、洞察人性等的能力。要把 80% 的时间和精力留给核心力量的培养，20% 用来触摸变化的脉搏，让方法为哲学所用、技术为内容服务。追风口、追热点，这本质上还是“刻舟求剑”。我们要“守株待兔”，守住自己的核心力量，与变化的东西保持适当的距离。在喧嚣浮躁的世界，战略策划人的内心应该是平静而炽热的；在“人设”横行的时代，战略策划人更要坚守一种“人格”。我们是远行的阿甘，是来去自如的不干胶，是“凭一口气点一盏灯，念念不忘必有回响”的弘道之人。坚定一种信念，坚持一种人格。策划生涯拼的是积累，是一招一式的纤毫精进，更是水滴石穿的内功修炼。路线，是策划出来的，但路程，是走出来的！一切奇迹，都是时间的玫瑰。

最后，我要感谢上海华与华营销咨询有限公司的华杉和华楠两位先生，如果没有他们的著作和谆谆教导，我的写作将是无源之水无本之木。特别是华杉老师，他将战略策划与广告创意结合起来，开创了广告行业新的经营形式，我从中得到启发，而本书的核心脉络才得以浮现出来。我还要感谢路虎老师、张戟老师、朱玉童老师、小马宋老师、周亚妮女士（排名不分先后），如果没有这些精神楷模的点拨和鼓励，我可能会坚持不下

去。同时，我要特别感谢华与华商学院的徐昇老师，他是我的引路人，如果没有在商学院的工作机会，我将无法学到这么宝贵的一手知识。

希望本书的内容能给读者们以启发借鉴，您的精进就是对我最大的支持和鼓励！

朱金科

2020.10.20

企业战略篇

品牌战略篇

传播战略篇

企业战略篇

第1章

物质必灭，精神永存，百年企业百年魂

长寿，是一个关于生命的话题。人到七十古来稀，长寿的人自古以来都是受人敬仰的。年岁过百就是人瑞了，国之福气。人是这样，企业亦是如此。长寿的企业，也受人尊敬，能经历多个经济周期还基业长青的，更是让人想一探究竟：为什么它们能存活那么多年？有什么秘诀呢？本质上说，长寿是一种战略选择，看你选择长跑还是短跑；长寿也是一种战略思维，看你习惯长线考量还是短线得利。长寿，并不仅仅是幸运，这背后也有个人的战略选择和意志在发挥作用。CI 企业识别系统的核心不是 VI，而是 MI。VI 就相当于做个整容手术、换身衣服，这些都只是表面的阶段性成果，是很容易被模仿的。而 MI 则是心脑保健，甚至是关键时刻的换心脏手术，使企业得以绽放出一个新的生命力。理念引导行为，行为决定结果。企业也好，品牌也罢，论及长寿之道，在理念不在形象，在意志不在意识。长寿这个课题，要趁着年轻的时候就重视起来。

一、究竟何为长寿

人活多大年龄为长寿？据古籍记载，人的自然寿命（天年）当在百岁以上。明代名医张介宾《类经·摄生类一》注：“百岁者，天年之概。”俗语有“百年以后”，即指死亡。《吕氏春秋·孟冬纪第十》云：“人之寿，久之不过百，中寿不过六十。”

看来，将60岁作为长寿的年龄，下限太低，绝大多数人不一定认同；过百岁者虽有之，但终属少见；80岁作为人类长寿的最低年龄，多能认同与接受。而在企业和品牌层面，我们普遍能接受的长寿概念，就是100年了，比如说“百年企业”或“百年品牌”，就是对企业品牌强有力的背书，在市场上很有号召力。至于产品，考虑到经济周期和人类代际的更新，我认为在市场上存在超过30年的长销产品，都算是长寿的。当然，像可口可乐的经典瓶装可乐，已经有百年历史，这样的产品已经是一个“符号”，成为人类文明的一部分。

在我的心目中，世界上的“长寿之乡”当属日本，这里不光是指人的长寿，还包括企业品牌的长寿。日本人普遍寿命都比较长。在2019世界各国平均寿命排行榜上，日本又一次占据了榜首。在日本，男女的平均寿命高达84岁，女性在87岁左右，男性则在81岁左右。除了饮食清淡这个关键因素之外，还有就是日本发达的医疗保障体系，可以说是“逼”着人民去体检、去保持健康水平。此外，根据日本东京商工研究机构的调查数据，截至2016年，全日本超过100年历史的老店铺和企业竟达33069家之多，比2012年的调查增加了5628家。日本千年以上的企业有7家，最老的企业是木造建筑行业的“金刚组”，距今已有1400多年的历史。日本可谓世界长寿企业的国家。

这是为什么呢？除了工匠精神、终身雇佣、年功序列这些大家熟悉的原因外，我想特别强调的一点就是，日本长寿企业有个非常“狠”的接班制度，即企业不一定会传给儿子。这和我国几千年的“家天下”文化很不一样。中国素有“养儿传宗、子承父业”的传统，但儿子不一定合适接班，或者不愿意接班，怎么办？这也是让老一代企业家普遍头疼的问题，儿子有出息还好，要是没出息那不就得把企业拱手让人吗？日本长寿企业会超越血缘来选定继承人，为了在内部形成竞争激励机制，日本家族企业往往会通过招赘女婿、收养养子等做法，在不分割财产的“总有制”前提

下，将没有血缘关系的才干之士立为一家之主。这有点类似西方的“公器精神”，就是说企业不是谁家的私企，而是社会的公器，是为社会服务的，既然这样，那自然是由德才兼备的人接班，可能是儿子，也可能是女婿、养子，甚至是优秀的资深内部成员。从这一点看，日本能诞生出这么多长寿企业，是源于其骨子里已经有了“依法治企”的基因，这是人类商业文明的一大进步。

西方发达国家之所以成功的百年品牌多，这得益于欧洲 18～19 世纪第一次工业革命带来的“蒸汽”福利。蒸汽机的普及使得他们的国力蒸蒸日上，老牌资本主义国家的汽车工业也大放异彩，诸多品牌到现在都有了百年历史，比如劳斯莱斯（1906）、路虎（1904）、奔驰（1886）、宝马（1916）、奥迪（1909）、标致（1890）、雷诺（1898）、菲亚特（1899）、玛莎拉蒂（1914）、斯柯达（1895）、福特（1903）、雪佛兰（1911）、凯迪拉克（1902）、别克（1904），这些都是汽车圈知名的百岁寿星。

日化界的国际巨头比如欧莱雅（1907）、妮维雅（1911）、美宝莲（1915）、宝洁（1837）、强生（1886）也都是百年品牌，此外还有一些老牌奢侈品牌，比如路易威登（1854）、香奈儿（1910）、普拉达（1913）、爱马仕（1837）、博柏利（1856）、罗意威（1846）等，均属此列。

说了这么多外国的，那么中国的百年品牌呢？其实也有不少，比如同仁堂（1669）、张小泉（1663）、老凤祥（1848）、茅台（1915）、全聚德（1864）等，但是大多数的发展不如那些洋品牌好。一方面是中国经历现代商业文明的时间太短，在品牌运作方面功力尚浅；另一方面，就是“百年屈辱”对中国人的打击太大了，导致中国文化输出方面不够强势，企业品牌也抬不起头来。不过，随着我国经济实力的增强和商业经验的积累，如今腰杆子越来越硬了。本着“中学为体，西学为用”的原则，发挥我国几千年的文化优势，再辅以西方的“公器精神”的机制，中国企业和中国品牌将会大有作为。21 世纪以后，国与国之间的竞争更多的是国民素质、文化价值这些软实力的博弈，我相信中国企业将再一次崛起！

二、企业和品牌如何才能长寿

企业和品牌如何长寿，这个话题也是很博大精深的，下面我就从战略、产品、品牌、意志这四个层面简要说一下。

1. 战略层面

首先是长远布局。好的战略一定是高瞻远瞩、立足当下的，如果只图一时之利而自毁长城就得不偿失了。现在有些短视的思想很要不得，都是教企业家怎么“短平快”来钱，只看眼前利益，不负责任。得到的太容易了，以后怎么办呢？不可能事事都能那样“短平快”吧？于是陷入迷茫，不知道未来将去往何方。当然不知道了，因为没有布局嘛。做生意是要谋利，但谋利当谋万世利。

其次是与时俱进。诺基亚做手机那么多年，一度成为出货量霸主，但导致它每况愈下的，并不是老同行摩托罗拉、爱立信之类的手机厂商，而是一个外来者——苹果 iPhone。其来势凶猛，不仅把传统手机厂商打得够戗，还顺便扫荡了个人数字助理 PDA、掌上游戏机 PSP、随身听 Walkman、卡片相机、MP4 播放器。难道是苹果公司一心要用 iPhone 来取代这些产品吗？并不是，这些都是用户的选择。因为那些产品给用户的体验，远不如 iPhone 方便快捷效果好，那消费者就没有理由再选择它们了，除非是出于情怀去收藏。

依靠多年积累的专利技术，诺基亚倒不至于饿死，但诺基亚反思了吗？也没有。诺基亚最新款的手机还是特别追求机身硬度，不仅背面能砸核桃，连屏幕也能砸碎核桃后完好无损，堪称神奇。但是，消费者真的需要这样的屏幕吗？我认为，用户最想要的，应该还是手机软硬件结合的整体体验吧。

2. 产品层面

首先，长寿的企业一定有长销的产品，这个产品往往能定义行业的标准。当人们说起辣椒酱，第一个想到的品牌就是老干妈，它也不怎么打广告，但产品就是很畅销，这是为什么呢？老干妈已经称霸辣酱市场几十

年，深入各家各户，最吸引人的还是它独特的口感，包含了辣、麻、咸、香、油，尤其是香的比例特别独到，吃起来不会腻，和其他调味品搭配比较容易，而且口味纯正。这种独特的味道和丰富的口感是老干妈的核心竞争力，很难被其他品牌所复制。曾有国家科研人员组队试制辣酱，往里添加营养成分，调来调去味道却始终不对。问及其中秘诀，老干妈创始人陶华碧说："我没有文化，就一心研究技术，有技术，到哪里都干得好。卖米豆腐时，我做的米豆腐可以下锅炒，做辣椒调味品，也总是比别人口味独特。"国家油制辣椒标准，正是以老干妈的标准作为基础制定的。如今，在产品开发方面，陶华碧依然是公司的"技术总监"，为了保持灵敏的味觉和嗅觉，多年来，她坚持不喝茶，不碰饮料。现在，老干妈依托富有贵州地方特色的"香辣调味品"资源，对技术不断创新，风味腐乳、香辣菜、香辣酱等新产品层出不穷。我国以辣闻名的地方不少，湖南的辣是干辣，辣是主题；四川的辣则主要是麻辣，辣而不香。老干妈使用的辣椒是贵州本地生产的，贵州辣椒以香辣出名，是全国优质辣椒生产地，所以老干妈开创出香辣酱还有赖于优质的地理环境。当然，老干妈之所以有这样独特的风味，与陶华碧本人对于产品的匠心打造是分不开的！

其次，产品定价"定天下"。定价不只是给产品定一个具体价格，而是定的整个商业生态，好的定价能保护企业和合作伙伴整个生态的平衡，实现可持续发展。很多短命的产品，其实本来可以多经营几年的，只是品牌厂家给合作伙伴的利益空间太小了，使其完全没有积极性，于是串货之类事情屡犯屡禁，屡禁屡犯，好好一盘生意就这么黄了。办企业要赚钱，没错，但产品定价越高越好吗？并不是。定价是个真正的技术活儿，比如日本商家经常发售的"福袋"，里面是什么不知道，店家声称这一袋肯定物超所值。你买回去打开，确实是划算，但可能会有一堆你用不到的商品。坚果炒货正常都是称重售卖，但三只松鼠的坚果却坚持按袋定价，宣传三只松鼠 IP 形象、制作工艺，就是不想让消费者"斤斤计较"算那么清楚。他们针对的就是大多数消费者的心理：不愿意买便宜货，但都想要占到便宜。说回老干妈，因为辣酱只能当作辅餐食品，不能当作正餐使用，所以这一品类很难撑起高端产品，就只能做大众食品。老干妈风味豆豉酱有两种规格：210g瓶装和280g瓶装。210g瓶装零售价8元，280g瓶装零售价9元，具体价格浮动以各地区终端标价为准。我们在上海各大超市看到的同类型酱料，卖得都没有老干妈好，李锦记风味豆豉酱340g瓶装，卖19元，这个价格有些高了。小康牛肉酱175g瓶装倒是和老干妈一样卖8元，但只有175g的量，让消费者感觉性价比偏低。这就造成了老干妈靠一个价格生死线，长年霸占货架的局面，价格比老干妈低的没利润，价格比老干妈高的市场做不起来。难怪陶华碧敢说出“这个价格区间是我的，擅入者死”这样的豪言。如今辣酱市场越来越繁荣，竞争也越来越大，但还是没有出现与老干妈势均力敌的对手，在辣酱的口碑中它一直是最好的。

再比如云南白药牙膏。2004年刚上市的时候卖19.8元，但市场反映不太好推，当时最贵的黑人牙膏才10元钱。整个牙膏货架售价范围在5~10元，假如云南白药牙膏就此卖个5元10元，肯定会淹没在货架里，没人能记得它。云南白药是国企药厂，主业也不靠卖牙膏挣钱，于是开始高定位，给超市的供货价16元不变，但终端零售定价从19.8元提高到22.8元，这样渠道就有了6元以上的利润空间。在推广上，又请著名演员濮存昕代言，在央视黄金时段的广告费支出达到6000万元。结果，上市首年就销售7900万元，2017年甚至达到了一年50亿元的销售额。

不论是老干妈坚守价格线，还是云南白药给渠道留足利润空间来推高价牙膏，这都体现了定价的重要性。

3. 品牌层面

通俗地说，品牌资产就是消费者能回想起来的，对品牌方有利的认知。没有品牌资产的品牌，顶多是个标牌。那么，品牌厂商每天又是广告牌炸街，又是电视上霸屏，还时不时搞两下促销活动，消费者到底能记住你多少信息呢？在记住的信息里面，又有多少是对你有利的呢？

首先，毋庸置疑，就像人一样，名字是一个品牌最大的品牌资产。其次是产品，产品是消费者接触一个品牌最直接的媒介。再就是符号，即

消费者能快速发现你、记住你的那些符号性的东西。还有就是色彩，你的品牌设计具有独特的颜色，往往更容易让你脱颖而出。比如“蒂芙尼蓝”（Tiffany Blue），介于蓝绿之间，让人过目难忘。最后就是话语。比如戴比尔斯（1888）那句经典的广告语“A diamond is forever”（钻石恒久远，一颗永流传），不仅把钻石变成了求婚信物，还改变了中国传统婚嫁“买三金”的习俗，硬生生地割据出将近500亿元人民币规模的钻戒产业。遗憾的是，在这句广告语的英文原版和中文译版中都没有包含品牌名，导致戴比尔斯在终端消费者中的品牌影响力稍显不足，尽管它在业界垄断了80%的钻石供应和溢价能力。

在品牌资产中，最重要的是名字，最好用的却是产品。为什么呢？因为产品就像蒲公英一样被品牌厂商播撒了出去，在自己热销的同时，还可以“背”着其他几个品牌资产满世界飞舞。比如我们经常能看到一些奢侈品包包的经典款，上面都有明显的品牌名字和LOGO，组成符号阵列，加上独特的色彩加持，活脱脱一个“行走的品牌资产全家桶”（见图1-1）。正如那句话所说的：我也想低调，但实力不允许啊！

图1-1　品牌符号阵列

相比做多大官，赚多少钱，到最后，我们还是会更羡慕那些鹤发童颜的百岁老人，他们才是见过更多风景的人。人长寿，需要少折腾；品牌要想积累百年的品牌资产，其实也需要少折腾。不折腾才是长寿的秘诀。

4. 意志层面

企业是由人组成的，人的意志决定了企业的灵魂归属。所以，不管是战略、产品还是品牌，最深层次的底层代码还是意志。意志是人类才有的禀赋，动物们只有本能。但人类也很容易陷入集体无意识状态，大家都没了主见，随波逐流。怎么破？必须要养成独立思考的习惯，培养独立的人格，做到百分之百为自己负责。只有大家都为自己负责了，每个人才是成熟的个体，彼此才是真正可以共事的同事。企业要长寿，要基业长青，光有这个意识远远不够，还要将“意识”转化为“意志”，坚定不移，从小的事情上就坚持原则，形成自己的经营特色。作为企业家就更是如此，势必要经常“天人交战”，今天的自己和明天的自己互掐，长远的计划和短期的诱惑不停博弈，千难万难，克己最难。

策划前辈王志纲老师曾提到过中国企业家传承的问题，说传承可以分为三重境界。第一重境界是“传承家财”，第二重境界是“传承家学”，第三重境界是“传承家风”。这是从物质传承到精神传承的不断进化，非常考验两代企业家本人的“根器”。由此，我得到的启发是：“物质必灭，唯精神永存。”亦如法国著名服装设计师可可·香奈儿所说的那样，“潮流易逝，唯风格永存。”打造一个长寿企业非一日之功，每个阶段都要考虑短期的妥协和长期的坚持，要“求生”，不要“求胜”。活到最后，才能笑到最后。意志力的胜利，才是终极胜利。

总结

企业也好，品牌也罢，论及长寿之道，在理念不在形象，在意志不在意识。人间正道是沧桑，要经历沧海变桑田，还要经历桑田变沧海，经过几个周期的反复洗刷，你还依然健在，才可称为“长寿”。本着“中学为体，西学为用”的原则，发挥我国几千年的文化优势，再辅以西方的“公器精神”的机制，我相信，随着中华民族的伟大复兴，中华文化的再次崛起，一定能够催生出一批批强大的百年品牌，让全世界的消费者重新认识中国。

第 2 章

战略一盘棋，优秀产品让你棋高一筹

产品很常见，但其战略意义却常常被忽略。在物质极大丰富的今天，我们只是醉心于琳琅满目的产品带给自己的无尽快感，享受着比古代人不知道强多少倍的幸福生活，根本无暇对产品这两个字多看两眼。战略思维，就是要思考事物的本质。接下来，我将从战略的视角来洞悉产品的真义，并探讨什么样的优秀产品能激活战略这整盘棋，以及如何开发优秀的产品为自己占得先机，赢得市场。文中举例不甚详尽，希望诸君能结合自身行业情况来研读，举一反一，有所增益。

一、何为产品本质？深入灵魂，透视前世今生

产品一词的字典释义为："生产出来的物品"。那它的本质是什么呢？我认为，可以从三个层面来解读：功能层面，产品是肢体器官的延伸；精神层面，产品使人类欲望得到满足；社会层面，产品是人类文化的载体。

1. 功能层面，产品是肢体器官的延伸

人类是万物之灵，智力要远远高于其他动物，并且拥有很多技能包括说话、识字等，当然最重要的就是制造工具。不论是否涉及交易，人类制造的每一件工具，都是一个产品的鼻祖。每一个产品都有其最原始的"工

具”属性，从功能角色上来说它们就是肢体器官的延伸。比如望远镜是眼睛的延伸、汽车是腿的延伸、电话是耳朵的延伸、衣服是皮肤的延伸……今天，人们的衣食住行用都离不开产品，要不然就会又回到原始人的生活方式。

消费者对产品的最低要求，就是“方便”。可以说，目前我们能见到的产品，都是“方便产品”。人们的生活，从“不方便”到“方便”的改善，都离不开技术的进步。每一次科技的进步，都意味着商机，意味着商家有了“新产品”，这些新产品在我们现在看来都是“方便产品”。今天，消费者的衣食住行用都已经离不开“方便产品”了。

“方便”二字催生了产品，而产品也在改变着人类的生活方式，让人类的肢体器官越来越退化。那么，都有哪些产品改变了消费者的生活呢?

（1）衣服。衣服最早就是避体、遮羞用的，但工业革命之后，服装制作越来越容易，这就形成了厂家大量的“库存”。怎么办？肯定要刺激内需，快点去库存啊。于是服装开始讲究面料、讲究款式，每年都有新设计，隔个几年就是一个流行周期。消费者也就一边买一边扔，专业说法叫“淘汰”。各大名牌时装大多诞生于这个时期。再往后，这个进程愈演愈烈，服装时装化，进而快时装化。旧款淘汰和新品上线的间隔时间越来越短，最极端的就是Zara，新旧更替的周期仅为7天！不得不说，有些行业的经济发展真的是靠浪费实现的。

（2）食品。防腐剂是个伟大的发明，它能够使食物保存得更久。这虽然影响了口感，但保质期更长就意味着食品可以远距离地流通，解决更多人的吃饭问题。而方便食品的大量出现和外卖模式的兴起，则可以让更多人不用亲自下厨就能吃到饭。

（3）居住。宜家板式家具开创了一种“方便、一次性”家居生活的先河，家具从“传世”变成“潮流”，原本用十几年甚至几十年的，现在可以年年换新了，反正也不贵。床垫已经是一个很大的行业了，你能想象得到吗？预计2020年中国国内市场规模将突破1100亿元。冰箱是个伟大的发明。在没有冰箱的时候，瓜果蔬菜是在地上放坏的，自从冰箱出现以

后，瓜果蔬菜是在冰箱里“放坏”的。因为人们太依赖冰箱的冷藏保鲜功能了，一不小心就买多了。冰箱虽然没有改变瓜果蔬菜被“放坏”的宿命，但好在促进了人们对食材的消费。油烟机的出现，减少了烟雾这个污染源，让下厨的环境变得更好。电气炉灶，就是电磁炉和燃气灶这两样东西，让人们告别了劈柴和蜂窝煤，用手一按一扭就开始加热了，“方便”二字价值千金啊！电视机不仅让人们的娱乐生活更加丰富，还在很长一段时间内改变了媒介环境，成了广告投放的重要阵地。洗衣机，像这类按一下就能解决问题的东西，都是值得研发的，如果没有洗衣机，那该增加多少工作量啊。可以说，现代人的家务事大都外包给了机器。

（4）出行。汽车同样是个伟大的发明。亨利·福特说过：“当我问世人需要什么时，他们总告诉我需要更快的马。”为什么呢？因为当时的汽车是个奢侈玩意儿，而且也并不比一匹骏马跑得快。感谢福特T型车，让汽车这个“旧时王谢堂前燕”，飞入了寻常百姓家。当然，到了今天，人们的出行已经不局限于自驾，还有公交、地铁、高铁、计程车、分时租赁等这些更加“社会化”的出行方案了。

2. 精神层面，产品使人类欲望得到满足

相比物理层面的看得见摸得着，精神层面的东西总是不容易察觉的，它们藏得很深，要深入思考才能洞悉其中的真义。可以说，每一种产品都是使人类的欲望得到满足，可能我们没有注意到，但这是千真万确的。

比如说，你去超市有提着购物篮、推着购物车吧，这其实是满足了人类原始的采集和囤积的欲望。现在物质这么丰富，哪有必要买那么多屯在家里呢？没办法，这是人类的本能，就是要屯集东西。

比如说，我们穿的衣服，不仅仅是起到保暖的作用，还满足了人类遮羞和装饰的欲望。

比如说，我们吃饭用的筷子、刀叉、盘子等餐具，和远古时代叉肉用的树枝、垫着食物的树叶没有本质的区别，但是它们满足了人类体面进食的欲望。毕竟人是万物之灵，怎么能像动物那样狼吞虎咽呢。

比如说，我们居住的房子，不光是遮风挡雨，它还满足了人类内心深处对于安全的欲望。尽管今天房子的产权只有几十年，但依然挡不住人们挤破脑袋、掏空钱包去买房，还有什么比“我的地盘我做主”更让人有安全感呢？

再比如说，当你开车的时候，有没有那么一瞬间“信马由缰”的错觉？你会感觉自己不是在开车，而是在骑马。这就是汽车满足了人类“驾驭”的欲望。你看，两手握着方向盘，像不像骑马的时候，双手紧握着缰绳？脚踩着油门或刹车踏板，像不像骑马的时候，双脚死死踩住马镫？坐在豪华轿车的后排穿越车海，有没有一种旧时王公贵族坐在马车里巡视天下的感觉呢？

汽车的历史不过100多年，而马车和骑马的历史就悠久了，长达5000多年，几乎和人类的文明一样长。汽车的历史实在是太短暂了，以至于还没有把我们从骑马和马车的“驾驭和乘坐”的欲望中抽离出来。我们今天的汽车产业，本质上有两个价值取向，一个是“驾驭”，一个是“乘坐”，这分别呼应了人类对马的“驾驭”欲望，以及对马车的“乘坐”欲望。强调“驾驭”的汽车品牌，往往要么是名字里有“马”（如宝马、马自达、野马等），要么就是LOGO里有“马”（法拉利、保时捷、卡尔森等，见图2-1）。运动型的汽车品牌都与“马”结下了不解之缘，今天的赛道上赛车手的“人车合一”，也与古代战场上骑兵的“人马合一”遥相呼应。如果你仔细留意，就会发现一个有趣的现象，运动型的车，包括跑车和SUV，驾驶位的设计都很用心，仪表盘上最醒目的就是发动机转速表（比如法拉利、保时捷等一众超跑），时刻刺激着人们“驾驭”的欲望。

图2-1　汽车LOGO中的“马”

而强调“乘坐”的汽车品牌，最典型的就是劳斯莱斯，它至今还保留了传统“马车”的对开车门。行政型的车，对后排座就更加用心了，不断呼唤着人们“乘坐”的欲望（对了，劳斯莱斯甚至都没有转速表）。

从过去的马和马车，到今天的汽车、游艇、飞机，再到未来的飞船，我们看到产品的“形态”一直在演变，但人类“驾驶”和“乘坐”的欲望却一直没变。过去一万年没有变，未来一万年也不会变，这就是人性。

3. 社会层面，产品是人类文化的载体

从社会层面洞悉产品的本质，我们会发现，产品就是人类文化的载体。有形的产品“肉身”难免会消失，而无形的产品“灵魂”则会在新的产品上“转世还魂”。产品的灵魂归宿就是符号。比如说，在爱马仕和蔻驰的LOGO中，我们依然能看到马车的图案（见图2–2）。尽管马车作为“产品”已经濒临灭绝了，但它现在仍以“符号”的形式继续存在着。

图2–2 品牌LOGO中的马车图案

无形的事物，永远比有形的事物具有更强大的生命力。你看，我们每天都在买东西，但我们买的大多数产品，都只是商品，消费者和它们之间只是短暂的利用关系。而有一些优秀的产品，它们跨越了几十年甚至上百年的时间，一直在消费者的心中保留了下来。这就意味着，大多数产品都会被时间淘汰，而有些优秀的产品却选择和时间做朋友，它们熬到了今天，它们活成了符号。这个符号强大到什么程度呢？你能够远远地一眼就识别出来，并且读懂它的意义。比如可口可乐公司的瓶装可口可乐，这个特殊的形状没人会认错。还有奔驰的S级轿车，谁都知道“大奔”意味着什么。这就是符号性产品的魔力，在你不知道选什么的时候，它总能降低你的决策成本，让你快速得到一个不错的东西。所以说，有的产品只是商品，它给你的只有暂时的满足感；有的产品则活成了符号，它给你的还有回忆。当然，并非所有的产品都能成为文化的载体，因为每一个产品都有它的寿命，可以说“没有产品的时代，只有时代的产品”。只有优秀的产品，才能做到存活很久，“肉身”消失之后仍然“死而不亡”，成为人类文化的载体。

二、如何棋高一筹？高光出道，优秀产品的诞生

企业的发展战略就像一盘棋，选择做不同的业务，也是通过具体的一个个产品来体现。产品就是棋盘上一颗颗的棋子，落子无悔。如果我们能够打造出优秀的产品，就能在这场博弈中棋高一筹。那么，如何开发优秀的产品，如何用好这些产品，如何增加产品的销量呢？接下来将为你一一讲述。

1. 真实价值，打开真实市场

菲利普·科特勒在《营销管理》中提到的“4P”，第一个P就是产品，这是战略营销的起点。产品的开发要准确契合消费者的需求，才能在市场中占领一席之地，也就是说“营销第一步，产品要对路”。什么样的产品开发才是对路的呢？要满足三个层次的标准。

首先，产品要解决社会问题。

也许有人要问了，产品开发不是应该先想怎么满足顾客的需求吗？如果我们开发的是普通的产品，那只研究特定顾客的需求痛点就行了，但我们要开发的是了不起的产品，就要保证我们踏入的是一个足够大的市场，而且会长久存在。这就要研究社会的需求、社会的痛点，用我们的产品来解决它。解决的问题越大，这个产品的价值就越大。社会买单，市场就一

定买单；市场买单，这个产品才能持续存在。市场上半死不活的产品很多，它们的生产者就是为了做产品而做产品，只要产品出来了，就像自己的宝宝一样，怎么看怎么顺眼。厂商只想着自己谋利，就拼命给渠道商施压，搞得整个商业生态处在崩溃的边缘。管理大师德鲁克说过："成果不是来源于企业内部，而是来源于企业外部，内部的都是成本。"所以，在产品开发这件事上，眼睛要向外部看。"跳出产品看产品"，从社会需求的高度来审视产品有没有真实的价值，有了真实的价值才能打开真实的市场，不然只会产生内耗，浪费资源。

其次，产品要满足用户需求。

用户的需求是千变万化的，但万变不离其宗，那就是人性。人类基本需求的产品领域无非是衣食住行用这几个大的方面，那么最根本的需求是什么？方便！方便是一切产品开发的主旋律。人类对于产品最大的欲望，应该就是贪图方便了。

比如，为了让人们生活更加方便，在家附近就能购买到日常所需，商家发明了"社区店"，服务到社区。还有充斥大街小巷的便利店，也是当今零售业新的增长点。便利店的兴起源于超市的大型化与郊外化，超市的变化体现在距离、时间、商品、服务等诸多方面：如远离购物者的居住区，需驾车前往；卖场面积巨大，品种繁多的商品消耗了购物者大量的时间和精力；结账时还要忍受"大排长龙"等候之苦……以上种种，使得那些想购买少量商品或满足即刻所需的购物者深感不便，于是人们需要一种能够满足便利购买需求的小超市来填补空白。

比如，车主买了新车，为了方便一般都选择在4S店做保养。当然，也有一些老司机在过了汽车保修期后，会按照说明书自己动手进行常规保养，或者是在途虎这样的门店保养。但行家毕竟是少数，大多数人还是汽车"小白"，他们只能老老实实地去4S店支付昂贵的工时费，享受"方便保养"去了。

比如，城市的停车费高昂，有些商家为了吸引人气，就优惠收取停车费，甚至免费。我常去的上海宝山宜家商场，当年是宜家自购土地建的，不存在租金问题，就可以“任性”地让顾客们免费停车。有舍有得，宜家的免费停车场，也为商场带来了令同行羡慕的客流。

比如，现在的人都不喜欢带现金，出门一个手机都搞定。商家也利用消费者这个小心理，让大家越来越习惯用手机支付，腾讯的马化腾出了个微信支付，阿里的马云又给你个支付宝。支付界的方便产品，从刚开始的信用卡，到支付宝 / 微信支付，再到现在热推的花呗，让消费者体验到了前所未有的方便支付，当然，同时也背负着前所未有的债务危机。据华尔街见闻早餐报道，汇丰银行的一项调查显示，中国“90 后”的负债额是月收入的 18.5 倍。已经工作的“90 后”，人均负债 12 万元多。究其原因，在蚂蚁花呗官方发布的《2017 年轻人消费生活报告》中就可一窥端倪：在中国，“90 后”年轻一代是花呗的主力军，25% 的“90 后”拥有花呗，并将花呗作为首选支付方式。“方便”确实满足了用户的需求，在促进经济发展的同时，也为意志力薄弱的消费者埋下一颗颗定时炸弹。透支消费力，也许能快速奏效，但终究不是长久之计。出来混，迟早要还的。如果我们的产品不能促进社会进步，那至少不要促退。

再次，产品要肩负社会责任。

如果你开发产品的时候，不是只想着利用人性弱点，满足消费需求从中得一时之利，还能够从社会的角度出发，解决社会问题顺便长久地挣钱，那就是对社会的负责任，这是常规的社会责任。接下来，我重点说一下非常规的社会责任，就是产品对于弱势群体的关怀。请问，你企业的产品真的关爱到消费者了吗？很遗憾地说，我们人群中有一少部分人，他们是残障人士，他们在生活上或多或少、或这或那都有所不便。他们也是消费者，也需要买东西、用东西，我们该怎么关爱他们呢？这就意味着厂商和营销公司在产品、包装、卖场终端都需要为这些特别的消费者做出特别的功能设计。比如，美国苹果公司的产品，都有针对盲人、听觉障碍者、肢体残障人士的特别设计。苹果公司并没有开发特别款，而是每一个在售的苹果产品都在出厂时自带了这些“关爱”，只是我们大多数健全人不曾留意到这些细节。从这件事情上，就体现了苹果公司对真正的企业社会责任的理解。

该怎么照顾盲人？这个问题似乎问到了大多数人的"盲区"。我们平时留意到的，可能就是市政设施方面，比如公共场所的人行盲道、电梯间、博物馆、十字路口这些地方凸起的一些符号，用来给盲人导视，保护他们的安全。其实在消费领域，一部分心思细腻的企业也有用盲文的。比如北冰洋汽水，这是我们很多人曾经的童年记忆，近几年又开始流行了起来。大家可否留意到北冰洋的玻璃瓶身上暗藏着一串凸起的盲文呢？据北冰洋的工作人员介绍，瓶身的盲文圆点一面写着"北冰洋"，另一面写着"如有破损，小心划伤"。2011 年北冰洋重新上市后换了新包装，上面都印有盲文。这些盲文既能帮助盲人识别饮料，也能提醒他们注意安全。还有药品的包装，部分也有用到盲文，但并不多。哈药六厂的工作人员表示，加印盲文无疑会增加成本，药价也会相应提高，因此企业没有加印盲文。天津达仁堂制药厂的工作人员则表示，一旦加印盲文，包装就需要重新设计、审批，手续比较复杂。值得表扬的是，红盒的三九皮炎平（复方醋酸地塞米松乳膏）包装上，也增加了明显的盲文标注。如图 2-3 所示。

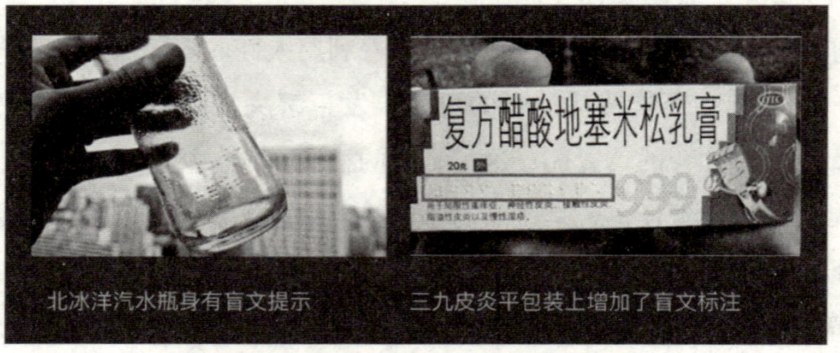

图 2-3　加有盲文标识的产品包装

在日化行业，关注盲人较早的要数法国欧舒丹了。早在 20 世纪 90 年代，欧舒丹就注意到了这一特殊群体的需求。1996 年，在参观公司的一家精品店时，欧舒丹创始人奥利维埃 · 博桑注意到一位盲人顾客在购买产品时遇到了很大的困难，那之后奥利维埃 · 博桑便致力于在其品牌产品的包装上添加盲文标签（见图 2–4）。现在，从薰衣草的身体磨砂到乳木果油的手霜，欧舒丹几乎所有的产品都有盲文标签，洗浴类产品是直接加在瓶身上，而面霜类则是加在盒子上。此外，英国道德主义美妆品牌 The Soap Co. 的生产队伍中有 70% 是盲人、残疾人或其他弱势群体，其产品有肥皂、洗手液、护手霜等，瓶身也有盲文图形。开发产品的时候就关照残疾人，并不只是慈善行为，而是一种明智的商业行为。这个世界有 13 亿多残疾人，我们并不了解他们的需求。通过调查和研究，倾听到残疾消费人群的声音，就会有巨大的机会来改进产品和包装，满足残疾消费者的需求。

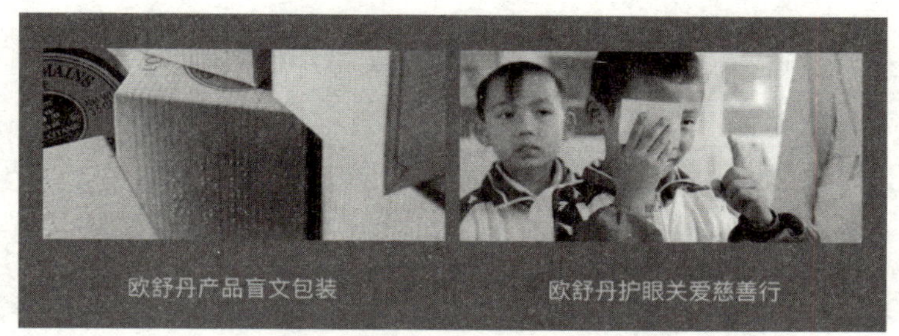

图 2–4　关爱视障人群的品牌代表——欧舒丹

单纯给予式的慈善和单纯索取式的商业都不是长久发展之计，那样的组织机构也不能基业长青。立足长远的企业，他们选择尽自己社会责任的方式，一定不会远离自己的产品和业务。企业最大的社会责任，不只是捐东西盖学校，而是把产品做好，给尽可能多的消费者以优质体验和关爱。社会是由人组成的，为消费者负责，就是为社会负责！

2. 提前布局，占得战略先机

战略布局，一定要留有一定的提前量。做好准备，机会来了才能把握住。“机会”这个词，很容易让人误会，我估计有相当一部分人对“机会”的理解可能就是“机不可失时不再来”“过了这村就没这店了”“过了这个风口，再努力就没用了”，其实，这个社会要解决的问题有很多，消费者的欲望也是无穷尽的。有心人自然会发现到处都是商业机会，只是看你没有这个本事去解决问题，创造价值，然后得到属于你的回报。提前布

局，就是把握战略的节奏，在合适的时机安排合适的产品上线。通常情况下，是用一个超级单品先打出名堂来，占领一个高点，然后开发家族化的产品来占领货架，形成合围之势，给自己“高筑墙”建战略堡垒。这样就可以把产品做成符号，逐步释放品牌势能，让自己的产品越做越轻松。可以说，产品强是经营目标，品牌强则是经营结果。至于你能否靠新品类破局，要看企业的资源禀赋能否支持你走“差异化”竞争战略。一旦产品的布局“成势”，就会形成马太效应，你就成了头部品牌，集中社会各界资源，这才是真正的成功。接下来的剧情就是大者恒大、强者恒强，只要自己不作死，基本都有肉吃。

要做好战略布局，优秀产品的打造是关键中的关键。

先说超级单品。在日常生活中，我们会看到有的产品就能代表一个品牌，而这个品牌也只有这一款产品。这个产品往往是该行业的开山之作，其后陆续才出现跟进者。

行业“开山者”创了新品类，在很长一段时间内，他说什么就是什么，因为他有十足的解释权。要知道，解释空间越大，利润空间就越大。

王老吉原是广东传统凉茶的一种，有清热解毒、清心降火的功效，那凉茶铺里放置大壶，凉茶就这样倒出来一杯一杯地卖，喝过的人都知道它的味道很苦。“曲高和寡无人应，阳春白雪饿死人”，假如王老吉保留这个传统苦味道，恐怕只有两广群众能接受，很难在全国打开市场。怎么办？做个创新，把味道变甜，定位为预防上火的凉茶。这一改善，王老吉就不再是“清热降火的苦口良药”，而是“预防上火的甘口饮料”了。宣传方面，王老吉在全国叫卖一句广告语“怕上火，喝王老吉”，几个亿砸下去喊得震天响。价格方面，定价 4 元，比可乐就多一块钱，但就是多这一块钱，给渠道留下了更多的盈利空间，这样才有更多的渠道商愿意帮厂家卖凉茶，于是我们看到王老吉在短时间就走进了千家万户。

红牛也是寄希望于单品，是靠单品出击，毕其功于一役的典型例子，现在它都还是靠这一件产品打天下。

再如邦迪，更是靠一个新品成名，成为品类代名词。我们现在一提起创可贴，就会想到邦迪，甚至在英语国家，还把简单包扎伤口这个动作叫作“Band-Aid”。产品能够深入消费者的生活，这是企业经营的高境界。

也许你很好奇，超级单品是怎么做到近乎“自然垄断”的地位呢？通常来说，可分为三步：技术绝对领先→品牌虹吸效应→形成投资壁垒。超级单品代表着超级品牌，在市场上呼风唤雨，这种事的确很令人羡慕，但其背后付出的努力也很多。市场上的椰汁饮料有几十种，纯正的椰汁是不加香精的，口感清淡柔和。而敢于公开向消费者承诺不加香精的，目前只有一家，就是发明椰汁的中国植物蛋白饮料行业龙头企业椰树集团（见图2-5）。用新鲜椰子果肉榨汁制造椰汁，必须解决两项技术难题：一是“油水分离”，二是“蛋白质凝固”。1987年，这两项技术难题被椰树集团成功破解，并已取得了制造方法发明专利权。到目前为止，还没有其他厂家具备此两项技术。可能很多人都不知道，广招嫌弃的那个“椰树体Word排版”包装设计，其实厂家也申请了专利，神圣不可抄袭，仿冒必究！从商业投资回报来讲，即便跟风者投入巨资攻克“油水分离”和“蛋白质凝固”这两项核心科技，是不是就有戏了？你在技术上的问题解决了，但椰树集团可是在消费市场积累了30年的品牌认知，你的竞争力依然严重不足！与其对抗椰树集团，还不如投资别的。

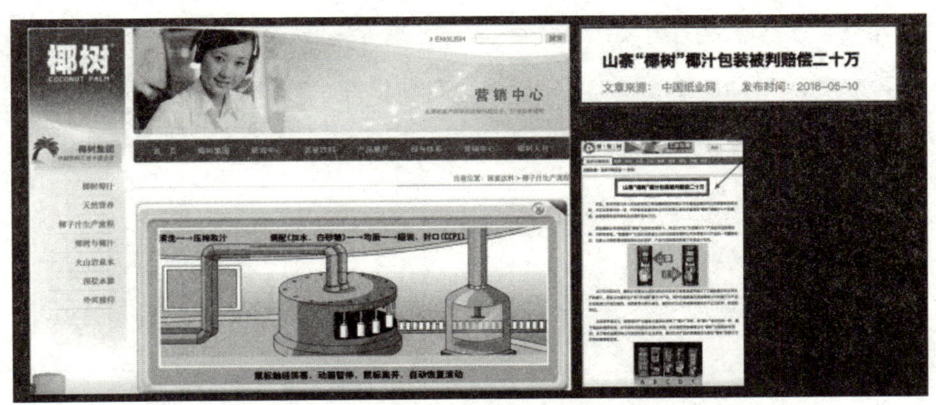

图2-5　从超级单品到超级品牌——椰树牌椰汁

老干妈亦然，它的风味秘方，同样是不好学的。就算竞争对手学会了，由于生产规模不够，老干妈总成本领先的优势依然能够让它在业内遥遥领先。可能消费者没注意到，老干妈在市场上不断有小幅调价，但定价比它高的竞品就是卖不动。椰树和老干妈，他们的“护身符”已经从技术壁垒、品牌壁垒变成了商业投资壁垒。不过，椰树和老干妈可以形成这样的壁垒，不代表你也可以，没有谁能随随便便成功。

其次来说产品家族。提起可口可乐公司，你能想到他家什么产品呢？可口可乐！没错，还有吗？嗯……想不到了。可是你知道吗，可口可乐公司并不只有可口可乐碳酸饮料这一个产品，其在中国市场有 15 个品牌的产品，它们组成了一个庞大的可口可乐饮料家族。站在货架前的你，可能怎么也没想到，无论你拿走其家族的哪一款产品，最后钱都进了可口可乐公司的腰包。可口可乐公司的产品涉及碳酸饮料、果汁、饮料水、功能饮料、咖啡、茶饮等多个品类，SKU（产品统一编号）总数量达上百个，长年在各大超市的饮料区霸占黄金货架位置，使其成了可口可乐公司的“专柜”。

农夫山泉留给你的印象除了卖矿泉水，是不是还有那句著名的“农夫山泉有点甜”？到了今天，农夫山泉岂止“有点甜”，它还有更甜的各种“小甜甜”：农夫果园、尖叫、17.5° 橙等。农夫山泉公司的产品类别也多达 6 个：水类有农夫山泉；茶类有茶 π、东方树叶、打奶茶、泡泡茶；果汁类有农夫果园、水溶 C100、17.5° NFC 果汁；功能类有维他命水、尖叫；农产品类有 17.5° 橙、17.5° 苹果、17.5° 澳橙、西班牙橙、东北香米；化妆品类有面膜、保湿液，等等。如图 2-6 所示。

图 2-6　可口可乐与农夫山泉产品家族

饮料行业把产品家族化，是可以大大降低经营成本的。比如一个小小的瓶盖，大家平时有没有注意到，可口可乐家族很多饮料的瓶盖尺寸是一模一样的？你下次买饮料的时候，再仔细看，还会发现农夫山泉家族的茶π、东方树叶、农夫果园、水溶 C100、维他命水这几个饮料瓶盖采用的都是 4.2cm 的规格！别小看这个事情，这就是经济学所说的“规模经济”，一个小小的“同款瓶盖”至少为厂家节约了数百万元的模具开发费用，而且还可以共用罐装生产线，货物周转更加灵活便利。看到这么多新产品全都用一样规格的瓶盖，不知道又有多少想玩创意花样的设计师要心碎了。创意的初衷是解决问题，如果不设计新规格的瓶盖，反而能给厂家节省数百万元的费用，那“没创意”本身就是个价值数百万元的创意！

产品家族化，可以均摊产品开发成本和制造成本。这种规模效应不只是反映在快消领域，各行各业都有。最显著的是汽车行业，比如大众汽车，同一个代号的开发平台下，既可以设计生产出大众迈腾、大众帕萨特，也可以做成奥迪 A4、奥迪 Q5，还可以做成保时捷 Macan。花一份钱，做五款车，大众不愧是汽车界的生意精。花一套平台的费用，做一堆车型出来，可以覆盖更多的消费价位区间。不论你的预算是十几万元，还是几十万元，总能找到适合自己的那款。同样，宝马家族从最早主打的 3 系、5 系、7 系，到现在已经覆盖了从数字 1 到 7、从 20 多万元到 100 多万元

的豪华汽车市场，其中总有一款 BMW 适合你（见图 2–7）。

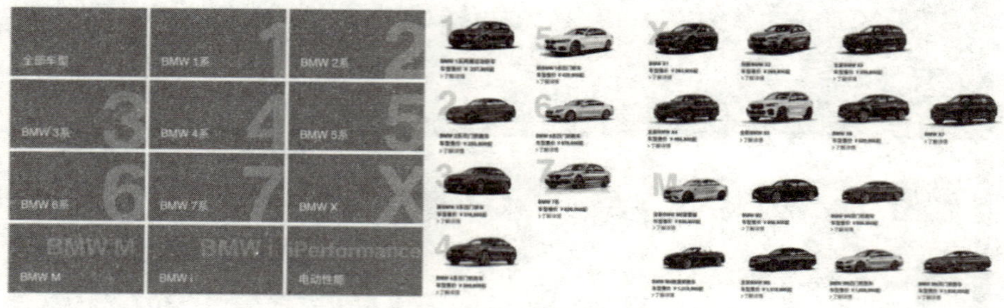

图 2–7 庞大的宝马家族

对于汽车产品来说，不光是生产平台的家族化，更重要的是外观的家族化，这是消费者最能直观感受得到的。比如：奔驰的行政型车前脸都是高高的进气格栅，加一个三叉星标志，远远一看就知道是“大奔”；宝马的大鼻孔，已经有越来越大的趋势；雷克萨斯也终于找到了自己的家族化设计语言，最显著的特征就是“X 纺锤形前脸”；劳斯莱斯高高的竖条进气格栅则是其鲜明的家族特征；而国产汽车品牌吉利、奇瑞、荣威、长安、比亚迪等，也都确定了自己产品的家族化设计。如图 2–8 所示。

图 2–8 汽车产品外观的家族化

可见，品牌要想称霸一方，最有效的做法就是用家族众多的产品撑爆货架。产品家族化可以将品牌旗下产品排成阵列，覆盖更多样化需求的客户，也能在市场这个“大货架”上长期占领领土，这体现出了厂商坚不可摧又无坚不摧的品牌意志力。

最后说一下产品符号。优秀的产品往往还可以承载品牌所有的品牌资产，它们和时间做朋友，随着产品的更新迭代，身上的符号不断被重复，能够让消费者一眼认出，并读懂它的符号意义。一个产品对于消费者来说，不只是商品，还是认识一个品牌的媒介。一回生二回熟，三回心里记得住。街上经常会看到有女生背着 LV 包包，我们是如何知道那是 LV 的呢？靠那个经典的棋盘格图案，还有 LV 标识和十字花标组成的 Monogram 阵列图案。

同样的道理，如果我们看到有人穿了一件风衣，领子袖子露出了格子图案，那可能就是博柏利风衣。我们对于一个品牌有这样的识别办法，有这么一个认知，对于品牌来说这就是品牌资产，有助于我们发现它，还很有可能会选择购买他们家的产品。高高的进气格栅、三叉星的立标，无论车型外观再怎么改变，奔驰的旗舰 S 级轿车身上总会保留它最明显的品牌特征、家族化设计，那是一个个给消费者识别它的符号，也是奔驰的品牌资产。同样，宝马车的“大鼻孔”，也就是双肾形格栅、透亮的天使眼大灯，还有后门窗经典的霍夫曼斯特拐角，这些符号都是宝马的品牌资产。此外还有保时捷高于引擎盖的圆形大灯、雷克萨斯的纺锤形进气格栅都是很个性的品牌特征，现在吉利汽车也开始重视家族化特征的设计，希望能坚持下去，多积累一些品牌资产。椰树牌椰汁的包装总是被吐槽，然而这对它的生意并没什么影响，喜欢那个味道的消费者还是会捧场，在超市里就认准那个高明度红黄色的包装！还有老干妈辣酱那经典的陶华碧肖像，这些优秀的产品每卖出一份，都像把一颗“品牌资产全家桶”的种子，播撒在了消费者的脑袋里。当消费者有需要的时候，总会第一个想到这个品牌、这个代表性的产品，自然也会优先选择购买它们。可以说赢在了起跑线上。

一个品牌的品牌资产也需要代表性的优秀产品来传承延续。比如说，奔驰所传达的优雅、精英的品牌理念，早已深入人心，如果你不知道买什么豪车，那么买一辆奔驰应该是不会错的。奔驰的三个经典系列“S级”“E级”“C级”已经有几十年的历史了，相信还会一直传承下去。就连奔驰SUV家族常见的车型，从高端往入门排，GL、GLK也改名为GLS、GLC，方便和GLE（原ML）保持队形，消费者也更容易从名字上看出这款车是什么定位。奔驰SUV产品名称往轿车产品的“S、E、C”这三个经典系列上靠，就是在积累品牌资产。如图2-9所示。

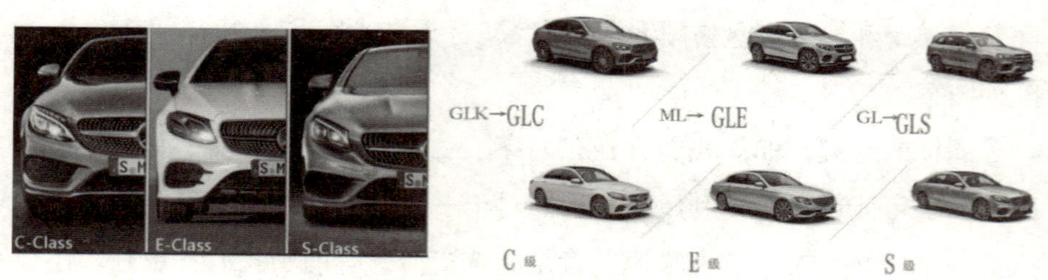

图2-9　奔驰经典系列

我们可以发现，传统的豪华轿车品牌往往特别重视产品系列的延续，他们在努力让每一代新产品都继承其宝贵的品牌资产。产品和品牌是互相成就的，经典产品承载着品牌资产，不断重复，就会让百年品牌成为经典品牌。

3. 神级促销，产品卖到脱销

产品要想大卖，除了整体上开发要对路、提前做好战略布局之外，还要考虑到单个的产品如何提升竞争力。主要有两点，第一是起个好名字，第二是扩展市场边界。

先说产品名字。正所谓“人如其名”，名字在我们的社会生活中至关重要。未见其人，先闻其名，名字代表了第一印象，也伴随着人的一生。在商业社会，厂家开发一个产品出来，首要的任务就是为它起个响亮的好名字。名字起得好，产品大卖早。产品热卖了，不光是企业盈利颇丰，还能积累宝贵的品牌资产。假如这些产品能够存留更长时间，达到数十年乃至数百年，这些产品就成为人类的文化资产。商业社会中的一切经营行为都要产生利润，不论是品牌还是产品都要找个卖点，以劝服消费者买单。如果你的卖点和名字互相关联，岂不是一箭双雕？有些品牌长达百年，他们是成熟的品牌，也是成功的品牌，他们的产品卖点往往就体现在名字里。例如，可口可乐进入中国市场的第一步就是从名字开始的。早在 1927 年，上海滩就有“蝌蝌啃蜡”（可口可乐的英文“Coca Cola”音译），名字倒人胃口，颜色黑乎乎，味道也很奇怪，让喝惯了茶的中国人莫名其妙，所以销量一塌糊涂。在第二年，可口可乐意识到他们在中国水土不服，需要一个响亮顺口的名字，于是公开登报，用 350 英镑奖金悬赏征求译名。最终，一位身在英国的上海教授蒋彝，用“可口可乐”击败了所有对手，拿走了奖金。这也是迄今为止被广告界公认为翻译得最好的品牌名——可口可乐，它不但保持了英文的音译，还比英文更有寓意。更关键的是，无论是在书面还是口头上，都易于传诵。“可口可乐”这个名字读起来非常顺口，饮料喝起来“可口”，喝完感觉“可乐”，音似意近，是产品取名的极高境界。可口可乐卖的不是汽水，而是欢乐，可以说，可口可乐的购买理由就蕴藏在品牌和产品的名字里。如图 2-10 所示。

图 2-10 “可口”又“可乐”的可口可乐

饮料界还有很多类似的例子。果粒橙上市的时候，市面上以“看不见果粒”的橙汁和橙味汽水为主，而果粒橙的卖点就是果汁里面有果粒。每益添有款酸奶，叫“清爽小白乳”，，光听这名字，就非常符合现代人对健

康饮食的需求。农夫山泉的购买理由就是纯天然，农夫搬来了大自然的山泉，所以叫农夫山泉。累了喝点就脉搏涌动的饮料，叫“脉动”，脉动作为功能饮料，从“脉搏”和“运动”两个词里各取一个字，好读也好懂。困了喝一罐就像蛮牛一样有劲，那个东西叫“红牛维生素功能饮料”，确实有一定功效，这是有“蓝帽子”保健食品认证标志的，而且，它的LOGO是两只红色的斗牛，名字和图形都给人勇猛有力的感觉，和提神功能饮料的格调十分吻合。年纪大了脑力不济，补充点白金营养，逢年过节孝敬爸妈正合适，这个东西叫“脑白金”。花一样的钱就能买到五种粮食酿造的酒，叫“五粮液”。运动健儿喝了它就力量大增的宝贝，叫“健力宝”。热了想来点冰的，就喝“北冰洋”，光听名字就感觉凉快了很多，比望梅止渴还好使。有一种奶茶，听着就香飘十里，叫“香飘飘”。有一种牛奶，来自内蒙古大草原，所以叫“蒙牛”……

除了饮料，食品的例子也不少。奥利奥大家应该都听过吧？除了经典的巧克力夹心饼干，它还有两个巧克力系列产品，一个是巧克力脆蛋卷，叫“巧脆卷”；一个是长得像个领结的巧克力慕斯威化饼干，叫“巧心结”（见图 2-11）。这两个名字都把自己的产品特征、卖点描述得非常清楚、形象。

图 2-11 “巧心结”和“巧脆卷”

有一个词把吃火锅的场景描绘得活灵活现——“海底捞”，这个老牌火锅品牌，在保留“捞”文化的同时，又增添了新的品牌内涵：“海（Hi）”。火锅从一开始出现到现在，都属于社交餐饮，而人们打招呼有个全球通用语，叫作“Hi”，所以现在海底捞的英文名也从“Haidilao Hotpot”改成了”Hi Hotpot ”，很完美地反映了其社交属性。三只松鼠是做坚果零食起家的，一开始纯粹在线上销售，现在也在商超铺货，它的名字很容易让人产生联想，一想吃坚果类零食，可能就会马上想到它。溜溜梅这名字听着就让人舌尖生津，直流口水，忍不住想买一包尝尝。相比三只松鼠和溜溜梅的可爱生动，百草味这个名字就要差一些，搞不清它是做药的还是做食品的，不好理解也不好记忆。白象大骨面是白象的当家产品，“大骨”这个词不仅勾人馋虫，还给人以营养丰富的感觉。

在穿戴方面，比如优衣库，日本服装品牌，英文名叫“UNIQLO”，主打平价优质的服装，它的中文名既与英文、日文读音非常相似，也传达了品牌的经营理念。它的名字翻译得很到位——优质衣服库，非常符合这个品牌好货不贵的定位。香奈儿小黑裙、迪奥 A 字裙，这两个是著名时装品牌的经典款产品，香奈儿小黑裙把它最显著的品牌色——黑色表现出来了，而迪奥的 A 字裙，更是开创了一个裙子的造型风。虽然在真正的都市——一线城市很少有女生去“都市丽人”逛内衣，但不妨碍这个品牌名字正好符合了三四线城市女生对于“都市”的向往。登喜路做皮鞋、箱包起家，当然最为人称道的还是他们家的鞋子，舒适、耐穿、做工考究，名字里面的“登”和“路”都说明了登喜路的主业是鞋子。劳力士是“ROLEX”的音译，名字很阳刚，同时手表用的材料 904 不锈钢也在衬托着这个名字的刚毅风范。

在住的方面，“凤凰城”这个名字一看就比较高端，飞上枝头变凤凰，凤凰住在凤凰城。此外，孔雀城、四季花城、恒大华府、金地格林小城，这些都是很棒的名字。

在出行方面，“小黄车”应该是共享单车中辨识度最高的，另外，金杯、奔驰、宝马、千里马、霸道、皇冠、探险者、牧马人、指挥官、捷达、神行者、甲壳虫、MINI 以及黑鸟摩托，这些都是把产品特色融入名字里面的优秀案例。

以上列举的这些名字，你发现好在哪里了吗？如果你也想给产品起个好名字，需要怎么做呢？

为产品命名时，要重点审视以下三个方面。

第一个是自明性：一听就懂。命名就是召唤，产品的名字要让消费者一听就知道这是什么东西，有什么用处，能为其带来什么好处。比如白象大骨面、大大泡泡糖、健力宝等。

第二个是易读性：朗朗上口。好读的名字，人们就愿意多读多说，不好读的就不愿提起。人们不愿提起名字的产品，迟早要被市场淘汰。这就意味着给产品起名字时尽量不要用生僻字和容易误读的多音字，要采用常用字。比如海飞丝、小黑瓶、QQ 糖等。

第三个是人格化：自带亲切。自带亲切属性，能跟消费者自来熟，用最短的时间和群众打成一片。比如农夫山泉、老干妈、吉普牧马人等（见图 2-12）。

图 2-12　自带亲切属性的吉普牧马人

以上三条，能做到任意一条，这个产品的名字就比较好记了，如果三条都符合，就会大大地降低传播成本。用户的脑海里对这个产品的印象深刻，需要的时候也会优先去买它。好的名字之所以能够有效地促进卖货，就是因为这个名字能把品牌和产品的价值点放大，在潜意识的深度召唤消费者，刺激购买的条件反射。你说，把购买理由都写在名字里了，消费者还有什么理由不购买呢？

再来说说扩展市场边界。

如何通过扩展市场边界来促进销售体量增加呢？主要有拓宽消费群体、增加产品用量、增加消费场景这三种方法。

第一，拓宽消费群体。

北极星公司成立于 1954 年，是雪地车缔造者，曾跟随雪地车市场的兴盛而一路成长。后来由于燃料价格不断飞涨，贷款利率过高，降雪量连续几年都创下新低，整个行业从 140 多家公司锐减到只剩下 4 家，而北极星的市场占有率最低。公司领导层意识到，恶化的是整个行业市场，拘泥于之前的竞争逻辑肯定无法实现突破。时任工程副总裁的查克·巴克斯特和他的团队用雪地车的零部件拼凑出了一台沙滩车原型，他的动机是："我们认识到，沙滩车与雪地摩托的类似之处在于，它们都是人们去户外玩的东西。"正是这一"出格"之举，将北极星拉出了泥潭。从雪地摩托到沙滩车的转换，在技术上不难实现，一旦改变竞争格局，一切便成为水到渠成的事。最为核心的动力系统和传动系统都是趋同的，最大的不同在于行驶系统——需要将雪地摩托的雪橇和履带更换为沙滩车的轮子（见图 2-13）。当时的沙滩车市场竞争也很激烈，但是利润更高，市场前景很好。北极星公司迅速抓住这一契机，以安全、性能、娱乐来招揽顾客，快速抢占了沙滩车市场。很快，沙滩车便成为北极星的主要利润来源，北极星也借此走出困境，实现了翻倍的营收增长。

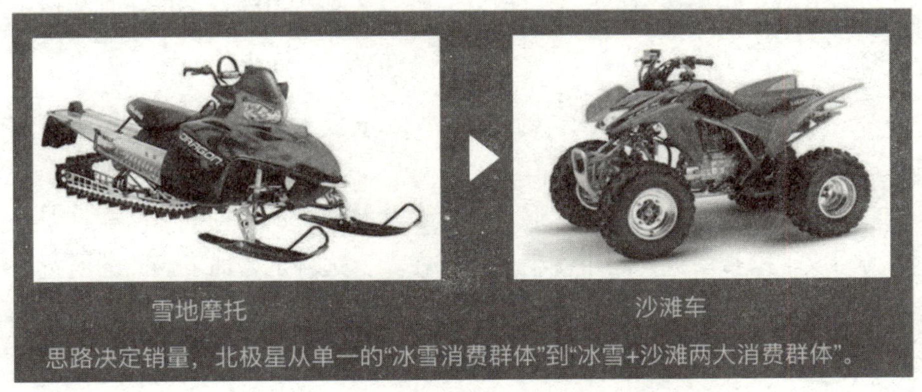

图 2-13　从雪地摩托到沙滩车的转换

北极星的例子，就是思路决定销量的绝佳典型。从单一的“冰雪消费群体”到“冰雪＋沙滩两大消费群体”，想想看，地球上的沙漠、沙滩消费场景可比冰雪消费场景大得多啊！同样的例子，还有服装厂商从卖单件衣服到卖亲子服装，甚至利用原来成人成衣品牌影响力来销售儿童服装的，比如 Burberry 的 Burberry Children、Gucci 的 Gucci Kid、Dior 的 Baby Dior 以及 Armani 的 Armani Junior，还有森马、李宁、Zara、H&M、优衣库等时尚品牌，也把儿童市场看作新的利润增长点，纷纷采取大动作发力儿童市场。

第二，增加产品用量。

曾经有一段时间，美国默克牙膏公司的销售业绩一度停滞下来，每个月仅能维持大致差不多的销量。董事会对这样的业绩表现感到不满，在年末召开全国经理级高层会议商讨对策。会议最后决定：有偿征集建议，谁能让销售额翻一番，奖励 10 万美元。第二天，有个年轻人将建议写在一张纸条上，交给了总裁，总裁一看顿时拍案叫好，当即奖励年轻人 10 万美元，并拍板第二年按年轻人的建议去实施，更换新包装。牙膏的销售额果然翻了一番。年轻人的建议很简单：将现有的牙膏开口扩大 1 毫米。牙膏管口直径本来是很细的，现在扩大了 1 毫米，消费者在刷牙时挤出同样长度的牙膏，就会多出不少的量。虽然牙医说过，牙齿保健重在养成早晚刷牙的习惯，与牙膏用量无关，但是，默克牙膏公司的这个做法是值得借鉴的，它突破了我们习惯的、常有的思维方法，在细小的问题上做出了大文章。

第三，增加消费场景。

这个很好理解。比如，人们自古以来的习俗是在元宵节吃汤圆，但现在汤圆成了家常便饭，超市冷柜区常年在卖，这就是增加了汤圆的消费场景。还有王老吉凉茶的案例也很典型，原本凉茶在广东是一种上火了才喝的药，现在呢，成了“怕上火，喝王老吉”，延伸开来，吃烧烤、涮火锅等容易上火的场景，都需要喝这个凉茶饮料，这就从“上火喝降火药”这个消费场景增加到各种“怕上火就喝凉茶饮料”的消费场景。当然，在我心目中增加消费场景的“王炸”级案例还要数可口可乐。可口可乐从诞生伊始，就是冰镇了在夏天解渴用的，问题来了，冬天怎么办？办法总比困难多，可口可乐为了让消费者在冬天也喝它，专门设计了一个 IP 形象，就是我们今天非常熟悉的“红衣圣诞老人”。要知道，之前圣诞老人在各个国家和民族中的形象各异，虽然都有一把大胡子，但是穿的衣服花花绿绿五花八门。可口可乐就给圣诞老人穿上了一件“可口可乐专属的红色衣服”，连续多年下血本打广告，终于把消费者“教育”成冬天也喝可乐了。不过现在随着“红衣圣诞老人”被其他行业滥用，可口可乐又改在“北极熊”IP 上开始了大力投入（见图 2–14）。这也说得过去，可口可乐的标志色是“红 + 白”，北极熊就是白色的。这样的组合，依然保留了可口可乐的品牌资产。

图 2–14　可口可乐的 IP 形象变化

总结

产品是肢体器官的延伸，是使人类欲望得到满足，是文化的载体。汽车的两个价值取向“驾驭”和“乘坐”，分别呼应了人类对马的“驾驭”欲望，和对马车的“乘坐”欲望。战略一盘棋，产品就是棋盘上一颗颗的棋子，如果我们能够打造出优秀的产品，就能在这场博弈中棋高一筹。

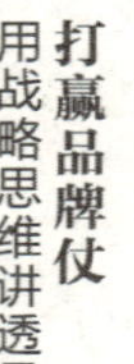

第3章

超级符号，打造你的超级竞争力

2014年，《超级符号就是超级创意》一书正式出版，随着华与华的经典案例越来越多，“超级符号”这个概念也愈发受到行业人员的重视，甚至行业外的人对超级符号也很感兴趣，中国大地上结结实实地掀起了一阵“符号热”（见图3-1）。我一向主张“用战略的视角来看待事物”，比如说“战略目的思维”，我们要思考做这件事情的意义是什么，最终目的何在。说到超级符号，总不能为“超级符号”而“超级符号”吧，我甚至还看到一些让人哭笑不得的现象：自己画一个四不像的图形，说这是超级符号，得意之情溢于言表。承蒙华杉先生教诲，见到此景不免心痛。因此，本章将教您从本质出发认识超级符号，根据战略目的来正确使用超级符号，以及在我们的日常工作中如何挖掘超级符号，从而打造自己的超级竞争力。超级符号一词的最终解释权归华与华所有，有关超级符号的专业论述以华与华官方说法为准，以下内容仅作参考。

图3-1　比较典型的超级符号

一、重新认识超级符号的无穷魔力

一千个人心中有一千个哈姆雷特，这是正常的，但如果一千个人对超级符号都有自己的定义，那就是灾难了。在此，重申一下华杉先生对于超级符号的定义："超级符号是人们本来就记得、熟悉、喜欢的符号，并且还会听它的指挥；超级符号是蕴藏在人类文化里的'原力'，是隐藏在人类大脑深处的集体潜意识。它已经为掌握引爆它引信的人积聚了数万年的能量。"其实，超级符号并不神秘，它就在我们身边。你相信吗？现代人的一天当中，充满了超级符号。这些符号都是我们的生活必需品，也许你不曾留意过它们的存在，但如果没了它们，我们的生活就会变得一团糟。

接下来，我们就虚拟一个代表性的人物——杨小姐，在她的一天生活中，我们能发现很多超级符号，一起来数数看吧。

清晨第一缕阳光照进了卧室，闹铃在 7：00 准时作响，叫醒了熟睡中的杨小姐，"才 7 点啊？再睡一会儿，啊不对，还要吃早餐化妆呢，迟到就不好了"。这里我们看到时钟和数字这两个超级符号，人人都能看懂数字，也能读懂时钟的读数，根据时间来安排事情。还有"太阳"也是超级符号，人人都知道太阳是什么，阳光意味着天气晴朗，人的心情也容易愉悦。还有听觉符号——闹铃声，这个声音能叫醒睡熟中的人们。还有闹铃形状，也是超级符号，当我们在手机上看到这个形状的符号，就知道点这里可以设定闹钟。如图 3-2 所示。

图 3-2　闹钟符号

杨小姐缓缓走进洗手间，拿起牙刷挤上牙膏开始刷牙，看着镜子里的倦容，心里想着："昨晚不该熬夜看剧，眼袋又严重了。"这里的镜子和牙刷都是我们熟知的超级符号，看到这些我们就知道早晚要刷牙洗脸，尤其是早上刷牙洗脸，这是新一天开始的"仪式"。杨小姐梳洗完毕，化了个职业淡妆，戴上眼镜，看到了桌上的早餐：一碗粥、一杯热牛奶、几片面包。这是妈妈给她准备的，杨妈妈每天出门买菜之前都会准备好早餐，说是"吃完早餐再出门，舒服一点"。这里，我们看到"眼镜"这个形状就知道是什么意思，还能联想到近视、太阳镜、知识这些信息，这就是符号对于具体事物的浓缩化意象表现。男生可能刷个牙洗把脸，叼着片面包就冲出门去了，但女生不一样，杨小姐洗漱、化妆、吃早餐、穿好衣服，再收拾完包里的东西，已经是 8 点半了，离 9 点上班只剩下半个小时。杨小姐抓起车钥匙，匆忙驾车上路。她扶着方向盘，嘴里嘟囔着："今天真是奇怪呢，一路红灯，以前怎么没注意到上班路上有那么多红绿灯啊！"杨小姐开车比较规矩，从不乱变换车道。还好，到公司一看时间："8：58"！这里，汽车是个超级符号，交通路牌和路面上都画了小汽车、公交车、卡车的图形来划分车道，不认识乱走可是要犯错误的。红绿灯不论对司机还是行人来说，都是超级符号，所有人都能看懂（盲人、色盲除外），并按照红绿灯指示行走，闯红灯不仅要受到行政处罚，也是有生命危险的。

杨小姐来到办公室的第一件事就是打开电脑查看新的工作邮件，桌子上的手机、文件夹、笔、纸都在随时待命，等候着主人调遣。这里的电脑、手机的标识、文件夹，甚至桌子、椅子、洗手间的男女标识都是超级符号，这些是文化类的超级符号，由人类创造出来，在工作生活中起指引的作用。

忙完一天的工作，杨小姐想起今晚有烛光晚餐约会，很是期待。她的男朋友早到了 20 分钟，浪漫的钢琴声和闪烁的烛光迎接着杨小姐，盘中的刀叉上映出了杨小姐动人的容颜……这里的烛光、钢琴声、刀叉都是人们熟知的事物，也是超级符号，它们代表了浪漫和精致的晚餐。

杨小姐为了保持身材，晚饭都吃得很少。回到家后，她打开电视机开始用电视剧补充精神食粮。看了一集后，杨小姐意识到不能这么熬夜了，今晚必须早点睡了。于是匆匆卸了妆，洗完澡，换上睡衣。窗外的月亮、星星，床边的台灯都是我们熟知的超级符号，它们象征着夜晚的恬静。

从杨小姐的故事中，可以看到超级符号就在我们身边，随处都是。红绿灯是我们常见的超级符号，所有人都能看懂并按照这个符号的含义来行动。刚学驾驶的时候，教练常会问你看到红灯怎么做，当然是停下车来，等红灯变成绿灯就可以过去了。因为我们小时候都背过“红灯停，绿灯行，黄灯亮了等一等”的文明口诀嘛，但你有没有想过，为什么要用红色的灯表示“停止”，用绿色的灯表示“通过”，用黄色的灯表示“警示，要等一等”呢？

符号是个抽象的概念，但所有抽象的概念都源自具象的事物。时间是抽象的概念，但我们对于时间的认知是怎么形成的呢？也是来自具象的物体，比如说从日出到日落，就代表一天过去了；看着人们从呱呱坠地的婴孩变成行将就木的老人，就表示一辈子要过去了。其实今天的人类和1万年前的人类，本质上没有什么差别。1万年前，我们祖先经历生死存亡总结下来的经验，形成了“认知”，这个认知还保存在今天的人类脑海里，只不过是潜意识层面的。那么，红绿灯的红色为什么能代表“停止”呢，因为红色是鲜血的颜色，这对我们的远古祖先来说就意味着附近有猛兽出没，不能再往前走了。绿灯代表“通过”，因为绿色是树木的颜色，树上生活的人类祖先看到翠绿的颜色会感到安全、放松，有点“安全到家”的意思。现代医学认为绿色可以缓解眼睛疲劳，也是这个原因。为什么黄色会有“警示”的意思呢？大家可以观察一下森林起火时的火焰是什么颜色，树木起火了，这是很严重的警示信号（见图3-3）。我们的祖先用实践总结出来的真理，一代一代流传下来，形成符号植入我们的脑子里，让我们一眼就能读懂这些符号的意义，为了我们的生命安全，我们也会按照符号的指示来行动。

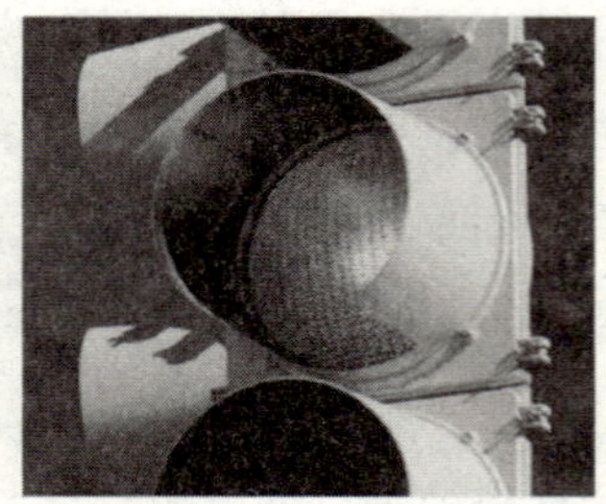

黄灯颜色和山林火光的颜色非常像。

图 3–3　黄灯的警示意义

你见过天生不怕蛇的人吗？可能会有吧。但我们绝大多数人看到蛇都会打个冷战，汗毛竖得像一根根针一样。不是所有的蛇都有毒，也不是所有的蛇都会主动攻击人类，那我们为什么会害怕它呢？俗话说“一朝被蛇咬，十年怕井绳”，我们的祖先也一定被蛇咬过，后果很严重，于是“一人被蛇咬，全体都怕蛇，管它有毒没毒，躲开总没错”，那些对蛇防范意识不够强的族群，他们很难人丁兴旺。如图 3–4 所示。

一朝被蛇咬，十年怕井绳。
蛇成了生命危险的符号。

图 3–4　蛇——“致命危险”的超级符号

而今天的我们，都是“怕蛇一族”的后代，经过数百万年的口耳相传，“蛇”在我们的心目中已经成为“致命危险”的超级符号。当然，也有不怕蛇的人，他们还捕蛇、吃蛇，难道“蛇”这个超级符号对他们这些少数人就不起作用了吗？确实是的，超级符号并不是对地球上的 70 亿人全都有用的，不同的超级符号影响范围是不一样的。某些群体都受用的超级符号，另一个群体可能对此就无感。但绝大多数的超级符号，对于绝大多数的人们都是受用的，这正是超级符号“超级”的地方，也是超级符号能流传下来的原因。你可以说超级符号是种偏见，一竿子打死所有人，因为一个人被蛇咬，就把所有的蛇类全都归纳到“致命危险——蛇”这个超级符号里，这对蛇公平吗？你们这些自私的人类！道理是没错，但人类能存活到今天成为万物之灵，正是因为我们懂得用超级符号来保住自己的小命，活着比什么都重要。

超级符号之所以让人不言自明，因为这是我们人类一代一代留存下来的集体记忆，深入到了我们的潜意识层面。我们从骨子里就知道如何通过辨认符号让自己趋利避害。几百万年下来，我们对这些符号的态度已经到了“宁可信其有，不可信其无”的程度。你说，我们又怎么会不秒懂超级符号的意思，不听从超级符号的号令呢？这就是超级符号无穷魔力的来源。那么，这么厉害的东西，你想不想让它为你所用呢？我们又该如何对它善加利用呢？

二、如何驾驭超级符号这头“神兽”，让它发光发热

超级符号具有无穷的魔力，在无形中影响着人们的行为，堪称是营销传播界的一头“神兽”。而“神兽”就像神兵利器一样，往往都不好驾驭，搞不好就会弄巧成拙，贻笑大方。那么，我们该如何对待超级符号这头“神兽”呢？

首先，我们要培养自己的好奇心，越是寻常的事物，越要去多问几个“为什么”。这个世界上，往往越是有大意义的东西，就越是“低调”。如果我前面没有列举“杨小姐的一天”，可能你根本不会想到，原来我们的生活工作中有这么多的超级符号。随着对于事物的探索和研究，慢慢地你就会养成一个“感知符号”的习惯，去察觉万事万物背后的“符号意义”。长期以往，你对哪些是超级符号或哪些不是，哪个超级符号合适在哪些地

方用，就有感觉了。

其次，对于超级符号的应用，必须是连贯的，认准一个就要长期坚持用，只能有小的改善，不能来回换。曾国藩说过，要“结硬寨、打呆仗”，可见游击战是实力薄弱时的无奈之举，阵地战才是终极形态。

最后，我们所发现的这个符号，必须为我们事业的主航道服务。也就是说，这个符号所指代的含义，必须和我们企业所在的行业、所从事的业务、所发展的方向十分吻合，要紧扣主题。

就像营销领域的工作，就是合理地利用人们的认知习惯，达成商业宣传的目的——买买买。各行各业都有其符号可寻，如果用得巧妙事业就能加速发展。那么，该如何挖掘属于自己行业的超级符号呢？下面，我们就从衣食住行用这几个方面来分别说一下。

衣。服装行业的企业要做宣传，怎么收集相关素材呢？大致可以从人物和器物两方面出发。人物，指的就是做衣服的人如设计师、裁缝、工人等，还有穿衣服的人如绅士、淑女、王室、贵族、武士、骑士等，看他们有哪些特征可以利用。至于器物，就是指制作衣服的工具如剪刀、熨斗、缝纫机等，还有服装的配件如帽子、拐杖、马车、马球等，看它们有哪些元素可以提炼。我们可以在平时留意一下，欧洲老牌奢侈品品牌的 LOGO 组成元素几乎都和我们列举的东西有关，比如爱马仕和蔻驰的马车、拉夫劳伦的马球、博柏利的骑士，等等，如图 3–5 所示。

图 3–5　与“马”相关的品牌 LOGO

食：食品行业的企业在宣传方面要收集相关元素，首选当然是人们熟悉的锅碗瓢盆、餐布围裙这类让消费者一看就知道与吃相关的东西。根据不同的品牌定位，要选择合适的元素，面对日常生活场景就要贴近实用，面对隆重的消费场景就要选择装饰性元素，这时的仪式感要远大于实用性。海底捞是个平民火锅连锁品牌，它的LOGO就是一个日常问候性的符号“Hi”，外面那个圈代表对话框，而里面的“i”则形象地画成了辣椒的形状。

住：房子的本质在于其所象征的意义。首先“有房”就是个符号，所以很多人哪怕掏空钱包都想要买个房。其次，房子最大的符号就是地段，尤其对于豪宅来说，不同区位、不同地段的豪宅的标签也是不同的。在楼盘小区名里写上地段，就能直观地体现出它所象征的意义，比如北京潮白河孔雀城、上海西郊庄园、上海佘山院子、上海仁恒滨江花园等，什么地段、什么形态、环境如何等关键信息都一目了然。

行：说到汽车的超级符号，大家有没有想过很多汽车企业的LOGO为什么都爱用圆形，或者是字母图形外面画个圈？这其实也是利用人们的既定认知，借用了车轮和方向盘之类符号的象征意义。此外，汽车产品的起名也是借用消费者熟悉的一些概念，比如丰田的高端越野车最初在国内叫陆地巡洋舰、霸道，非常有气势，不过现在已经改为音译名“兰德酷路泽”和“普拉多”了，远没有原来的名字传神。

用：工具行业的企业LOGO，除了用到常见的工具形状轮廓外，它们还有一个共性，即很硬朗。

超级符号大多是在调研中找到的，调研不是一阵子的事，而是一辈子的事。行业超级符号的寻找，更有赖于平素的观察积累，搜尽奇峰打草稿，成竹在胸心不慌。其实，这个世界并不缺少超级符号，只是缺少发现它们的眼睛，和敢于坚定地给这个超级符号以压倒性投资的强大心脏。

总结

红灯是鲜血的颜色，喻示着前方有生命危险。绿灯代表“通过”，因

为绿色是树木的颜色，它会让人感到安全、放松。黄色是森林起火的火焰颜色，是一种很严重的警示信号。超级符号源自远古人类祖先的生活经验总结，他们把自然的、人文的具象事物浓缩成高度抽象的符号，映入一代代后世子孙的脑海里，成为人类的集体共识，影响着我们的生活。这种影响力大部分是潜意识层面的，我们看到这些符号就能秒懂它们的含义，并且按照符号的指示来行动。品牌策划就是要把品牌建设的内容和人们所熟知的超级符号结合起来，从而降低消费者的理解难度，增加亲切感。各行各业都有其明显的行业特征，结合品牌与生俱来的戏剧性，都能改造出独具特色的超级符号。慢慢地你会体会到，战略策划讲究“心手合一”，其实超级符号的打造工作也是，手法上容易做到，但是在心法上就比较有挑战性了。想想看，一个 90 分的符号创意，但用的人不坚定，只用 40 分的投入执行；一个 60 分的符号创意，却配上 120 分的强力执行，哪个胜算更大？如果不巧他们是同行的话，那长期成效对比就会相当明显。竞争优势是通过对比显现的，而差距正是通过时间拉大的！超级竞争力的打造拼的不光是技巧，更是意志力。俗语“一力降十会”，说的就是要以力破巧，意志力的胜利才是终极胜利！

第4章

买车就是买符号，怎样选对符号不花冤枉钱

不管是查看调研数据，还是通过消费者们的亲身感受，我们都能发现国外发达的汽车市场和中国车市还是不尽相同的，这不光是经济发展问题，还有文化层面的因素。发明汽车的是德国人卡尔·奔驰，而普及汽车的是美国人亨利·福特（见图 4-1），在美国汽车产业的带动下，如今国外发达国家的汽车消费者均已经走向成熟，汽车对他们来说，只是一个实用的工具，赋予其之上的其他色彩也逐渐褪尽。

1885年，德国人卡尔·奔驰发明了汽车——奔驰1号

1908年，美国人亨利·福特普及了汽车——福特T型车

图 4-1　汽车从发明到普及

当然，对于经过改革开放 40 年市场经济洗礼的中国来说，车也早已算不上什么稀罕玩意，但对于广大普通家庭来说，汽车依然是仅次于房屋的第二大资产。买车，对于大多数的中国人来说，都是慎之又慎的。中国

是世界上最大的汽车消费市场，可以说是“得中国市场者得天下”，但仍然有不少汽车厂商的业绩不尽如人意，为什么呢？有时候，我们找不到问题的答案，往往是因为没有问对问题。光知道“得中国市场者得天下”是不够的，还应该从战略视角来审视中国车市，必须深挖“汽车消费”这件事的本质，即：“当我们买车时，我们到底在买什么？”解开这个答案，我们自然就能破解另一个孪生问题，即：“当我们卖车时，我们到底在卖什么？”

一、买车的本质就是买符号：三个阶段，三个符号，三种境界

人是社会动物，这就意味着人的消费行为不能只顾自己喜欢，还要考虑社交意义。汽车是 100 年来人类最重要的发明之一，从交通工具属性来看，它是人双腿的延伸，从社交工具属性来看，它就成了一个人的人格延伸：它，就是你。你购买使用的车辆，是你的社交符号，用现在流行的说法就是“社交货币”。它的所有特性（品牌、价位、车型、颜色、洁净程度）都代表了你本人的人格和个人品牌形象。当代营销界有一个经常容易引发论战的话题：卖产品本体，还是卖产品以外的东西？比方说苹果公司卖手机，到底是在卖 iPhone 本体还是卖 iPhone 以外的东西——社交货币或设计感？这个非此即彼的争论毫无意义，我们不妨换个角度看：消费者买东西买的是什么？当然是产品身上的一切有形的、无形的东西。你买房子仅仅是买个钢筋混凝土围起来的空间吗？当然不是，你还买到了小区的绿化、周边的配套，以及未来的资产增值可能性，最重要的是，你买到了一个符号——“有房”，甚至“有多套房”，这是实力的象征，也让你有了人前处变不惊的底气。房子是这样，车子亦如是。今天，车子正在走进千家万户，成为幸福生活的第二刚需品（第一刚需品是房子）。当你有了稳定居所以后，买车的事情就慢慢地提上了日程。资深车评人高小强曾感慨

道："好车赖车，一样生活；有车没车，两样生活。"高老师的这句话真是洞察了汽车消费的本质。哪款车更好看、性能是否满足你的需要，这些问题见仁见智，我重点要说的是本质问题——车的符号性质。消费者在人生的不同阶段，应该根据自己的境遇选择合适的符号，理性消费。汽车在本质上可以有三个符号："有车""好车""豪车"。这三个符号的演变，往往也折射了一个人、一个家庭生活不断得到改善的轨迹。为了更好地阐述"买车就是买符号，换车就是换符号"这一真义，我们接下来讲一个虚拟消费者的故事——"王铁球换车记"。

二、第一阶段的符号"有车"，龙门之跃，改变生活

王铁球家境一般，大学毕业2年，在上海一家公司做销售。谈了个女朋友，需要买辆车方便出行。在这里，我对广大工薪阶层的年轻人提个建议，因为这时候买车往往需要父母支持，所以不要学人家买辆十几万元的"入门"新车，那不是入门，是入坑。虽然大多数人都会选择十万元左右的车入门，但不代表这样随大流就是理性消费。刚毕业，谈着对象，财力有限，买车的意义就在于遮风挡雨，出门方便安排路线。花10万元买的新车，和花3万元买的二手车，在遮风挡雨方便出行的本质上没有任何区别，多花的钱，纯粹就是浪费。或许买新车心理感受会好点吧，但我以过来人的经验看，再新的车，新鲜劲也不会超过1个月，新鲜劲过了紧张的还是自己的钱袋子。

国庆节那天，手握爸妈赞助的一半购车款，小王买下了他人生中的第一辆车——本田飞度，这辆车小巧好停靠，空间大拆装灵活，一年搬12次家都不怕，而且还省油，钱包不受罪。买了这辆车之后，小王上下班再也不用挤地铁了，虽然地铁更快，但自己驾车风吹不着雨淋不到，夏天一路空调还是很爽的，最重要的是有座，还是VIP包房待遇。小王也从此告别了一身臭汗见客户的历史。自从小王买了这辆合资品牌入门级轿车后，

周围的人就悄悄地给他贴了个标签——“有车族”。这就是第一个符号——“有车”，它让你在茫茫人群中有了一种“跃出龙门”的感觉！

三、第二阶段的符号“好车”，全面升级，改善生活

王铁球在公司工作了 5 年，升职加薪一路做到了销售经理的位置。当初买第一辆车节约下的几万元钱融进了房子首付款，当初一起奋斗的女友，马上也要改口叫“老婆”了。一年后，他们喜提了一个白胖小子，父母还说要过来帮助照顾，这下当年的小破车也该让出停车位了。王经理觉得自己该换一辆好一点的车了。这时候选的车，它的符号就是“好车”。什么是好车？空间大、配置高、牌子硬，这三个条件起码要占两个才算是好车，这一符号代表的就是品质生活。王经理的选择范围初步定在合资品牌的 B 级车（牌子硬、空间大）或者自主品牌的高端 SUV（空间大、配置高），预算 18 万 ~ 25 万元之间。当月，他买下了一辆大众的中级轿车迈腾，换车的喜讯就像风一样传遍了身边的所有人：“哟，王经理换车了！”相比欧洲原版帕萨特，其国内版的一汽大众迈腾尺寸大了不少，不仅公司、客户两边的领导乘坐很满意，王经理家里的“领导”也对这辆车赞许有加。周末驾车带着父母妻儿去郊游，这辆新车更加安静、转弯更稳，更重要的是，王经理笔挺的西服上被贴上了一个标签——“中产阶级”。这就是第二个符号——好车。人生如游戏，不断在升级呀！

四、第三阶段的符号“豪车”，彰显身份，改写人生

后来，王铁球又从原公司离职，凭借多年的人脉关系和行业经验，自己开了家公司，生意做得风生水起。有一次王总送客户到机场，客户对他说：“王总，你那辆大众也开了好几年，该换辆车犒劳一下自己了。”是

的，不管是大众高尔夫，还是大众迈腾，甚至百万级的大众辉腾，在普通民众的眼里，它们都是“大众”，没啥区别。所谓圈子，还是需要一张入场券的，王总自然也深谙这个道理。现在公司已经步入正轨，在外做生意确实需要一辆豪车来撑场面，豪车本来就是开给别人看的嘛。创业之初的王总不能免俗，但资金有限，买辆五六十万甚至上百万元的车，公司的运营就会受影响，怎么办？当然，从理性消费的角度来说，可以买辆二手的奔驰，如果是入门的奔驰 C 级就更划算了。

本质上买豪车就是买“豪车”这个符号，更准确地说，是买这个车标，而功能层面的东西基本是厂商赠送的。如果有人说因为功能多好多好才买豪车的，你千万不要听，他可能已经花了不少冤枉钱了。

到最后，王总还是决定买一辆新车——奔驰 E300L，这是一款加长版的奔驰 E 级轿车。他的想法是，买车反正是走公司账，就算不能当进项抵掉部分增值税，也能算作公司经营成本，冲抵利润少缴点营业所得税。新车到手后，王总驾着奔驰，看着引擎盖上竖起的三叉星，他的内心深处升起了一丝从不曾有过的从容感。现在的王总，身上又多了好几个标签——“人生赢家”“企业家”“成功人士”，于公于私，这个车不管花了多少钱，都还是划算的。

五、用最少的成本买最合适的符号

“有车”“好车”“豪车”，这三个符号是一个递进的关系，对它们的选择也是一个从务实到务虚的过程。结合每个人的实际情况来说，不管选择哪个符号，都存在一个“汽车符号的最佳交易金额”：钱花少了符号就买不到位，钱花多了就会浪费白花花的银子。这样来看，如何选择汽车消费的三个符号，也是一种“生活中的经济学”，只要正确认识符号意义，就能少花冤枉钱。马斯洛需求层次理论告诉我们，消费品不单纯是它的物理特性那么简单。由于汽车是大件商品，在人生的不同阶段，我们要谨慎挑选最合适的车辆来更好地发挥其符号价值。凡事都有成本，买符号也不例外。越接近符号的本质，花的冤枉钱就越少。就“有车”这一符号而言，务求成本最低，买辆尽可能低价的二手车即可。就“好车”这一符号而言，则要尽可能选一个响亮的品牌，配置要高，要让人一眼能看出“好”来。而“豪车”这个符号，则重在选品牌，至于车型、配置、颜色甚至新旧都是次要的。比如，劳斯莱斯就是个强有力的豪车符号，哪怕是入门的古斯特还是辆二手车，对劳斯莱斯这个豪车符号都不会有半点影响。在大多数人的眼里，劳斯莱斯汽车的造型都差不多，谁分得清你是上千万的劳斯莱斯幻影，还是几百万的劳斯莱斯古斯特呢。大家只要看到像古希腊神庙般高大威猛的进气格栅，还有矗立在引擎盖上的欢庆女神，就知道它是劳斯莱斯！

六、买车之前算总账，算清总账心不慌

我国最近这 20 年来汽车消费市场火热，有条件的要买辆车，没条件的创造条件也要买辆车。“一成首付弹个车”就通过极具煽动性的广告语，让自制力不强的“90 后”“剁手”群体误以为“才一成首付啊，买车真的很轻松”。可万一挣钱跟不上还钱的节奏，后果就不堪设想了。我们不可能要求所有消费者都能“理性思考”，毕竟“经济发展靠消费”嘛，问题在于你要如何加入“消费大军”。我发现很多人买车纠结的主要问题，就是选什么牌子、什么车型、什么配置、在哪家店能得到最大优惠这些“前端问题”，他们的买车预算就是“买到一辆车的预算”，这就是典型的顾头不顾尾，完全没有战略意识。真正的买车预算，要考虑到这辆车从你“入手到转手”这整个寿命周期到底会花掉你多少钱！买车之前，一定要先把总账算清楚，也就是三个成本：购车成本、拥车成本以及用车成本。

1. 购车成本

购车成本 = 车款 + 税费 + 手续费。你看上了一辆车，从店里提到家

里，办好了车产证，上好了正式牌照，从法律上说，这辆车已经成为你名下的固定资产。你获得这个固定资产的成本，就是购车成本，包括车款、车辆购置税、上牌费用，如果是二手车可能还有专业评估师的鉴定费，贷款的话还会有金融手续费，甚至是一些无良4S店的灰色费用。汽车消费的三个符号“有车、好车、豪车”，就是购车的本质，要认清三个符号，有多大头戴多大帽。第一辆车是给你遮风挡雨、灵活出行用的，不管是10万元的新车，还是3万元的二手车，它们所起到的“符号”作用是一样的。只要擦亮眼睛，找到一辆车况良好的二手车回来收拾收拾，依然可以满足你的需求。当然，花10万元买辆新车是不错，也能给你很大的新鲜感，但这一个月的新鲜感真的值得你多花7万元吗？弄清楚购车成本，就是让我们更加清楚自己要的到底是什么，避免留下遗憾。

2. 拥车成本

拥车成本 = 保险费用 + 保养费用 + 维修费用。这是最容易被“有车族”忽视的一项成本。就算买了车，你也花了这笔钱，但你可能并不会意识到它就是“拥车成本”。拥车成本就是即使你把车放在那里不开，也要支付的成本。得到意味着你得承担失去的风险，为了对抗这个风险，我们在有了新车以后会去买保险，比如交强险和商业险。购买新车往往会赠送几次保养和质保期内的维修，但一旦脱保，保养和故障维修的费用就得全由车主承担。再说，如果你放在那里一年不开，一是内部机油可能会凝固、变质，当车辆再次启动时容易对机件造成伤害，二是蓄电池易损坏，以致无法启动车辆，如果电瓶亏损太厉害，还得更换电瓶，三是车内的电路电器长期不开就容易潮湿短路，造成故障，严重的还会引发火灾。所以，车买了不开也不现实。拥有一辆车，就得考虑保险费、保养费、故障维修费这些拥车成本，无论你意识到了，还是没意识到，拥车成本都是真实存在的。只要你有车，每年就得花这笔钱。而且，也正是因为有了这个弹性极差的“拥车成本”作为门槛，才使得“有车族”成了茫茫人海中的少数者，“有车”这个符号才让你有了与众不同的感觉。

3. 用车成本

用车成本 = 能源费用 + 停车费用 + 路桥费用 + 违章罚单等费用。按我国正常的汽车使用情况，用车成本一年少则四五万元，多则十来万元，上不封顶。这也是多数人买得起车却开不起车的根本原因。

但是，车买回来就得用，不然空放着也有拥车成本，那就用吧！用车成本主要就是烧油充电的能源费用、停车费用、过路过桥费用、违章罚单费用等，车用得越多，用车成本就越高；用得越少，用车成本就越低。可以说是“多用多耗，少用少耗”，但“不用不耗”是不可能的。这个“不用之耗”指的可不是拥车成本，而是车况的自然损耗和年份折旧。因为电动汽车市场现在还不是很规范，我们就以燃油车为例，新车落地即使不开，次年其价值就会跌去 30%，第三年再跌 20%，十年平均下来，每年将会折旧掉 1 万块钱。“不用之耗”确实是个沉重的话题，这也正是很多人在“买车买房”二选一面前，舍弃前者的原因。汽车作为固定资产，每年都会折旧贬值，这是不可改变的自然规律。但同时汽车作为工具，为个人带来了私密空间，为家庭出行带来了便利，为商务会谈撑足了场面。车子既是资产也是工具，你把它当成工具的时候，别忘了它也是资产；你把它当成资产的时候，别忘了它也是工具。这就要看你自己更加在乎什么了。

可见，汽车消费的总成本 = 购车成本 + 拥车成本 + 用车成本，这三个成本加起来，才是你真正的购车预算。

总结

人类是社群性动物，对我们来说，任何物件都不仅仅有实用价值，还有社交价值。从交通工具属性来看，汽车是人双腿的延伸，从社交工具属性来看，它就成了人们的一个重要的社交符号。在汽车消费的不同阶段，我们会面临着三个符号“有车”“好车”和“豪车”的选择。经济学就是研究怎么样划算的学问，因此我们要挑选合适的车辆来更好地发挥符号的价值，在买车之前就要认清三个符号，有多大头戴多大帽。另外，也要对

“车主的三个成本”有清晰的认知：除了购车成本，还有拥车成本和用车成本。计算拥车成本，是在提醒自己成为“有车族”所要付出的代价；计算用车成本，要清楚真实的用车需求，不要买得起开不起。买车之前，一定要算清楚你心仪的这辆车的全寿命周期成本，也就是三个成本的总和，这才是你真正的购车预算。

用色如用兵，用对颜色你就成功了一半

如你所见，我们生活的这个物质世界（Material World）色彩缤纷，我们这些凡夫俗子置身其中，常常会感到眼花缭乱。这大千世界，用佛家的一个字概括，就是“色”。接下来，我们就从战略的视角，来看看五花八门的颜色，其本质到底是怎么一回事，颜色是如何为战略所用，又是如何在各行各业让品牌营销的工作更加“出色”的。

一、颜色通过视觉影响心理，“自然”大有玄机

颜色原本是属于大自然的，蓝色的天空、绿色的草地、金色的阳光……看到与大自然先天色彩相关的颜色，人们自然就会联想到与这些自然物相关的感觉体验。这是大自然对人类最原始的影响。比如，红色通常给人带来刺激、热情、积极、奔放和力量的感觉，以及庄严、肃穆、喜气和幸福的感受；而绿色是自然界中草原和森林的颜色，有年轻、安全、新鲜、和平之意，给人以清凉之感；蓝色则让人感到悠远、宁静、空虚、寒冷，等等。

颜色一词由“颜”和“色”拼成，“颜”指面容，“色”指表情。在中文的世界里，“颜色”被赋予了多重含义：表情、神色；面容、面色；姿

色；面子、光彩；色彩等。这也说明了视觉和心理是息息相关的。我们重点说一下现代词汇中的这个“颜色”，它主要有两层含义，一是作为名词，有颜色、彩色、色彩、颜料的意思；二是作为动词，意指（用颜料、彩色笔等）为…着色，或（因尴尬而）脸红。这就提醒了我们，一方面要认清颜色的本质（名词性质），另一方面要用好颜色（动词性质）。

人类是独具创造力的物种，不仅学会了使用工具、制造工具，还学会了自己调制颜色，来模仿大自然的美色。人造色主要就是书写绘画用的颜料（这里说的是表面涂色，油漆也算是颜料的一种）和纺布织衣用的染料。

先说颜料。大量古画可以证明，我国的能工巧匠、艺术大师，在颜料的发掘和发展方面做出了伟大贡献。古代的画者都是自行制作颜料，唐代张彦远在《历代名画记》中就记载有当时绘画颜料的产地和名称：“武陵水井之丹，磨嵯之沙，越嶲之空青，蔚之曾青，武昌之扁青，蜀郡之铅华，始兴之解锡，林邑昆仑之黄，南海之蚁铆，云中之鹿胶，吴中之鳔胶，东阿之牛胶”等，多达十余种。壁画也是如此，据美国哈佛大学福格艺术博物馆盖特斯的研究，敦煌千佛洞壁画所用颜料包括了烟炱、高岭土、赭石、石青、石绿、朱砂、铅粉、铅丹、靛青、栀黄、红花（胭脂）等，有 11 种之多。马克思曾经说过，“生产力决定生产方式”，可见人类的发展一直有赖于技术的进步。西方绘画史也是随着颜料的革新而迭代演变，其中最大的一步跨越要数“印象派”了。在没有照相机的年月，画家就靠一杆画笔和一盘颜料，尽最大努力留住了美。在管装颜料发明之前，调颜料是很费时间的，经常是“构图五分钟，画画两小时，调色大半天”，苦不堪言。随着便携式管装颜料的问世，画家慢慢地“解锁”了更多的绘画场景。户外作画终于成为可能，画山水、房屋、树木、草地……印象派的画家不光留住了美，还捕捉到了自然光影的变化。正所谓“一管颜料，照亮了西方绘画前行的路”。后来，丝网印刷技术被安迪·沃霍尔用在绘画上，四色印刷风格的画作成了经典。人类天生就有涂抹颜色的本能，而技术则为人类解放了这个天性。

再说染料。人类使用染料的历史可以追溯到距今 5 万年到 10 万年的旧石器时代。我国古代用矿物颜料为丝绸纤维染色的方法，称为石染；而利用植物染料着色的方法，称为草染。随着植物染料品种的扩大、染色助剂的应用以及媒染和套染为主的染色技术的发展，使丝绸的颜色色谱不断扩展，染色质量不断提高，草染逐渐成为染色的主要方法。但是，天然染料种类稀少、纯度低、缺乏鲜明的色相、染法复杂，难以染出期望的色泽，它的这些不足，使得人们非常渴望寻找一种更好的染料来代替。1857 年 6 月，德国化学家珀金一家在伦敦郊外建立了世界上第一家生产人工合成染料的工厂。经过半年的努力，他们生产的这种染料——苯胺紫，就在染房中获得了大量的应用。苯胺紫的商业成功让很多人开始模仿它的制造工艺。1858 年，法国人用类似的方法制造出了一种红苯胺染料，并取名叫品红。红色比紫色更受欢迎，品红很快就取得了更大的成功。1862 年，第一届合成染料产品国际博览会在伦敦举行，苯胺紫、品红、苯胺蓝、苯胺黄和帝国紫这五种染料是当时最主要的展品。此后不久，人们又制造出了各种合成染料，把赤橙黄绿青蓝紫的颜色都拼齐了。现在的汽车座椅有一种听起来像化学合成的材料，叫“半苯胺真皮”，其实这是一种很环保、很高档的真皮。在皮子上只有薄薄的一层采用半苯胺鞣制染色工艺，使得皮子的任何一处瑕疵都会暴露无遗。和皮肤底子好的女生才敢化裸妆甚至素颜一样，只有最高档的真皮才敢接受半苯胺的考验。目前这种高级货一般出现在劳斯莱斯、奔驰迈巴赫、雷克萨斯 LS 及 LC 等顶级旗舰车款上，如图 5–1 所示。

图 5–1　富有质感的雷克萨斯真皮座椅

不论是表面着色的颜料，还是深入质地的染料，人类都在用自己的想象力来致敬大自然。可以说，没有大自然欠缺的颜色，只有人类还模仿不出来的自然之色。

颜色始终影响着人类的心理活动。红色让人联想到血液，这是危险信号。黄色让人想到森林的火光，这是警示信号。而绿色则让人想到远古人类赖以生存的栖息地——树，以及树叶，这是安全的信号。因此，全世界达成了一个超越种族文化的默契——“红灯停，绿灯行，黄灯亮了等一等”。当人人都能秒懂，并且遵照其指引的时候，这些事物就成了超级符号。

美国西雅图有个监狱，其中有一间牢房很特别，它从里到外、从上到下都是亮粉色的。牢房的管理人员会把愤怒或者情绪激动的犯人领进这间粉红色的牢房里，15 分钟内，犯人就能冷静下来。后来监狱管理者把整个监狱都刷成粉红色，结果监狱内部出现暴力事件的概率下降了不少。为什么粉红色会有如此强大的力量呢？人一旦进入粉红色环境，大脑在潜意识中会联想到与这种颜色相关的事物，比如粉红色裙子、鲜花、洋娃娃，人的情绪就会慢慢平静下来。

又如，微信中的表情符号都是以黄色为主，色彩心理学认为，黄色的明亮能够提神醒脑，而且黄色与太阳光相近，所以会给人带来温暖的感觉。梵高曾说过：“黄色是多么美好啊，它象征着太阳。”

颜色对心理的影响，本质上就是人通过视觉的作用，引起对某些自然事物的联想，而产生连锁心理反应。知道这一点，对色彩战略和色彩营销会有很大的帮助。

二、颜色就是战略：聚焦一个色调，投资一个色号

颜色对于企业品牌来说，主要有两个方面的意义，一是风格，二是利润。

首先，颜色即风格。每一个品牌都或多或少会偏好一个色系，这与创始人的性格喜好有关。有时一种色彩就能代表一个企业的形象，比如绿色的“鳄鱼”，金黄色的“柯达”，彩色的“苹果电脑”，红黄色的“麦当劳”，企业选择标准色的目的就是要展示企业的独特形象，建立品牌，培养企业的忠实客户群，因此企业在选择标准色时首先要考虑目标客户的色彩偏好，比如可口可乐公司，由于其目标客户主要是年轻的消费群体，因此代表活跃的红色和代表明快的白色便成了企业的标准色。经年累月下来，在标准色之上会有意无意地留下比较多的痕迹，形成品牌资产。拿我们熟悉的汽车为例，几乎每一家汽车品牌都有一个标志性的主打色系，甚至是一个特定的色号。因为历史的原因，几乎每一家的主打色都与汽车赛事有着直接关系。

比如跃马红——一提起法拉利你就会想起的红色。最早的国际汽车赛事，是按颜色来区分各个国家的赛车，法国是蓝色，英国是绿色，意大利是红色，也就是 Rosso Corsa 赛车红。那时候，阿尔法·罗密欧、玛莎拉蒂都用红色车来参赛。1938 年恩佐·法拉利代表阿尔法·罗密欧车队参赛，后来恩佐·法拉利自己创业，成立了法拉利汽车公司。再后来意大利一众汽车品牌的赛车事业都没落了，只有法拉利 F1 车队连续 16 年夺冠。于是，意大利的赛车红成了法拉利红（见图 5-2）。

图 5-2　恩佐·法拉利和他的红色赛车

还有奔驰“素颜银”。1943 年的纽博格林大奖赛要求车重不超过 750 千克，而奔驰 W25 赛车多了一千克，于是车队经理决定把车身上的白漆全部刮掉，露出了金属原本的银色，果然减了 1 千克。那场比赛 W25 赛车最终赢得了胜利，因为它在赛道上速度飞快，犹如一支银色的箭般从观众眼前驶过，所以当时的媒体给奔驰赛车起了一个外号：银箭。奔驰汽车虽然黑色居多，但作为高性能车代表的 AMG 品牌车系，主打的还是银色，而且是很特别的哑光磨砂质感的银色漆（见图 5–3）。

图 5–3 主打银色的奔驰 AMG 车系

而兰博基尼更多会选择与红色对比度相当强的黄色作为车系的代表颜色，这种明艳的黄色象征了兰博基尼的无所畏惧。兰博基尼公牛在跑车界就像是一个行事古怪的犟牛，它为了挑战法拉利而生，拉风的外形、不同寻常的线条和强劲的动力吸引了众多买家的眼光，而黄色的兰博基尼在多年与法拉利的抗衡中，也给我们留下了深刻的印象。

宝马的蓝色则巧妙地分成了多种风格，可以是 7 系那种高贵而威严的帝王蓝，也可以是 5 系那种优雅而沉静的深海蓝，而 M2 的这一抹长滩蓝更让人有年轻活力之感。

同样是蓝色，雷克萨斯在旗舰车型上用的蓝色和宝马不同。雷克萨斯旗舰轿车 LS600h 的车漆是黑蓝色的，日光照耀下是蓝色的，晚上看又是黑色的。近年来，雷克萨斯又携手立邦，开发了一种雷克萨斯 LC 独有的车漆——闪蝶蓝。这款车漆的实际型号叫 8Y0，原厂名称为结构蓝（Structure Blue），在我国俗称闪蝶蓝（Butterfly Blue），寓意 8Y0 就像蓝闪蝶中最大、最漂亮的蓝摩尔福蝶。该色使用了创造性的仿生技术材料，随

着光影的变化、车辆的流动，呈现出独特而美丽的色彩（见图 5–4）。这说明，无论技术发展到什么程度，人类总是有一种致敬大自然的本能。结构蓝颜料是目前世界上最昂贵的材料之一。蓝色颜料最早来自天青石矿石，被用于中世纪的绘画作品，一度甚至比黄金还要珍贵。通过科技的不断进步，通过化学合成，蓝色颜料又变成最便宜的材料。而结构蓝颜料采用多道工序以及纳米仿生技术，在光的照射下可以呈现出类似蝴蝶翅膀一般梦幻的蓝色，焕发出无与伦比的尊贵光芒。据立邦公司介绍，8Y0 车漆从结构研发到最终量产，历时 15 年。从涂料化验证，涂色创意，到上线试涂，经过了 10 年不间断的测试、调整、试线，再测试、再调整、再试线。耐心、信心、恒心，是 8Y0 化茧成蝶的奥秘所在。

图 5–4　梦幻般的闪蝶蓝

除了特定的一种颜色，汽车界现在又开始流行起了双色车身的复古风，当然，主要是豪华品牌在用，比如劳斯莱斯、宾利和奔驰的迈巴赫（见图 5–5）。双色车身的设计，可以让车显得更加豪华、更加高贵，富有独特的气质。自从迈巴赫推出了 S680 双调典藏版车型后，很多普通的奔驰 S 级车主和迈巴赫 S450 车主也把车身颜色改成了双色，虽然看上去比原先霸气了一些，但是你要知道，一辆真正的迈巴赫 S680 双调典藏版的价格高达 300 万元，够买两辆低配的迈巴赫 S450 了。

图 5-5　双色车身的豪华品牌汽车

其次，颜色即利润。今天，我们对五颜六色的车漆已经司空见惯了，可汽车诞生初始的几十年并不是这样。在亨利·福特发明 T 型车之前，汽车是实实在在的奢侈品，只有达官贵人才买得起。亨利·福特依托美国日益强盛的生产力，通过 T 型车让汽车这一奢侈品不再奢侈，开始走入寻常百姓家。随着汽车制造的速度越来越快，亨利·福特不断地对他的汽车产品进行降价，由原先的 850 美金一辆车降至 360 美金。截至 1913 年年底，全美国有 50% 的汽车都是福特公司生产的 T 型车，而且是清一色的黑色，基本没有什么其他颜色可供选择。据传亨利·福特有一句名言：顾客可以选择他想要的任何一种颜色，只要它是黑色。意思就是顾客只能够购买黑色的 T 型车。当然，亨利·福特并不是对黑色有什么特殊癖好，其坚持黑色的真正原因在于黑色油漆干得快，可以使汽车在落地后第一时间被卖出去。

有句话叫“螳螂捕蝉黄雀在后”，亨利·福特看准了美国逐渐富裕能够普及汽车的大趋势，造就了福特汽车不可一世的辉煌。但慢慢地，越来越多的消费者渴望能对汽车的颜色、风格和型号有更多的选择，而亨利·福特对这一变化趋势却视而不见，这为通用汽车取得竞争优势提供了可乘之机。虽然通用汽车的斯隆从杜兰特那里继承了一大堆杂乱无章的车型，但他运用一流的管理“柔道”，成功地化劣势为优势。他发誓要为“每一个钱包、每一种用途”生产一款汽车——从贵族气的凯迪拉克到

大众型的雪佛兰，并相应地改造了生产线。1927 年，斯隆在通用成立了以哈利尔为主管的艺术与色彩工作部，到了 1936 年，通用汽车在美国国内市场的份额已攀升至 43%，而福特公司的市场份额则跌至 22%，与 1923 年 60% 的市场份额相比下跌了 38 个百分点。在 13 年的时间里，斯隆提高了通用汽车在美国汽车产业里的市场份额，这给公司带来了优厚的利润，为股东带来了巨大的回报，也给斯隆本人带来了极高的威望。后来，通用与杜邦一起合作开发了新的烤漆“Duco”，为汽车的颜色带来革命性转变，任何颜色都上得去，并且在极端的气候环境下车身的色泽仍能历久弥新（见图 5-6）。汽车“颜色”的潘朵拉盒子，就这样被通用汽车给成功解锁了。

图 5-6　福特和通用对待“颜色”的不同态度

现在常见的汽车颜色有钛金灰、星光银、银沙黑、炫舞橙、珠光白、魔力红、星海蓝等，不同颜色的车漆也会导致车辆的售价不一样，因为每种颜色的漆面制造成本都不同，且喷漆的工艺也不同。根据漆面的色彩亮度，可以分为素色漆、金属漆、珠光漆、亚光漆、变色漆等，越高级的漆面处理成本就越高，所以有些颜色的车漆是需要补差价的。买过“选配大王”保时捷的人都知道，它连漆都会算入选配。以卡宴举例来说，除了标配的黑色和白色普通漆，另有售价 14200 元的 7 款金属漆配置，分别是细花白、黑玉色、铑银、比斯开蓝、桃红木、月光蓝、石英灰。这还没完，如果你的预算充沛，还可以考虑售价 30200 元的特殊漆配置：钯色金属漆（见图 5-7）。

图 5-7　价格昂贵的钯色金属漆

颜色的战略意义，就在于“聚焦一个色调”，这个主色调的选择，一定要符合行业特性，这样整个品牌形象才能做到不违和，随着社会发展不断调整，保持品牌的生命力。

颜色的战略意义，也在于“投资一个色号”，为这个专属的颜色讲好一个故事，让它永远活在 LOGO、VI、SI、产品、包装、广告、公关等所有营销活动里面，这样才能放大这个专属颜色的功效。然后就是和时间做朋友，正如爱马仕所坚持的爱马仕橙色和蒂芙尼的蒂芙尼蓝那样，历久弥新。

总结

人类在颜色创新上不断挑战极限，这也是出于对大自然的礼赞。颜色通过视觉影响心理，引起人们对某些自然事物的联想，而产生连锁心理反应。知道这一点，对色彩战略和色彩营销会有很大的帮助。色彩对于企业品牌来说，主要有两个方面的意义，一是风格，二是利润。体现在战略层面，就是“聚焦一个色调，投资一个色号”。随着时间的流逝，品牌专属颜色会历久弥新，焕发出新的魅力。你可以不重视色彩战略，但你的竞争对手不会，不经意间，他可能就会给你个“颜色”看看。战略是一门谋篇布局的艺术，讲究四个字：适度超前。所以，现在还不晚。

第6章

见字如面，选对字体战略，打造金字招牌

字体我们每天都能看到，也都在用，可以说它是一种很熟悉的事物了，但越是寻常的东西，可能越容易被大家忽略。字体不仅仅是文字的体式，背后还大有玄机。但这里面的玄机都在很专业的书籍和专家的脑子里，“不足为外人道也”。我做战略营销这一行，深知字体对于品牌营销是非常重要的一个环节，它决定了一个品牌的风格、基调。品牌厂商选择不同的字体，里面就有很多精妙的细节能给人带来一种视觉感受，可能大多数观众都是“说不出来，但感受得到”。这正是我们从品牌营销角度研究字体的意义所在。接下来我们将从字体的历史沿革中，发现字体风格变化的规律、洞察字体的本质，然后结合品牌营销来具体描述字体是怎么影响一个品牌的形象和体验的。相信每一位对战略策划和品牌营销感兴趣的读者，都能从中了解到字体的玄机。知其然，更要知其所以然，明白原理，才能心中有数。

一、字体，是文明的化石，是时代的年轮

字体是我们每天都在用的，手机上、电脑上、书刊上、街道上到处都是各种各样的字体，几乎充斥了我们工作生活中的每一个场景。想想看，

你能够脱口而出的字体有哪些呢？常见的应该有宋体、黑体、仿宋、微软雅黑、楷体，等等。那么，什么是字体呢？百科的定义是，“字体，文字的外在形式特征”，就是文字的风格，文字的外衣，也是文化的载体，社会的缩影。

我们知道，字体不是天然存在的，而是人类给文字定的一个标准，用来规范一群人的写法。如果同样一个字，各有各的写法，还差别很大，这就很难辨认了。秦始皇横扫六国，建立统一政权，我认为其最伟大的成就就是统一度量衡，做到了“车同轨、书同文”。他不仅统一了文字，还顺便开创了一种新的全国通用字体：小篆。丞相李斯亲自写出模范字样，刻石成碑，供全国人民来学习临摹（见图 6–1）。

图 6–1　秦丞相李斯和他的小篆字体

汉字字体在几千年的发展演变过程中，经历了甲骨文、金文、篆书、隶书、楷书、草书、行书等阶段，今天的人们普遍使用楷书，但仍未完全定型。而西方的字体，就更多了。可以说，字体是文明的化石，各个国家的文字、字体、书法，都是其文明积累的起点，也是对各个民族甚至全人类文化文明的纪念。每个时代都有其兴盛的字体，尤其是近现代以来，字体的创新成果可以说是五花八门，发展到今天我们人类已经有了成千上万的字体。19 世纪末工业革命导致了工艺美术运动与新艺术运动的兴起，使得字体设计在短短的二三十年内发生了巨大的变化，这一时期的字体非常强调装饰性。20 世纪 20 年代，一股“现代主义风潮”在德国、荷兰、俄国刮起，人们又开始强调字体的实用性。60 年代中期以后，这种思想更是广为传播。80 年代以后，随着电脑技术不断完善，字体设计进入蓬勃发展的时期，多种风格彼此借鉴、共存，同时也开始逐渐与各种形态的商业文化进行了融合。

我们看到，在长达数千年的时间里，字体一直在不断地发展沿革，但万变不离其宗，我们从中还是可以发现一些规律和趋势。

首先，字体的衬线体现了媒介和技术的变迁。

中文的，西文的，我们积累了成千上万的字体，这么多字体有没有让你感到眼花缭乱呢？尽管如此，我们还是可以用一条线索，来好好地捋一捋这几千年的字体发展史。这条线索就是衬线。

在不同的时代，往往会发展出符合时代背景和文化的字体，这些字体往往结合了鲜明的当代元素。最开始的字体都是手写的，或者是拿刀子刻在石头和木片上，只要能看清楚就行了。对于古代人来说，手写刀刻，都是手工作业。纯手工书写时代的人们，还没有衬线这个意识，也没有这个必要。

后来有了印刷术，刚开始是整版整版地刻，整面整面地印，直到北宋毕昇发明了活字印刷术，才能够每个字都单独拿出来“排版”（见图 6-2）。

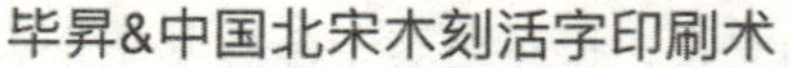

毕昇&中国北宋木刻活字印刷术

古腾堡&德国十五世纪铅活字印刷术

图 6-2 活字印刷术——从毕昇到古腾堡

没错，这就是排版最初的含义，把一个一个的方块汉字，按照文章的顺序排列好再刷上油墨印刷。这个工作在古代其实很辛苦，能把方块字刻上去已经很不容易，也就没法奢求“标点符号”这种高级东西了。因为刻版印刷出来的书没有标点符号，看书的人为了断句，就得自己拿毛笔在字里行间“点”上标点符号，这样复读的时候，就没有那么辛苦了。因此，古代人阅读书籍的行为，也被叫作“点书”。不论是整版印还是活字印，都得刻版，刻什么呢？刻木头。古籍的书版通常沿着树干的纵向切开，因此刻版时要顺着木材纤维的方向来刻笔画。这就意味着每个字都要尽量横平竖直、横细竖粗地刻，不然这个字模就容易刻断。而在笔画的末端，又会设计出一个小小的三角形来保证稳固，于是，衬线诞生了。你看，哪有那么多天马行空的创意？人类每一个伟大的创意，都是为了解决问题。

衬线对汉字笔画的规范起到了重要的作用，像“横到水平线，竖到垂直线”这些要求，都是从雕版印刷时代开始有的。活字印刷术问世以后，促进了雕版印刷业的兴旺，刻书中心发展较快。宋体字美观端庄，且最便于书写和刻写，适应了印刷出版业的行业操作要求，成为宋代文化造极的见证者。可以说，衬线和宋体都是技术进步的产物，人类每一次大的文化创新，往往是和技术进步有直接关系的。但要注意的是，宋体字是从宋朝开始出现在刻本印刷上，但当时的官方字体和民间主流手写的依然是楷体。宋体这个名字也不是宋朝人起的，而是直到明朝才确立，这是因为明朝时期印刷术才真正成熟，印刷媒介取代手写成了主流媒介。我们知道，供需关系决定价格，技术普及的程度决定了产品成本能降到多低的水平。明朝印刷术发达了，也就意味着印刷机多了很多，从事印刷业的人也越来越多，这也为小说这种文学类型生根发芽提供了肥沃的土壤。所有的东西都是做得多了，才能量变产生质变，明朝小说业足够发达，也最终积累出“四大名著”中的三部杰作。明朝从写作到印刷到出版整个流程都很成熟，就像现在好莱坞的电影工业一样。

正是因为元、明两代大量翻刻宋本，使中国书法和雕版印刷相结合而产生了宋体字，它不但有中国书法的魅力，还具有雕版印刷及木版刀刻的韵味（见图 6-3）。脱胎于“宋刻本”的宋体，在明朝印刷业中的应用达到巅峰状态。由于宋体是在明朝发扬光大的，因此宋体也被叫作“明体”或“明朝体”。当时，邻国日本和朝鲜也受到宋体的很大影响，他们也把宋体称作“明体”。

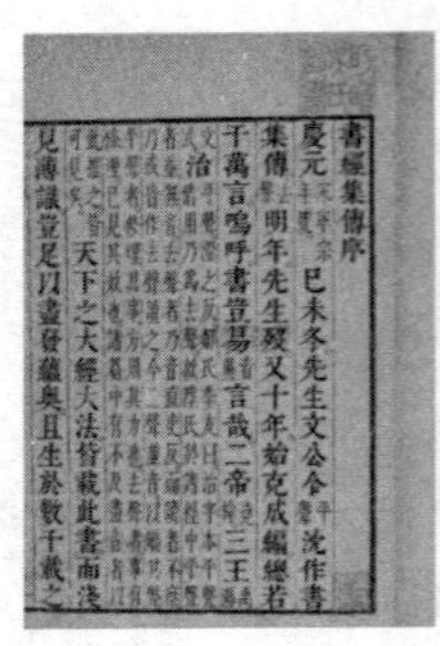
書經集傳序

慶元己未冬先生文公令沈作書集傳明年先生歿又十年始克成編總若干萬言嗚呼書豈易言哉二帝三王治天下之大經大法皆載此書而淺見薄識豈足以盡發蘊奧且生於數千載之

图 6-3　横平竖直、横细竖粗的宋体 & 木刻版活字印刷术

从衬线的角度而言，宋体可以说是中国最伟大的字体了，它的影响力不仅仅在宋朝，也不仅仅在中国。西方后来发明了铅活字印刷术，在铅块上刻字模，本来是不需要像刻木头那样保留衬线的，但他们还是保留了下来。不过，西方用金属做字模，金属能够被铸造且非常耐用的天然优势，也为后来无衬线字体的问世打下了基础。无衬线字体最大的族群要数黑体字了，黑体是机器印刷术的历史产物，至少有 100 年的历史。黑体汉字抹掉了汉字手写体的一切人为印迹和造字渊源，没有手写的起始和收笔，完全以几何学的方式确立汉字的基本结构。注意，它是构建性的，而非书写性的，黑体均匀的笔划宽度和平滑的笔划弧度表现出一种稳定的、充满机械意味的特性，这种特性让字体历史的厚重和庄严消失了。

今天，我们习惯了屏幕，在数码屏幕上是由像素来显示文字的，比在金属块上刻字要灵活多了。从无衬线字体问世以来，印刷字体有没有衬线就成了古典与现代的分野。强调历史凝重感的会用衬线字体，强调现代新潮的则会用非衬线字体。相比印刷字体的易于辨认，手写体毕竟没那么好认，因此不适合大面积使用，成了一种点缀。

总结人类字体发展规律，衬线是其中一条至关重要的线索。从没有衬线概念的手写字体时代，到衬线兴起的印刷字体时代，再到非衬线崛起的屏显字体时代，这三个时代呼应了技术的进步和媒介的改变。文字呈现的技术越来越先进，文字显示的媒介也越来越包容。随着时代的发展，字体的花样越来越多，每个时代都比上个时代有更多的字体可以用，就像年轮一样一层一层地叠加，但人们在选择的时候可能也会越来越迷茫。或端庄，或飞扬，或厚重，或扁平化，需要各位读者仔细洞悉字体背后的风格特点，根据实际情况来做出选择。

其次，字体的字重反映了社会的状态。

如果你稍微留意就会发现，有的时代流行的字体比较粗，而有的时代则会流行比较细的字体。字体笔画粗细的程度，用专业术语表达叫“字重”。同一个字，笔画粗了字模会更重，油墨也会用得更多，更重要的是视觉感受上真的变“重”了。因此，字重也就是字体的重量，英文叫“Weight”。不同字重的代号都是以 W 开头的，从细到粗分为 9 个等级：W1 是 Ultra Light（特细）；W2 是 Extra Light（非常细）；W3 是 Light（细）；W4 是 Semi Light（稍细，也叫半细）；W5 是 Medium（中等）；W6 是 Semi Bold（半粗）；W7 是 Bold（粗）；W8 是 Extra Bold（非常粗）；W9 是 Ultra Bold（特粗）。举个不太恰当的例子，这个“字重”有点像兰州牛肉面根据拉面粗细来定义的“面重”，兰州拉面从粗到细，也可以分为大宽、宽滴、薄宽、韭叶、二细、三细、细滴、毛细、一窝丝等 9 种技法（见图 6–4）。

字体的“字重”	VS	拉面的“面重”
W9 A ULTRA BOLD 特粗		**大宽**
***W8 EXTRA BOLD* 非常粗**		**宽滴**
***W7 BOLD* 粗**		**薄宽**
W6 SEMI BOLD 半粗		韭叶
W5 MEDIUM 中等		二细
W4 SEMI LIGHT 稍细		三细
W3 LIGHT 细		细滴
W2 EXTRA LIGHT 非常细		毛细
W1 ULTRA LIGHT 特细		一窝丝

图 6–4　不同“字重”的字体与不面“面重”的拉面

兰州拉面还有一种“荞麦棱”技法，做出来的面条横截面就像荞麦一样是三角形的。如果你想试一家牛肉拉面店地不地道，就可以点荞麦棱。制作荞麦棱的手法古怪，首先要把面团弄成三角形的长条状，再扯成二细大小，面条成型后有六个平面，相当于拉面里的“博士后”。因为制作困难，很多牛肉拉面店都不会把这种规格的面写出来，以免有人“踢馆”。兰州系的拉面师傅大多数都会，而青海化隆系、河南系的就没几个人会拉。因此用荞麦棱来看一家面店正不正宗是很直观的，准确率高达99%。

再说回字重。我们可以看到，秦朝之前的大篆笔画是比较粗的，而秦朝开创的小篆笔画比较细。汉朝的隶书比较粗，唐宋兴盛的楷体则比较细，再后来宋朝萌发了宋体笔画中的“横划”也比较细。再到元明清三朝，宋体越来越成熟，成为刊印的主流字体。清朝影响力最大的宋体字体就是“康熙字典体”，如图 6-5 所示。

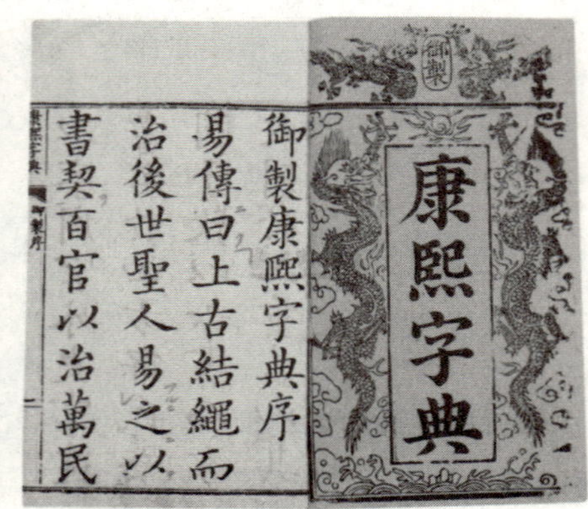

御製

康熙字典

御製康熙字典序
易傳曰上古結繩而
治後世聖人易之以
書契百官以治萬民

图 6-5　清朝康熙皇帝与康熙字典体

西方发明的衬线字体，也是横细竖粗，后来又发明了横竖一样粗，笔画末端和躯干也一样粗的非衬线字体。整体来看，社会稳定和平，通常字重就比较小；战乱纷争的年代，字重就比较大。5000 年下来，我们发现人类的文字字体总的来说是越来越细了。随着显示屏幕的像素越来越细小，印刷精度越来越高，我们也可以大胆地预测：未来流行的趋势就是字体越来越细，字重越来越小。粗体字会显得越来越不合时宜，起码不适合大面积使用，正文还是用适中或者纤细甚至特细的字重为主。

洞察字体的本质，它就是文明的化石，每个文明都以字体作为基石在不断地演化；字体也是时代的年轮，每一代人都比上一代有更加多样的字体可以使用，这极大地丰富了我们的精神生活，给了人们美的享受。

二、一字见心，选择一个字体就是认准一种风格，坚持一条战略道路

每一种字体都有其诞生和兴盛的年代，它代表了那个时代人们的审美、社会状态以及群体心理。今天，我们的字体库已经极大丰富，可以选择的字体太多了，多到几乎让人好像得了“选择困难症”一样无所适从。其实，不同的字体给人的观感是不一样的，只要大类层面选对了，小类可以慢慢推敲。比如说，非衬线字体比衬线字体的屏幕阅读体验更好；印刷体比手写体更易辨识。户外媒体几乎没有用小篆、金文之类字体的，就连行书、草书都要慎重使用，毕竟观众总是对难以辨认的事物缺乏兴趣，一目了然才能受人欢迎。而对于纸质印刷品来说，西方研究得出的结论是衬线字体更容易阅读。衬线字体在笔画开始、结束的地方有额外的装饰，而且笔画的粗细会有所不同，尤其是横划右端的小三角形衬线，就相当于一个个右箭头，指引着视线往右平移，提高阅读效率。因此主流的书籍内页文字，都是以衬线字体为主。对于文本中明显突出的部分，用粗体字可以表示重要和强调；而斜体字让人感觉像是提示和小总结；Gill Sans 让人想起考卷；Times New Roman 像是一位戴着黑色礼帽、留着两撇胡子的绅士；部分摘句用花体则带有文艺和古典的气息，不禁让人想起简·奥斯汀的小说，在特定语境下，花体字甚至还可以表达出讽刺的意味。如图 6-6 所示。

GILL SANS
TIMES NEW ROMAN
Sign Painter

图 6–6 不同字体给人以不同观感

温莎体（Windsor）则让人想到伍迪·艾伦的纽约、老爵士乐、黑眼镜框、絮叨的对话。温莎体是 100 多年前由一个叫伊莱沙·皮奇的设计师设计的，严肃的圆形衬线里带点嬉闹和戏谑的风格，从《安妮·霍尔》开始，伍迪·艾伦几乎在自己所有的影片里都使用了这套字体的粗体、简明体和拉长的版本。复古的印刷字体比如罗马体能够营造历史感，给人以庄重、珍贵的感觉，而手写字体则让人感到亲切，所谓“见字如面”，比如现在淘宝店发出的包裹里，会夹有一些纸条用来和顾客对话，印的就是手写体。其圆润的字体样式更有亲和力，能给读者带来更加愉悦的阅读感。曾有一项研究发现，特定的字体还能给人带来不同的味觉感受，比如人们通常会将圆形字体与甜味联系起来，有棱角的字体则与苦味，咸味和酸味等相关联——这个研究结果完全可以运用在食品包装和海报上，比如说当我们设计一个美食广告时，如果选择歌特体就显然不合适了。为什么呢？因为美食广告应该是给人以一种亲切感，如同亲身体验一样，而歌特体有棱有角，让人看着有一种喘不过气的紧张感。使用圆润一点的字体，这样人们才更愿意去亲近它。

也就是说，一个字体可以表现出诸如优雅、漂亮、顽皮、古怪、权威、庄重及创意性、戏剧性、压迫性等不同的风格。正是因为不同的字体能够给人以不同的感官感受，这些视觉信号会刺激人们产生相应的心理反应，对企业、品牌、产品留下一定的印象，并在潜移默化中形成好感或者反感，因此，字体对于企业文化、品牌形象、产品体验都有着深远的影响。

首先是企业文化层面。

一家企业有意地使用一种字体，也就是在释放一种信号。我们知道，企业文化往往会通过企业文化口号、企业宣传标语等表现出来，并张贴或悬挂于企业内部的办公区域，用文字告诉到访者他们的理念、使命、愿景、价值观、见解等。这些是企业文化“成文”的一部分，还有“不成文”的部分则可以通过企业的一些隐性信号来解读，比如人与人之间的相处关系、领导的说话做事风格、员工对领导的态度，等等。当然，还有一个特殊的隐性信号，那就是我们今天的主角——字体。企业是由人组成的，字如其人，字也如企业。在笔迹鉴定专家面前，每个人写字的笔迹，都会把自己的性格特点暴露无遗。企业也是这样，一家企业所选择的官方字体，或者是几种字体的组合应用，以及不同媒介所用的字体有没有照顾到读者的感受等，都在潜意识里释放着一些信号，明眼的人就能从遣词造句、行文格式以及字体风格上解读出这家企业的内在文化。说起来很玄，但这是真实存在的。既然如此，我们不妨在企业发展初期或者一个关键的转折点，慎重选择一个字体，发挥这个字体的内在力量，把企业文化朝着我们希望的那个方向去塑造。

其次是品牌形象层面。

见字如面，而 LOGO 就是品牌形象的脸面。因此，字体对品牌形象影响最大的地方，应该就是品牌的 LOGO 了。注意，我说的是品牌的 LOGO，不是企业的 LOGO。企业 LOGO 只是面向上游的一些客户厂商，而品牌 LOGO 是直接面向消费者的，这个群体还是很大的。受众人数越多，影响就越深远。如果碰巧企业 LOGO 和品牌 LOGO 是同一个，那选择字体就要慎之又慎了。

国外的品牌 LOGO 通常是使用字母文字，但产品进入中国以后，往往汉字没有那么相似的字体，就需要专门设计一个，以保持品牌风格的一致性。比如，雪碧标识中的中文“雪碧”延续了英文“Sprite”原有的字体结构，但在新字体中增加了银色阴影部分，使得字体更具立体感，更加现代、醒目、独特，也让中英文字体保持了协调统一，如图 6-7 所示。

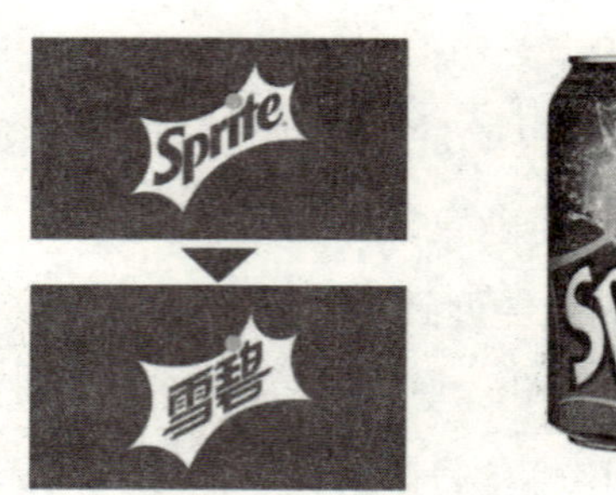

图 6-7　雪碧的中英文标识对比

品牌 LOGO 最常用的字体，按大的分类来说主要是衬线字体和非衬线字体，比如宋体属于衬线字体，黑体属于非衬线字体。在设计中要显示文化底蕴的品牌，一般会选用衬线字体；显示现代感的话，就会用非衬线字体。比如奔驰用蒙纳宋体这种衬线字体来展示其悠久的历史、厚重的文化底蕴，而宝马、奥迪则使用了非衬线的黑体，因为宝马强调驾驭的动感，奥迪强调科技创新，这两家都是想表达现代感的。至于更加年轻的雷克萨斯，则采用了非衬线的简正线字体，这是数码时代的产物。雷克萨斯用这个字体来表达了“领未见，探非凡”的后现代感。如图 6-8 所示。

奔驰字体
Corporate A

宝马字体
BMW字体

奥迪字体
华康黑体

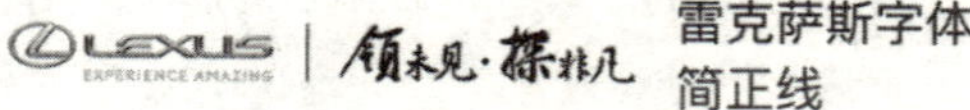

雷克萨斯字体
简正线

图 6-8　不同品牌汽车使用的字体

当今最为著名且无所不在的西文字体，莫过于 1957 年诞生于瑞士的 Helvetica。丰田、3M、通用电气、无印良品、汉莎航空等国际品牌都把 Helvetica 作为 LOGO 字体。但是跟随了国际主义风格闻名天下的 Helvetica

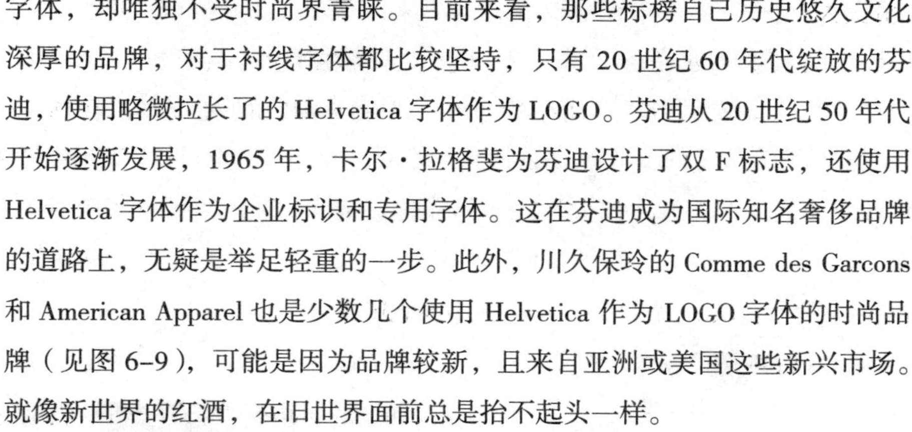

字体，却唯独不受时尚界青睐。目前来看，那些标榜自己历史悠久文化深厚的品牌，对于衬线字体都比较坚持，只有 20 世纪 60 年代绽放的芬迪，使用略微拉长了的 Helvetica 字体作为 LOGO。芬迪从 20 世纪 50 年代开始逐渐发展，1965 年，卡尔·拉格斐为芬迪设计了双 F 标志，还使用 Helvetica 字体作为企业标识和专用字体。这在芬迪成为国际知名奢侈品牌的道路上，无疑是举足轻重的一步。此外，川久保玲的 Comme des Garcons 和 American Apparel 也是少数几个使用 Helvetica 作为 LOGO 字体的时尚品牌（见图 6-9），可能是因为品牌较新，且来自亚洲或美国这些新兴市场。就像新世界的红酒，在旧世界面前总是抬不起头一样。

图 6-9　使用 Helvetica 字体的品牌 LOGO

欧洲很多传统品牌都是由家族作坊发展而来，初期常采用独具特色的家族标识，但到了一定阶段，为了国际化，他们会改用字体标识作为主要的识别符号。对拉丁语系的消费者来说，不同品牌所选择的字体，透露出的信息和内在气质大不相同。阿玛尼的典雅，杰尼亚的精致，圣罗兰的前卫，范思哲的时尚，卡尔文·克莱恩的简约……一些具有百年历史的品牌，总是强调自己传统的工艺和优良的设计，这些气质和风格也体现在其标志上。诞生于 18 世纪的现代衬线字体成为一个很好的选择。其中，最著名的就是法国的 Didot 和意大利的 Bodoni，它们继承和复兴了古典主义的理念，在设计上强调简洁理性，笔画粗细对比强烈，衬线的转角犹如机械加工般精确，透出极强现代感的同时又保留了衬线这一传统元素。这样的字体，对于那些追求亦古亦新和完美细节的奢侈品牌来说，再合适

不过了。于是，Didot 字体被大量使用，如时尚杂志《Vogue》《Harper’s Bazaar》《ELLE》等，后来更成为阿玛尼、博柏利等众多高端时尚品牌的最爱。而具有罗马宫廷式的奢华风格、气质高贵雍容的华伦天奴，和同样有着罗马贵族气息的 Bodoni 字体简直是绝配。此外，其他衬线字体也深受欢迎，比如杰尼亚就独钟于 Walbaum 字体，成为品质的象征。如图 6–10 所示。

使用Didot字体的品牌LOGO　　使用Bodoni字体的品牌LOGO　　使用Walbaum字体的品牌LOGO

图 6–10　使用不同衬线字体的品牌 LOGO

20 世纪 60 年代初期，圣罗兰创立伊始，就聘请当时法国平面设计界最著名的设计师卡桑德拉为其品牌形象亲自操刀，他设计的三个曲线字母的连接造型成为时装风格的新标志。卡桑德拉并没有采用传统的衬线，而是用了一种人文主义无衬线字体。这种字体削弱了无衬线字体笨拙、工业味十足的缺点，掺揉了衬线字体的手写元素，其中最典型的是 Optima 字体，字形横竖笔画的粗细并不一致，字里行间散发出优雅、简练的气质。只是卡桑德拉设计的字体对比度更大，笔画更加优美，为圣罗兰打造出了独特的艺术浪漫特质，与圣罗兰既古典又前卫的风格非常符合。设计师品牌范思哲的标志也是采用同样的字体设计风格，不同的是其笔画粗细变化没那么明显。如图 6–11 所示。

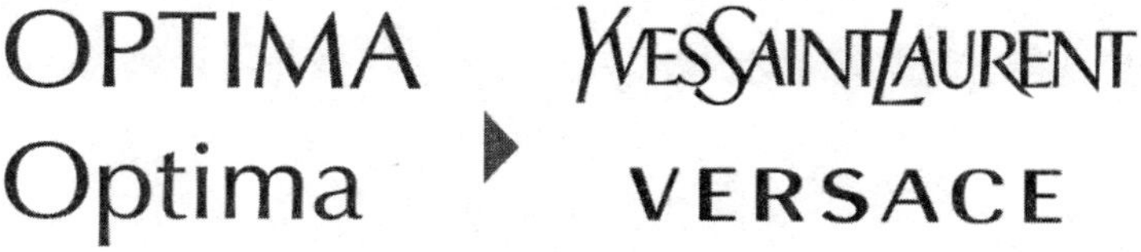

OPTIMA YVESSAINTLAURENT

Optima VERSACE

图 6-11　在 Optima 字体基础上设计的圣罗兰和范思哲 LOGO

整体上说，欧洲大牌奢侈品对于衬线字体还是很钟情的，不过现在也有往非衬线字体变化的趋势。毕竟整个字体的发展趋势就是“非衬线化”，没有人经得起历史车轮的碾压。

创始于 20 世纪 50 年代的法国品牌纪梵希，也是少数使用标准无衬线字体 LOGO 的品牌。2003 年，纪梵希聘请英国著名设计师保罗·巴恩斯修改了其创立时的经典 LOGO，将字母 G 的垂直笔画向下伸长，字母 C 的切口变成垂直向，字母 E 的中间水平笔画变短。总体来看，每个字母的宽度都略微变大了，而间距则加以紧缩，如图 6-12 所示。

GIVENCHY

GIVENCHY

Top, original logo, 1952
Bottom, designed by Paul Barnes, 2003

图 6-12　纪梵希品牌 LOGO 的字体变化

美国在经济和高科技领域称王称霸，但是在奢侈品或时尚界几乎没有太多的话语权。起初卡尔文·克莱恩的标志采用大小粗细不一的古典衬线字母，可能是受阿玛尼的风格影响太大了。进入 21 世纪，卡尔文·克莱恩终于抛开“古典”这副面具投入现代主义的怀抱，把 LOGO 换成具有现代气息的无衬线 Futura 字体。带有梦幻特质的 Futura——“未来体”是 20 世纪现代主义大行其道时代的经典代表，由德国的保罗·伦纳设计，受当时的俄国构成主义影响，与被喻为“现代设计摇篮”的“包豪斯”一脉相传。新的标志更加彰显了卡尔文·克莱恩的极简设计风格。如图 6–13 所示。

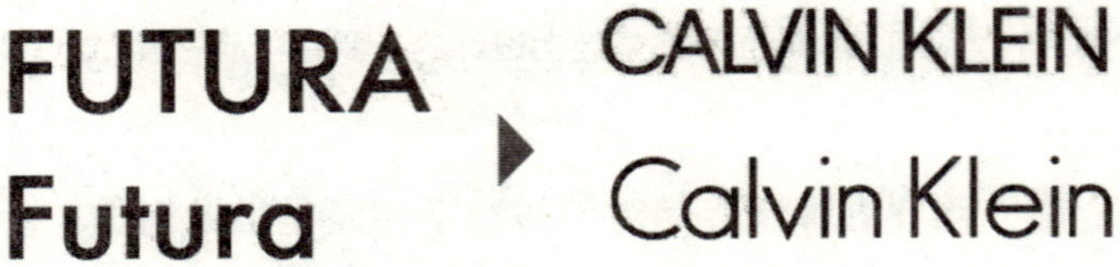

FUTURA
Futura

CALVIN KLEIN
Calvin Klein

图 6–13　使用 Futura 字体的卡尔文·克莱恩品牌 LOGO

LOGO 字体确定之后，重点就是在 VI 里规定各种场景所用的字体了。通常一个品牌的 VI 不会只用到一个字体，而是多选几个进行分工。LOGO 风格的字体通常作为主要字体，再加上几个针对不同应用场景的字体，通常是为了适应那个场景的显示媒介。例如，奔驰的 LOGO 字体是 Corporate A，这一古典端庄的字体是德国设计大师克特·魏德曼教授设计开发的。这个字体和我国常用的宋体非常相似，因此，奔驰的中文部分就用了蒙纳宋体来保持一致的品牌风格（下面为行文方便，将 Corporate A 和蒙纳宋体统称为宋体）。奔驰使用宋体字，一方面是通过这种衬线字体显示其古典优雅的风格。其实欧洲传统奢侈品大牌的 LOGO 也多是衬线字体，用来强调它们百年历史的沉淀。另一方面，不知你注意到没有，奔驰的三叉星 LOGO 中间是粗的，越到末端越细，成了针尖，再用一个圆圈把这个锋芒毕露的三叉星围起来，看上去感觉与 Corporate A 或宋体非常相似。可以说奔驰在选择官方字体上投入了非常多的心血，用来保持其品牌风格。如图 6–14 所示。

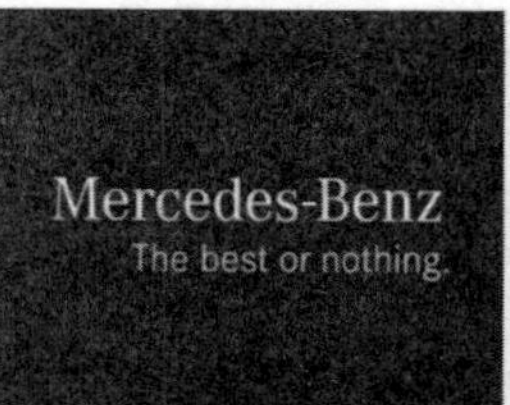

图 6-14　德国设计大师魏德曼及其设计的奔驰专用字体 Corporate A

如果奔驰在所有的地方全都使用宋体呢？统一倒是统一了，但这样会影响顾客的品牌体验。为什么呢？因为有的场景不适合用衬线字体，反而特别适合用非衬线字体。因此，我们看到奔驰官方网站上面只有大标题和版块标题用了蒙纳宋体，部分副标题用的则是比较窄长的蒙纳长宋体。很多人看到这个比较瘦的宋体会误以为它是仿宋，其实不是。仿宋是一款年轻的印刷字体，最早出现于民国时期。1916 年，丁善之、丁辅之仿照宋版书上面刻的字体，保留了宋刻本的优点，结合欧体字的结构特征，仿刻了一种印刷活字字体，简称“仿宋”。为什么奔驰坚持使用宋体和长宋，而不是仿宋呢？官方没有提及，但我想这和仿宋的局限性有很大的关系。首先，宋体字形比较方正，基本可以同时满足排版需要，而仿宋的结构特征决定了它必须有一定的倾斜，使视觉中线不断产生跳跃，从而引起阅读疲劳。其次，仿宋体无法拥有太多字重，而宋体则可以从很细到很粗，做出一套庞大的字体家族，适用的场景会更多。

奔驰除了标题用蒙纳宋体和蒙纳长宋外，个别地方还会选择黑体字，这是为了方便在屏幕上阅读。同样的道理，奔驰车载系统屏幕上的字体，也是以黑体和黑体斜体为主，标志性的宋体则作为关键部位的点缀。这些都是考虑到实际情况，因“媒介”而制宜。

最后是产品体验层面。

一个品牌，能够给顾客带来最直观的体验的是产品，尤其是产品上的字体。你觉得哪家公司在产品设计上最在意字体呢？如果要我说，那就是苹果公司。乔布斯在斯坦福那场著名的演讲中，曾谈到了他与书法和文

字设计的渊源："我休学了，可以不照正常选课程序，所以我跑去学书法。我学了衬线体与非衬线体，学到在不同字母组合间变更字间距，学到优秀的文字设计是如何产生的。文字设计的美好、历史感与艺术感是科学所无法捕捉的，我觉得很迷人。"

很多时候，企业家本人的文化理念就决定了企业的文化理念，然后在品牌、产品层面都得到体现。乔布斯对于文化艺术的追求，使得苹果公司的产品在整个 IT 界独树一帜。苹果产品里面丰富的字体库，就是乔布斯执着于字体设计的成果（见图 6–15）。很多字体，都是按他喜欢的城市命名的。其中，"芝加哥"是最重要的一种字体，苹果计算机以及早期的 iPod 菜单用的都是这种字体；"伦敦"是一种老式的黑体，有点像英国古典文豪乔叟的手写体；"日内瓦"是一种干净、现代、商业化的瑞士字体；"纽约"是一种字形偏高、风格轻快的字体，最适合用于邮轮餐厅的菜单；"旧金山"则像是刚从报纸上撕下来的，可用于沉闷的学校传单。按今天的眼光来看，苹果产品早期使用的那些字体难免显得粗糙、笨重，但它对现代人与字体之间的关系造成了震荡性的影响——字体，原本是一个仅限于设计与印刷行业的专业术语，突然间变成了每个计算机用户的日常词语，每个人都可以选择自己喜欢的字体。这就是字体对于产品层面的影响，只要关乎消费者的产品体验，再小的细节都是值得关注并改善的。

图 6–15 苹果设备上丰富的字体离不开乔布斯的执着

总结

字体设计是品牌营销的一个重要环节，它决定了一个品牌的风格、基调，给顾客一种“说不出来，但感受得到”的奇妙感觉。字体本质上是文明的化石，每个文明都以字体作为基石在不断演化；字体也是时代的年轮，每一代人都比上一代有更加多样的字体可以使用，这极大地丰富了我们的精神生活。不同的字体给人以不同的感官感受，这些视觉信号会刺激人们产生相应的心理反应，对企业、品牌、产品留下一定的印象，并在潜移默化中形成好感或者反感，因此，字体对于企业文化、品牌形象、产品体验都有着深远的影响。对于有志于打造金字招牌的中国品牌厂商来说，字体的选择可以说是至关重要的。未来中国的品牌厂商欲与国际大牌一掰手腕，不仅仅是在经济层面发力，更重要的是要加大文化层面的挖掘和品牌专业细节的打磨。

第7章

一听入耳，再听入魂，听觉战略让你的品牌呼风唤雨

我们常夸一个小孩子聪明，也就是说这孩子智商高。从字面意思上看，聪明就是“耳聪目明”的缩写，是形容感官，虽然耳聪目明和智商高没有直接的逻辑关系，但这并不妨碍“视觉＋听觉”对高智商的象征意义。可见视觉、听觉对于一个人来说，是很重要的。而对于品牌营销来说，视觉是当仁不让的第一要素，其次就是听觉了。听觉营销的工作虽然没有视觉营销那么抢眼，却在潜移默化中影响着消费者的感受和行为。接下来将为您讲解听觉的本质，从战略视角来看待听觉对于品牌厂商的意义，以及战略战术上该怎么做才能卓有成效。

一、未见其形，先闻其声：听觉是人类感知世界的第一个技能

如果说“眼睛是心灵的窗户”，那耳朵就是人类自带的“射电望远镜”。要知道，最先进的天文望远镜并不是靠透镜和光线来望远的，而是用声波感知宇宙。也就是说，它是“听”见宇宙的声音，然后再转化成图像。这么看来，听觉才是宇宙中最强大的感官。那么，到底什么是听觉呢？我们先来看一下百科的释义：“听觉，是听觉器官在声波的作用下

产生的对声音特性的感觉。”也就是说，听觉的本质就是人类对声波的反应，有什么样的声波，就有相对应的反应。概括来说，听觉有三个显著的特性。

1. 听觉的优先性

首先是生理层面的优先性。听觉是人出生以前就先发育完成的一种感觉器官。怀孕第 24 周，胎儿的听力就已经形成了，可以听到母亲的心跳声、肠胃蠕动的声音，还能听到母亲说的话。到第 26 周，胎儿开始有呼吸动作，但因为肺部尚未发育完全，不会吸入空气。这时候胎儿的眼睛能够睁开了，视觉神经的功能开始发生作用。正因为胎儿是先能听到，再能看到，所以胎教通常是以说话和听音乐这些“听觉”功课为主。

其次是文化层面的优先性。大家都知道，语言的历史远远久于文字。各个民族都是先有“听说”的语言，再有“读写”的文字，甚至有的民族到现在还没有文字，只有通行于族人之间的交流语言。听力是语言输入的主要方式之一，古希腊人认为如果要想学习得更多更深，就必须大声朗读及进行对话交流。我国古代的孔子在《论语·公冶长》中说：“今吾于人也，听其言而观其行。”也是说要先听再看，听觉优先于视觉。

2. 听觉的重要性

我们知道，人类接收信息的渠道是多种多样的，主要有视觉、听觉、嗅觉、味觉、触觉和意觉（也叫第六感）六种。其中，视觉信息在人类的信息接收总量中占到了 80%左右，听觉占到了 19%。由此可以看出，人类接收信息主要就是通过视觉和听觉这两大感官，而听觉的重要性仅次于视觉。我国对残疾人的分类包括视力残疾、听力残疾、言语残疾、肢体残疾、智力残疾、精神残疾、多重残疾和其他残疾的人，视力残疾被列在第一位，听力残疾紧随其后，可见听觉的重要性。

3. 听觉的辅助性

听觉可以辅助其他感官进行工作，尤其是视觉。有人曾做过一组实验，证明视觉与听觉的综合刺激是“2+2=5”的效果。如果只是视觉刺激，3 小时后信息记忆率是 72%，3 天后还剩 20%；如果只是听觉刺激，3 小时后信息记忆率是 72%，3 天后只剩 10%；如果是视听结合的刺激，3 小时后信息记忆率可达到 85%，而 3 天后竟然能达到惊人的 65%。由此可见，听觉刺激在公众头脑中产生的记忆与视觉相比毫不逊色，而且一旦和视觉识别相结合，将会产生更持久有效的记忆。这个理论在广告行业应用得最多。在电影、电视被发明之前的许多世纪里，人类接受外界信息的时候，或者是只能依靠视觉器官，或者只是单一地依赖听觉器官，从未有过两种器官同时接收外界信息的情形。而在广告中以视觉呈现一个产品或服务是不够的，若加上声音，比如音乐或强有力的口号，效果会更好。

二、听觉对品牌厂商的三大意义：卖货、体验、积累品牌资产

前面讲了听觉的本质和特性，也许有人要问了：这对品牌厂商有什么意义呢？意义重大，主要体现在以下三个方面。

1. 释放信号刺激消费者购买

如果你逛过集市，就会发现，生意最好的往往是动静最大的那个摊位。为什么呢？清脆响亮的叫卖声会吸引人去看，热闹嘈杂的“讨价还价声”又会吸引人群聚集。由于整个集市的流量几乎是固定的，摊位之间可以说是一种零和博弈，那么生意好的就会越来越好，这正是马太效应。你可千万别觉得“叫卖”这个听觉设计土，办法还是土的好。从过去的摆摊赶集、走街串巷、商场促销，到今天的直播卖货，实践证明，“叫卖”是吸引流量、促成成交的最佳“听觉设计”。比如说，牛排的广告肯定有滋滋声，而汽车的广告不光有靓丽的外观展示，还有发动机的轰鸣声，伴随着激昂的音乐，吸引着你去了解这款车。当然，由于不同品牌的定位不一样，广告配音也有差别，比如，汽车类广告多用浑厚的男声，但奔驰的广告配音偏于庄重的冷调，保时捷则偏于知性的暖调。

2. 改善消费体验

想象一下，你愿意在一个死气沉沉的商场里面购物吗？别说购物，只是逛一逛可能都没兴趣。而好的听觉设计，比如音乐、音效，却能够让消费者沉浸其中，享受到购物的乐趣。

3. 积累品牌资产

品牌资产是消费者对于品牌厂商有利认知的总和，它会随着时间增强或者流失。成熟的品牌都会重视自己的品牌资产，包括视觉的、听觉的、触觉的。就听觉而言，例如，现在很多便利店都设有一个特别定制的门迎铃声，罗森、全家、7–11 各不相同。如果你逛得多了，不用抬头，进门时光听铃声就会知道是哪家店。这实际上也是在积累品牌资产，通过听觉，把品牌名牢牢地印到消费者的脑海中。

三、听觉的战略和战术：发出正确声音，成为无孔不入、永不消逝的电波

听觉战略是品牌战略很重要的一部分，听觉的刺激结合视觉的冲击力，常常会形成非常震撼的品牌体验。战略讲究的是持续性，比起打造一个东西更为重要，经典往往都是坚持出来的。因此，我给听觉战略制定了三条指导原则。

1. 个性鲜明，过耳难忘

个性鲜明，并不是说要发出奇怪的声音，而是发出来的声音有记忆点，最好是人们听过一遍就能跟着哼唱，还能用语言形容出来。

2. 贴近产品和行业的特征

这个声音一定要和产品本身相关（甚至就是产品发出来的声音），起码要符合行业的特性。

3. 重复投资听觉品牌资产

打造一个听觉符号不容易，而坚持投资这个符号形成品牌资产，不断

产生复利这个过程更难。难点不在于事情本身，而在于人性。追新逐异是人的本性，重复投资就意味着要克制自己内心玩“新花样”的冲动。

听觉的战术工作，主要体现在两个层面：一个是品牌理念层面，比如名称、广告语的听觉化和听觉符号的打造；一个是产品体验层面，比如产品使用中发出的各种声音的精心设计，销售场景中对于音乐和音效的应用。举例说明如下。

1. 名称的听觉化

比如，摩托罗拉在广告片里的一句慵懒的“Hello Moto”，就把摩托罗拉的名称给听觉化了，从文字变成了听觉识别符号；京东的广告结尾，把“京东”两个字用类似门铃“叮咚”的音调唱出来，让人印象深刻；每一次打开酷狗音乐软件的时候，就有一句“Hello Kugou”的提示音，这一声让酷狗一鸣惊人，塑造了鲜明的品牌个性；人人车的视频广告结尾，代言人黄渤大喊一声“人人车”，就是希望消费者能记住这个品牌；田七牙膏的那声“田——七”，在广告片里是用摄影的场景表现出来的，从此拍照大声喊田七流行一时。不过，这个需要持续投资，消费者是很健忘的，只要长时间没有投放广告，之前留在他们脑海里的印象很快就模糊了。

2. 广告语的听觉化

比如，麦当劳的广告歌“BA-LA-BA-BA-BA，I’m loving it”，就把广告语唱出来了。

3. 专属听觉符号

专属听觉符号，做好了往往是需要注册的，这方面在国外发展得比较早。比如，苹果电脑的开机声音，早在2012年12月已经在美国申请。再比如，英特尔的“Intel inside”计划，就是植入合作的电脑品牌广告片里，结尾都会有一段“灯，等灯等灯”的音乐，这段音乐早在1996年已经在美国商标局注册。这五个音符为奥地利作曲家沃尔特·韦尔佐瓦于1994年创作，他花费了大量时间编排出五个音符，每一个音符都用木琴、马林巴琴等多种乐器合成，后来就有了我们今天听到的“灯，等灯等灯”这个很洗脑的旋律。

此外，绿箭是购买了《Rhythm of The Rain》的版权，每次听到这首歌的时候，就让人想起了绿箭的广告；苹果公司则是购买了《New Soul》这首歌的版权，用在“MacBook”广告片和门店里面；而南方黑芝麻糊广告里特有的叫卖声：“黑——芝麻糊——嘞！”再配以特有的童谣，会让人不由自主地回忆起儿时的味道。

4. 产品体验的听觉设计

比如，苹果第一代 iPod 插入耳机的“咔嗒”声是专门设计的，乔布斯严格把关，换了很多个版本以后才满意；本田的油电混动汽车由于起步几乎没有声音，为了提醒前方行人，专门设计了“哗啦哗啦”的流水声；摩拜单车在锁车时会响一声，提示你车子已经锁好了；纪录片《舌尖上的中国》中，做饭时的声音很多都不是同期录制的原声，而是后期由拟音师模拟出来一套更生动的声音，再配上音乐总监阿鲲精心制作的音乐，让这个节目看起来更“香”了。

戴姆勒公司则是专门成立了一个研发部门，来研究“完美开关车门的声音”。要知道，那些大的汽车品牌，尤其是豪华汽车品牌，关车门的声音都是精心设计的。不光是关门声，关后备箱的声音、发动机的声音、扫雨刷的声音、打转向灯的声音、车窗玻璃升降的声音……都是被设计出来的。戴姆勒这个“声音”部门最了不起的成就是，从 1991 年的第七代奔驰 S 到 2020 年的第十代奔驰 S，关门声都一模一样，坚持了将近 30 年。现在奔驰 S 级的车门跟 30 年前可大不相同，外板由钢板变成了铝合金，车门内部的隔音材料、电子装备、线束都变了。门已经不是当年那个门，声却还是当年那个声。往小了说，这里面凝聚了工程师的心血；往大了说，这是一个品牌对于自己产品体验的坚持。

5. 销售场景的听觉设计

销售场景的音乐，有时候需要快节奏，有时候需要慢节奏；有时候需要声音，有时候需要无声胜有声。如何善用背景音乐，增加商场的营业额是一门学问。举例来说，每逢节假日商场会播放快节奏音乐，意图增加顾客的购物效率，提高店内人流的回转率，加快资金的周转速度；平时客流

比较少，则多是播放慢节奏音乐，让顾客加大停留时间，多增加商场的人气、多购买一点商品。

不同的场景需要达到的目的不一样，使用的音乐自然也不一样：高端百货用舒缓的钢琴曲或轻音乐；购物中心用轻快的中外热门音乐；打折店里用快歌，让用户不看质量下单；快餐店里用明快的轻音乐，快吃快走提高翻台率……

在爱马仕门店里，并没有专门播放背景音乐，但是会有通过 LED 屏幕传来的声音。据店员的解释，是为了让顾客更专注于爱马仕的产品，而音乐可能会分散他们的注意力。但在门店的男装区、女装区，都分别设置有一块 LED 大屏幕，全天候播放着爱马仕时装发布秀的视频。

进入优衣库店铺后，则能够听到轻松明快的背景音乐。当店员播报时，背景音乐就会渐弱下去但不会消失，播报结束后，音乐渐强。而且，优衣库在每年的某个时间段都会对店铺音乐进行新的尝试，根据每月的不同主推商品，来播放不同的主题音乐。

总结

听觉的本质就是人类对声波的反应。听觉的显著特征是它的优先性、重要性、辅助性，其对于品牌厂商具有三大意义：释放信号刺激消费者购买、改善消费体验和积累品牌资产。在制定听觉战略时要注意三点：个性鲜明，过耳难忘；贴近产品和行业的特征；重复投资听觉品牌资产。而在战术上则从品牌层面和产品层面下功夫，为品牌发出正确的声音，并且持续投资，使其成为无孔不入、永不消逝的电波。听觉战略精妙地运用了人的生理机制特征和心理学，为品牌厂商的营销所用，一方面可以为顾客提供更好的体验，另一方面可以帮助厂商更高效地经营，这是品牌厂商和消费者的双赢。

第8章

体验尽在呼吸间，嗅觉战略用气味定制美好回忆

不论时代怎么变迁，但有一点不变，那就是人类对美好生活的追求从来没有停止过。有欲望就会有消费，有消费经济才会得到发展。而人类社会发展的速度总是大大超过身体进化的速度，“不是你不明白，是这世界变化太快”。5000年前人类的感官对外界刺激是什么反应，身处现代文明世界中的我们依然是什么反应。知其然，更要知其所以然，不断进步的医学揭秘了人类感官的原理，这也使得营销工作更加科学高效，可以尽量避免资源浪费。嗅觉是人类与生俱来的感官，利用嗅觉原理进行营销古已有之。最近几十年，我们的产品、媒介、场景越来越丰富多样，嗅觉营销正在逐渐释放它那无形的魔力。本章将从嗅觉的作用原理中洞察嗅觉的本质，挖掘嗅觉对于品牌战略的宝贵意义。在这个过程中，提炼出嗅觉战略和战术的章法，让我国的品牌厂商在嗅觉营销上可以少走弯路，形成卓有成效的品牌积累。

一、敏锐的嗅觉，是前锋更是守门员

什么是嗅觉？你在街边走着，闻到煎饼果子、炒板栗、烤红薯的香味，就忍不住舌尖生津，这就是嗅觉，通俗点说就是“鼻子闻气味，大脑

起反应”。百科对“嗅觉”的定义是：嗅觉是由鼻腔内的嗅觉感受器接受到挥发性物质刺激，产生神经冲动，信号通过神经传入大脑皮层所引起的感觉。味觉是要把东西放到嘴里尝一下才知道，刺激来得比较近，属于近感。而嗅觉不同，人们可以闻到几米以外的气味，甚至在更远的距离都能感知到化学刺激，属于远感。我们的嗅觉一边扮演着前锋的角色，为我们感应远方的有益气味，找到食物；一边又扮演着守门员的角色，为我们阻挡有害气味，避免受到侵害。其实我们的生活中有不少液体和气体是无色无味的，但为了让人们更好地察觉出来，就染了颜色（汽油）、添了臭味（液化气）。

什么是嗅觉的本质？我认为，嗅觉的本质就是一个探测器，为我们趋利避害。其中，避害的意义，要远远大于趋利。比如你打开冰箱，里面躺着一块即将过期的猪肉，尽管颜色看起来依然鲜亮，但鼻子会告诉你：“赶快扔掉！”一个事物，不管视觉上、触觉上为它加了多少分，但在嗅觉面前都不重要了，如果嗅觉方面表现不好，鼻子就会一票否决，来捍卫人的身体不被侵害。

二、嗅觉对品牌的意义：初闻生好感，日久更难忘

在远古时代，露天市场的小贩们经常会使用燃烧的薰草香味来吸引路过的客人，这应该算是最早的“气味营销”。古代的青楼，店家为了吸引流量会调制出一款款独特的香气，闻香识艳，即是“香艳”一词的内涵所在。青楼用香味唤醒人们最原始的冲动，这是特种经营场所的“嗅觉战略”。我们要想把嗅觉营销工作做得有意义，就要深刻了解嗅觉的特性。《感官品牌》作者马丁·林斯特龙指出：“人的情绪有75%是由嗅觉产生。当我们嗅闻某样事物时，鼻子中的气味接收部位会辟出一条畅通无阻、最短的道路直达大脑的边缘系统，而这一处刚好是控制情绪、记忆与幸福感的区域。人对照片的记忆，在三个月后只剩下50%，但回忆气味的准确度

高达 65%。”如图 8-1 所示。

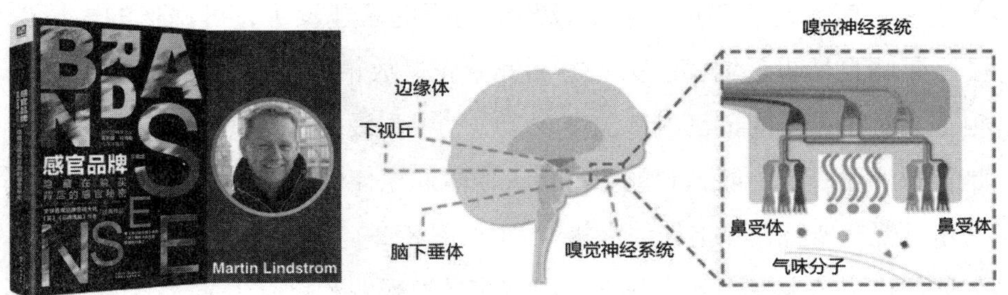

图 8-1 《感官品牌》一书对嗅觉神经系统的阐释

这就体现了嗅觉的两个很重要的特性。

1. 嗅觉的鼓动性——嗅觉可以直接影响情绪

嗅觉的刺激物必须是具备挥发性有味物质的气体分子，这种分子可以溶解于水中，也能溶解于油脂中。但更重要的是，气体可以直接进入大脑。血液是无法直接进入大脑的，因为大脑外面有一层血脑屏障，用来阻止某些物质由血液进入脑组织，但气体分子可以通过。现在用鼻喷雾治疗脑肿瘤的技术，就是由此而来。而正是因为气味可以直通大脑屏障，所以它能够直接影响一个人的情绪。

2. 嗅觉的标签性——嗅觉可以留下或唤起记忆

你知道吗，人能够辨识和记得近 5000 种气味，训练有素的香水品评师甚至能分辨上万种气味。人的嗅觉与大脑联系最直接的部位称为边缘系统，包括扁桃腺及海马体，负责解析信息，是情绪和大量个性化行为的控制中心、记忆中枢。来自嗅觉神经球的信息通过神经冲动传导到边缘系统，也就是说，气味刺激与记忆材料有非常紧密的联结，气味的刺激可以提高边缘系统的兴奋程度，从而提高记忆效果。我们往往会因为一个气味而想起多年前的往事，可能具体的情节记得不太清楚了，但那个感受是非常深刻的。我们闻到的大部分气味只有 30 秒的记忆，但是一旦一个气味在 30 秒之后被记住了，就很可能在一天之后你依然记得，一个月之后依然记得，甚至一辈子都记得。为什么说现在年味没小时候那么浓了呢？一方面当然是因为物质丰富了，不用等到过年才大鱼大肉过把瘾，真到过年了很多东西又可以买成品或半成品，动手的乐趣没了，可回忆的事情少了，年味自然也就弱了。另一方面和禁止燃放鞭炮有很大关系，要知道，很多人对于过年的记忆，都储存在了空气中弥漫的鞭炮气味里，鞭炮味就是年味的代表，一闻到它就容易让人回想起童年的过年光景。法国作家马塞尔·普鲁斯特在《追忆似水年华》（见图 8–2）中写道："即使物毁人亡，久远的往事了无痕迹，唯独气味和滋味虽说脆弱却更有生命力，虽说虚幻却更经久不散，更忠贞不矢，它们仍然对依稀的往事寄托着回忆、期待和希望，它们以无从辨认的蛛丝马迹，坚强不屈地支撑起整座回忆的巨厦。"

图 8–2 《追忆似水年华》图书、影像画面

正因为嗅觉有这两个特性，可以为品牌营销的工作增色添香不少。

首先，嗅觉的鼓动性，可以帮助我们使用气味改变人们的情绪，当然是往我们希望的那个方向去改变，从而达到我们的目的。美国摩内尔化学香气中心研究指出："消费者如果身处宜人气味的环境，比如充满了咖啡香或饼干香的空间，不但心情会变好，也可能让他们的行为举止更为迷人，甚至出现利他的友善表现。"美国杜克大学的学者曾做过实验，把香草和巧克力的香味散布在纽约地铁中，结果吵架、推挤的现象大幅度降低。这是在利用气味把人的情绪从急躁调整到平和。迪士尼乐园的爆米花摊，在生意清淡时，会释放"人工爆米花香味"，不久顾客就会闻着香味来买爆米花了。这是在利用气味把人的情绪从冷淡调整到冲动。可见，良好的气味，让人们一闻就会心生好感。

其次，嗅觉的标签性，可以帮助品牌通过特定的气味让消费者产生美好的印象甚至依赖心理。社会学家克雷蒂安・范・卡姆彭曾说过，“过去的记忆是非自愿的，感官诱导的，生动的，情绪化的重现。”科学家们发现，气味会使我们的记忆再现。尤其是香味，更能令你在脑海中浮现回忆的画面。

美国布卢明代尔百货公司在不同的部门分别释放相应的气味，内衣区是丁香气味，泳装区是椰子香味，母婴区呢，则是强生婴儿粉的香味，它能唤起母亲对亲子时光的回忆——把白白胖胖的娃娃洗得干干净净，抱在怀里给他搽上婴儿粉。这个气味唤起了消费者的母爱，妈妈们根本控制不住地会给孩子多买点好东西。

法国农业信贷银行选择了一款辨识度极高的香氛，是浓浓的忍冬花香味（见图 8-3）。真不愧是农业银行啊，一闻到这个香味，就能让你联想到法国乡村那浓浓的田园气息。

图 8-3　飘溢着忍冬花香味的法国农业信贷银行

如果你乘坐过新加坡航空的航班，就会对他们的气味印象深刻。不论是空姐身上，还是递给你的热毛巾，香味都是一样的。这个香味的名字叫作“Stefan Floridian Waters”，是由美国著名香氛公司尚雅的调香大师斯蒂芬・弗罗里达专门调制的。这个香味已经被新加坡航空注册了嗅觉商标，成了其公司品牌形象的一部分。新加坡是一个原来连航线都没有的国家，现在却拥有世界一流的航空公司，不得不说，新加坡航空真的很“香”。

可见，独特的气味，让人们闻了就日久难忘。

三、嗅觉的战略和战术

任何一件事情要想做得好，就必须有战略定力，遵守章法，不然就形不成有效积累，到头来徒劳无功。因此，我们在嗅觉营销上也应该坚持战略思维，并要遵从以下三个指导原则。

1. 提升顾客消费体验

采用嗅觉战略，不一定非得调一个香水味的，要看具体的情况。比如餐厅是吃饭的场合，最起码要保证餐厅没有异味，这是吃饭体验的及格线。异味不解决，加香氛也没用，假如哪个餐饮老板看酒店用了香氛显得很“高大上”，就在中餐厅也装一套，结果菜一端上来，味道全串了。这就影响了消费体验，得不偿失，不可取。所以，要过了“无异味”这个及格线再去追求香味，且最好是餐厅烹调食物带来的香味，可以适当放大。北欧一个超市试过将新鲜出炉的面包放于商场入口处，天花板上有专门设计的通气口传递出面包的香味，这样一来，面包的销售量增加了很多。餐厅也可以借鉴这个做法，把菜品的香味通过管道散发到门店外面，吸引路人前来。这种方法很适合火锅、麻辣烫、烧烤类的餐饮店。

2. 符合品牌经营理念

嗅觉战略，并不仅仅是选择一个气味那么简单，而是要先了解企业的性格、企业文化，尤其是经营理念，在这个基础上再寻找能反映品牌厂商独特气质的气味。

3. 坚持投资专属气味

通常我们要做很多测试和用户调研，在很多种气味中选择一个最能代表这个品牌理念的气味。这个气味一旦确定，最好永远不要变，因为人对嗅觉的记忆比我们想象的要长多了，如果换来换去，就难以形成积累。

至于战术层面，其实没有太多限制，主要是发挥想象力，尽可能多地挖掘嗅觉能够发挥作用的消费场景，选择好的供应商，并且做好产权保护。

1. 关于气味的应用场景

一是与“衣”相关的场景。

爱马仕专属调香师让·克劳德·艾莱纳曾在《调香师日记》中写道：“气味是一种符号。”爱马仕还专门开了个香水的门店，位于纽约曼哈顿的布鲁克菲尔德广场。店里有一个展览厅，号称“香水图书馆”，爱马仕所有款式的香水都在这里陈列，从 Jardins 系列到经典的 Caleche、Rouge Hermes 和 Eaud Hermes 系列，再到 Hermes sences，应有尽有。店面设计师丹尼斯·蒙特尔也试图把这个香水驿站营造出一种家的感觉，爱马仕 CEO 阿克塞尔·杜马斯称这个空间为“一个可以让人静下心来松一口气，欣赏美丽，沉浸于平和，从而恢复平衡的地方”。

香奈儿将香奈儿五号与黑裙搭配出现后，便开始注意起了香水的市场。比起香奈儿动辄上万元的包包首饰，香水的售价就平易近人多了，这让很多普通消费者也成了能拥有香奈儿的一族。卖出去的每一瓶香水，都成了香奈儿的品牌广告。

英国衬衫品牌 Thomas Pink 研制了一种特别的香味，是清新的、经过清洗的棉花味道。当有顾客经过时，香氛系统就会散发出这种香味，给顾客留下难忘的印象。

法国服装品牌 Bread n Butter 定制了一款香水，要求店员每天在店里喷洒 4 次，以形成独特的品牌嗅觉记忆。

由于人们对衣服美好气味的追求，市场还成就了一家衣物护理剂的品牌，叫“金纺”。1992 年年底，金纺带着悠久的历史登陆中国，成为国内第一款衣物护理剂品牌，开启了中国家庭衣物护理的新时代。如今，金纺连续 18 年保持市场份额第一。20 年来，金纺为亿万中国家庭带来呵护与关怀，深受中国家庭的喜爱。目前，金纺衣物护理剂共有 6 种香型，分别是清新柔顺、怡神薰衣草、纯净温和、水清莲香、鲜竹洋甘菊和牛奶蝴蝶兰。金纺在“选香”这件事情上，可谓是“Have a nose for”（嗅觉敏锐），

金纺出品必属精品，每一款都很“香”。

二是与“食”相关的场景。

比如茅台当年的“一摔成名”。1915 年，巴拿马正在举行一年一度的国际品酒会，茅台的展位因为比它的瓶子造型还低调，备受冷遇。中国老话讲：“酒香不怕巷子深”，酒是真的香，可这巷子也是真的深。怎么办呢？就在品酒会的最后一天，中国代表眼看茅台酒评奖无望，情急之下突生一计，他提着酒走到展厅最热闹的地方，装作失手将酒瓶摔破在地，一时间中国特色的酱香艳惊四座。中国代表趁机让人们品尝美酒，不一会儿便成为一大新闻而传遍了整个会场，人人都争着到茅台酒陈列处抢购。

再比如乐凯撒，它的招牌产品是榴莲披萨，而榴莲是一种气味很浓郁的水果。乐凯撒就曾经拿榴莲的气味大做文章，先是在电梯里做了榴莲形状的平面广告，同时在电梯里释放榴莲气味的香氛。不喜欢榴莲的人可能要问了，还能再夸张点吗？有的，乐凯撒在《深圳晚报》头版登了整版的榴莲披萨广告，对了，报纸也是榴莲气味的（见图 8–4）。甚至后来还出了一款榴莲味的香水。这一系列的动作，让乐凯撒着实火了一把，希望他们能够把这个气味战略坚持下去，形成品牌资产。

图 8–4　乐凯撒的“榴莲气味营销”

麦当劳给我们的记忆，很大一部分是它独有的那股“麦香气”，这得益于麦当劳的标准化让每一家门店里面的气味都一模一样。而麦当劳也很会利用气味，它曾经在地铁站的过道做广告，只要有行人经过，广告牌上就会自动播放麦当劳早餐的广告语，香氛系统还会喷出汉堡的气味。闻了以后，你是不是感觉更饿了？

三是与“住”相关的场景。

20世纪末，酒店业是感官品牌领域中最具创新意识的行业之一。凭借对感官接触点的敏感，尤其是对嗅觉工作的重视，酒店业成为金融危机下复苏最快的行业。步入各大国际品牌酒店的大堂，就能闻到一股特别的香味，丽嘉、文华东方、香格里拉、万豪等概莫能外。当然，不同定位的酒店选择的香味也不一样。大体来说，商务酒店大多是淡雅植物味型，度假酒店是水果调和类的温馨味型，温泉酒店是花瓣香型，会议型酒店则会选择一些提神或者去异味的味型。

从2005年开始，喜达屋集团就开始推广嗅觉战略。他们在旗下酒店的大堂内散布独特的香味，借此加深客人对酒店的印象，吸引他们再度光临。

喜来登酒店的香气叫作“Open Sky”，混合了无花果、薄荷、茉莉和小苍兰香，让人觉得宾至如归。

威斯汀酒店大堂散发的是一种高雅的白茶香，混合着天竺葵和小苍兰的味道，能够使人平静、放松。

福朋酒店采用的则是萃取自苹果和桂皮的香气，一闻到那阵阵幽香，就会使人想起苹果派和酒店朴实的风格。

凯悦酒店选择的是一款气味很低沉的广藿香气味，后来感觉不够生动，又在它的香型基础上加入了柑橘和自然凉木的提取物等气味，最终才研发出令他们满意的“新鲜水泥浇灌在生橡木上，加上些许新鲜肉桂的生面饼，具有富贵的厚黄褐色丝绸质感”的气味。他们说这样的香味与凯悦酒店的富贵感更加相衬。

香格里拉在2001年和澳大利亚某香氛公司合作研发出了香格里拉专属香氛，一直用到今天将近20年没有变过。不管是在中国上海、香港，还是法国巴黎，只要推开香格里拉酒店的大门，闻到的都是混合了香根

草、玫瑰木、佛手柑的味道，这就是香格里拉为你打造的“家的味道”。由于这一味道太受客人的喜欢，香格里拉酒店还为此出了一系列香氛产品，包括精油、香氛蜡烛等。酒店还根据不同的主题、节日，由香味咨询公司设计不同种类的香味以配合整体的营业推广活动，使宾客得到更为独特的消费体验。例如，在圣诞节利用桉树加薰衣草的香型营造出快乐的圣诞氛围；在情人节通过浪漫的玫瑰花海营造出迷人的幸福氛围。

许多房地产销售公司会在售楼中心和样板房内使用香草味的烛台或者薰香，因为香草味会使我们联想到香草饼干或其他香草味甜点，而这些味道都是与童年快乐的记忆分不开的。现在有些床垫品牌也研发了智能香薰床垫，将精选的普罗旺斯薰衣草精华配合珍贵的保加利亚玫瑰香氛内置在床垫中，采用高科技缓释技术，能够长期散发天然芬芳，营造舒适惬意、温馨浪漫的卧室环境，独特的香味能有效缓解精神紧张，解除焦虑情绪，改善心肌功能，具有安神醒脑、平心静气、助眠美容功效。在终端专卖店，这种床垫散发的独特香味吸引了不少消费者。

四是与“行”相关的场景。

比如，英国伦敦希思罗机场选用了一种叫作 Meadow Grass（牧草）的芳香剂，作为品牌的嗅觉识别符号。此外，希思罗机场还与香味设计工作室合作，制作了 5 款代表泰国、巴西、日本、南非和中国的香水，怎么用呢？在机场出境处放置了一个会发出香味的大型地球仪，只要在屏幕上轻轻一按，就能闻到喷出的不同香味（见图 8–5）：南非是类似部落的焚香、青草和蹄兔香中发出的麝香气味，让人联想起狩猎的冒险之旅；巴西是在浓郁的雨林气息中调和了咖啡、烟草和茉莉花的香味；日本是清新的海洋气息混合着海藻、贝壳提取液、绿茶和龙涎香的气味；中国是神秘的寺庙香火气味中带着微微的桂花香；泰国则是挑逗你味蕾的香茅、生姜和椰子芳香。

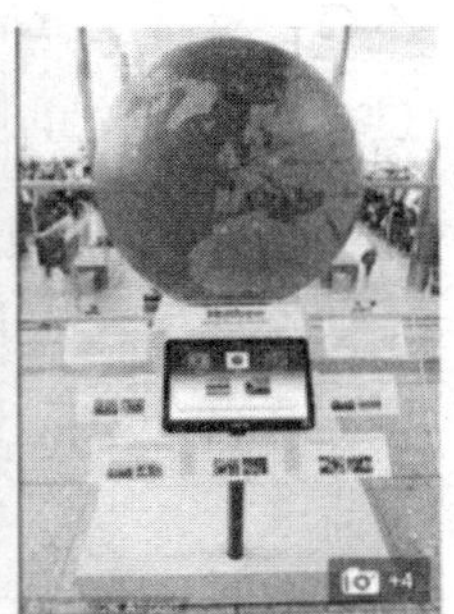

图 8-5 能发出香味的大型地球仪

香味设计工作室的创始人吉玛·霍普金斯是感官营销领域的专家，她曾为帝亚吉欧和博柏利设计品牌方案，设法在品牌、气味、消费者之间建立情感联系。为了“气味地球仪”项目，吉玛和有着 20 年香水策划经验的调香师阿纳斯塔西娅·布鲁兹勒合作，仔细甄选原材料，制订草案，和世界上的一些“最有名的鼻子”们合作，最终为每种气味设计出了独特的签名和个性。

如今，嗅觉营销已经成了汽车业的刚需，汽车内饰的气味对于汽车的销售那是相当重要的。你去 4S 店看车，坐进车里有没有闻到一股新车特有的皮革香味？这种香味刺激着你的每一根神经，恨不能马上就交钱提车。其实这个气味并不是新车本来就有的，而是汽车厂商专门调制出来的。每一辆新车在出厂前，装配工人都会拿着罐装的香氛，给车子喷好这种特有的“新车香”。

这个“新车香”气味的故事还要从 1965 年的劳斯莱斯银云（见图 8-6）讲起。劳斯莱斯曾收到很多客户的抱怨，说他们的新车型不如上一代的好。厂商也觉得很意外，我们劳斯莱斯造车，那是一代比一代更精益求精啊。后来他们发现，原来新款和旧款相比唯一的不足就是香味。旧款劳斯莱斯的内室有一种自然的气味，混合了木头、皮革、亚麻和羊毛的气味，但是根据现代的安全标准和生产技术，这些原材料都需要使用阻燃性更好，也更容易降解的泡沫和塑料来代替，不可能像当年那样弄那么多的

木材、皮革、亚麻和羊毛来自然释放这种香味了。于是，劳斯莱斯只能通过人造的方法重现了这种经典气味。从1965年的银云开始，每辆劳斯莱斯汽车出厂之前，这种独特的气味都会被加进座椅下面，让经典之味永流传。发现了气味的魔力之后，劳斯莱斯又在《建筑文摘》上刊登广告，广告"香页"中散发出的阵阵香气，就是劳斯莱斯汽车内室那独有的"混合了木头、皮革、亚麻和羊毛"的气味。当顾客在店里选购劳斯莱斯汽车时，便能够回忆起这种味道，加强了他们对品牌的印象。

silver cloud，1965　　Ghost，2010

图8-6　劳斯莱斯银云（1965）和古斯特（2010）

2003年，凯迪拉克引进了一种特殊的香型Nuance。它有一丝香甜，又有一些神秘，是经过焦点小组访谈的选择，由实验室研制出来的。凯迪拉克把它加到汽车内饰、座椅所用的皮革中，一是保护皮革，二是能使车内长时间保持一股"新车"的气味。从那以后，不只是凯迪拉克，还有通用旗下的其他品牌如别克、雪佛兰等车都保留有这种特殊的皮革气味，成了企业文化和品牌传统。

五是与"日用"相关的场景。

汰渍是美国销量名列前茅的洗衣粉品牌。宝洁公司不仅重视汰渍洗衣粉的香味研发，还特别舍得给新香型"上野清新"打广告："新型山泉汰渍带给你野外的清爽幽香"。

无印良品则一直在店里释放他们家的香薰精油。消费者在逛店时，会因为这种淡淡的精油味而感到安心舒适。若是谁将精油买回家使用，有很大概率会回忆起无印良品的产品。

我们知道六神的经典产品六神花露水的驱蚊效果很好，但气味不太好闻。因此，六神推出了一个很香的花露水，叫作“六神清爽祛味花露水”，好闻到甚至有很多人将六神花露水与大牌香水的味道联系到一起。而六神的瓶身信息，也确实在强调它的香味优势：由国际顶尖香精公司调香，世界一流香水工艺制造，前调是活氧、西柚的轻盈灵动，中调是铃兰、鸢尾的清怡别致，底香是琥珀与杉木的优雅延绵……

而苹果公司的手机或者电脑，打开包装就能闻到一股特殊的檀香味，这种味道源自苹果公司专门选的一种檀香型胶水，可能与乔布斯修禅有关。这样的香味与苹果的极简风格很搭。

六是与“公共空间”相关的场景。

北京 apm 购物中心从 2010 年开始，就把一种广受国际顶级酒店及购物中心喜爱的芳香扩散系统引入商场，到处弥漫着沁人心脾的白茶花清香，让人感到心情舒畅。

上海 K11 购物艺术中心有着自己专属的香草气味。他们曾做过一个调查，女性比较偏好这种味道，只要女性喜欢，男性自然也就没什么意见了。这种轻松的香草香味，让人们在商场停留的时间变得更长。

上海新天地广场曾在 2018 年委托香氛制造商 Aro MAG 为淮海中路上即将开业的新商场定制气味。这个新商场是以“New Woman”为主题，覆盖淮海中路附近写字楼里工作的白领女性群体。Aro MAG 很善于把客户的需求解码成香氛行业的语言。为了表达“New Woman”的“中性”特质，调香师在使用某个材料会特意避免过于厚重的檀香味，因为檀香容易传达老旧的寺庙感，而放大檀香的奶意，来规避气味中过于男性的特质，这样就会使气味偏向中性。

上海悦达 889 广场是国内较早在商场里使用香氛的购物中心，从 2011 年开始使用一款接近大自然的草木香型香氛，以贴近悦达“亲近自然”的品牌理念。

西安大唐芙蓉园则运用了现代智能远程管网化喷香手段，创造了全世界最大的“户外香化工程”范例（见图 8-7）。公园为了营造“梦回大唐”的意境，针对千亩园区里的皇家建筑、山水景观、剧场诗苑的不同功能、

文化内涵和地貌特征，划分出 6 个香化区域。中法两国专家调配出了 50 多种香味，象征帝王尊贵的檀香，代表圣洁的芙蓉香，传达友情的法国茉莉香，示意爱情的保加利亚玫瑰香，表达爱慕的荷兰郁金香，热情洋溢的中国江南桂花香，次第拂来，各领风骚，梦幻般再现了 2000 年前“博山炉中沉香火，双烟一气凌紫霞”的盛况。

图 8-7 西安大唐芙蓉园

2. 关于气味供应商

一家成熟的香氛公司起码要有一个涵盖至少 3000 种味道的香味储备库，能够提供包括扩香设备安装、香精选择、设备维护的空间香氛解决方案。这是为品牌建立“嗅觉识别系统”的基本配置。目前主流的香氛供应商有三大国际巨头：IFF、奇华顿和芬美意，他们的创意和品质都在一流水准。其中影响力最大的是 IFF，总部位于美国，其产品被广泛应用于美容、日化以及食品、饮料等多个领域，无论是雅诗兰黛还是吉百利的热销商品都有它的功劳。

此外像仙爱尔、卢瓦尔香氛、香味设计工作室、Aro MAG 等，都是很棒的香氛公司。据 Aro MAG 创始人曾鸿所讲，全球 95% 以上的调香都是由 IFF、奇华顿和芬美意等几家国际香氛巨头完成的，即使是在奢侈品界，除了香奈儿、爱马仕、娇兰有自己的调香师，包括兰蔻在内的大部分品牌都把调香工作交给了这几家香氛巨头。曾鸿说，“国内的 RE 调香室和气味图书馆也没有生产香氛的能力，他们只是购买、包装气味的分销商，渠道和我们相同，很多气味和我们气味库的一样。”选定的香精被添加进扩香机里雾化，再通过空调送风吹到公共区域，被人们吸入鼻腔。商家们会把扩香机或小型移动扩香设备“藏”在顾客不容易发现的位置。目前使用香氛最普遍的要数酒店和购物中心了，他们一般使用大空间的香氛系统。香氛系统可以强力扩散，比如安装在中央空调或者新风系统的管道里，或者安装在中央空调或新风机的出风口，也可以在多个区域进行多点位安装，让香味自然弥漫。一般来说，选定某个气味后短期内很少更换。香精的起订量是一桶 25 千克，而 2 万平方米的空间每年能消耗 200 ~ 300 千克香精，更换香精可能会带来更高的价格成本；另一方面，品牌也会要求香型稳定，以形成固定的嗅觉标签。国外已经形成了“调香师—香氛精油生产供应商—空间香氛设备制造商等”的成熟供应链。而在国内，空间香氛的生意主要是交给扩香设备生产商来做，这些生产商提供的主要是服务、机器租赁和维护服务，一般会把香精价格包含在内，有些供应商干脆免费赠送香精。“这个解决方案其实是机器的解决方案，就是实现扩散，把味道均匀地扩出去，他们对气味本身没有建树。技术完全没有壁垒，内容物是关键。”曾鸿说。因此，选择香氛供应商要慎之又慎。

3. 关于气味产权保护

世界上的第一个气味商标是美国商标审判和上诉委员会（TTAB）1990 年在缝纫机上核定注册的一种“PIUME-RIA BIOSSOMS 花的刺激、清新、令人记忆深刻的花香气息”。欧共体内部市场协调局第二上诉庭在 R156/1992-2 一案中也首次核准了以一种新剪的草香作为嗅觉商标，获得共同体商标注册。虽然香水的气息作为香水本身的价值所在而明显不能由一家企业独占使用，但浴液、洗衣粉的特殊气息完全有可能起到商标的区别作用。气味营销也好，嗅觉战略也罢，注定是条漫漫长路。首先，包括中国在内的世界上大多数国家的商标法还没有规定允许注册嗅觉商标或味觉商标，这也就意味着即使研究出一种代表自己品牌的嗅觉或味觉，也无法获得注册，得到法律保障。其次，相应的法律法规还无法确保“声”“味”品牌可以得到严格的知识产权保护，尤其对于“味道”这样的

品牌来说，如何界定，是一个充满争议、让人困扰的问题。最后，由于每个消费者的喜好各不相同，研究出的味道，势必会有一部分消费者喜欢，而另一部分消费者不喜欢，所以，品牌厂商要平衡好取舍的问题。

总结

嗅觉的本质就是一个探测器，为我们趋利避害。它有两个很重要的特性：一是鼓动性，嗅觉可以直接影响情绪；二是标签性，嗅觉可以留下记忆，唤起记忆。嗅觉的鼓动性能够帮助我们使用气味改变人们的情绪，良好的气味，让人们一闻就心生好感；嗅觉的标签性可以帮助品牌通过特定的气味让消费者产生美好的印象甚至依赖心理，独特的气味让人们闻了就日久难忘。这就是嗅觉对于品牌营销的意义。在嗅觉营销上也应该坚持战略思维，并要遵从以下三个指导原则：提升顾客消费体验；符合品牌经营理念；坚持投资专属气味。至于战术层面则没有太多限制，主要是要注意挖掘嗅觉的消费场景，选择好的供应商，并且做好产权保护。古印度哲学家释迦牟尼说过："人生只在呼吸之间。"其实，品牌的体验也尽在这一呼一吸之间。卓越的嗅觉战略就是品牌厂商用气味为客户定制了一场美好的体验，使之记忆长久。

第9章

味觉战略，让味蕾绽放出品牌百味

人，究竟是为了活着而吃饭，还是为了吃饭而活着？也许你会觉得，这问题太简单了，当然是为了活着而吃饭了，难道还有人是为了吃饭而活着吗？这个看似无厘头的问题，却正中味觉战略的命门。接下来，我会带你洞察味觉的本质，从中摸清味觉对于品牌战略的意义，从而为企业制定战略原则和战术打法提供重要的参考。本章尤其适合从事食品、饮料、餐饮等与“吃”紧密相关的行业人士阅读。如果你是“泛食品”行业的企业家、品牌厂商代表，或许能够小中见大，体会到从战略视角看待味觉原理应用在营销、创意方面的精妙之处。

一、酸甜苦咸鲜，五味在舌尖，百味在心间

再回到开头那个问题：人是为了活着而吃饭，还是为了吃饭而活着？我想应该没人会说“我活着是为了吃饭”，那等于承认了自己是个“饭桶”。其实这个问题对于个人来说，答案或许各不相同，但对于整个人类而言，答案却是一致的，那就是“我们既是为活而吃，也是为吃而活”。人类最初的时候生存能力还很弱，跑不过羚羊，打不过虎狼，捡到什么果子就吃什么果子，如果碰到猛兽留下的零碎肉块就算是中奖了。果子、植

物富含各种糖类，零碎的肉块可以补充盐分和蛋白、脂肪、氨基酸。当然，早期人类并不是因为喜欢甜味才想吃甜食，也不是因为喜欢咸味才想吃咸食，更不是因为厌恶苦味就不想吃苦的东西，物种进化的唯一要求就是“活下去”，唯一标准就是“适者生存”。大脑对一切味觉的刺激反应，都是生存所需，相比咸味和甜味这两个“刚需”，其他的味觉刺激都太奢侈或者危险了。爱甜厌苦就这样被写进了人类的基因里，成了本能反应。这时候的人类，就是“为活而吃”。

后来人类学会了使用棍子来保护自己，学会了打凿石斧石矛来打猎，一场“天火”让果实和肉都发生了化学反应，变得奇香无比。人类突然明白了，为什么要吃生果实生肉呢，“烧烤”难道不香吗？于是他们学会了钻木取火、燧石生火，小日子开始过得“红红火火”。尽管今天的人类早已营养过剩，但我们还是忍不住想吃顿烤肉来纪念一下祖先的伟大创举。烤肉的过程中会产生“美德拉反应”，指的是含游离氨基的化合物与还原糖或羰基化合物在常温或加热时发生的聚合、缩合等反应，除产生类黑精外，还会生成还原酮、醛和杂环化合物，这些物质是食品色泽和风味的主要来源。如果用一句话来描述“美德拉反应”，那就是“烤肉真香，香得我什么都忘了”。再后来，随着人类穿越国境、横跨大洋，开始把全球各地的食物进行搬运和移植，把各种香料进行交换，世界各地的食品形态越来越花样百出，味觉的刺激越来越五花八门。从吃到烤肉至今，人类可以说是“为吃而活”。

从“为活而吃”到“为吃而活”，我们可以从中发现一条清晰的脉络，那就是“味觉刺激”。到底什么是味觉？百科的定义是：“味觉是人体重要的生理感觉之一，在很大程度上决定着动物对饮食的选择，使其能根据自身需要及时地补充有利于生存的营养物质。”可见，味觉在指导着人类生存，更好地生存。那么味觉的本质是什么？我认为，味觉在本质上是一种化学感觉。食物中的化学物质跟味蕾发生反应并产生一个信号，信号在传入大脑后立即被精确地予以分析，由此酸、甜、苦、咸、鲜被一一体味出来。人在品尝滋味时还往往会邀请“嗅觉”来当帮手以便合力鉴别，闻起来好吃的，往往吃起来也好吃。当然，水果味的橡皮除外，我想不少同学小时候都吃过这个亏。味觉是食物气味中的化学成分对味蕾的刺激，这是生理反应。而这个生理反应，还会连带着产生心理上的情绪，甚至是依赖。可以说，味觉不仅仅是舌尖的五味，更是人们心头的百味。这里面有生死存亡，也有悲欢离合。从远古到今天，人们对味觉的感知是为生存所迫，也是为了更好地生活。在追求美好生活的过程中，舌尖这方寸之地成了人类味觉测试的试验良田；在商业利益的驱动下，口腔这个小小的空间成了食品、饮料、餐饮企业的必争之地！

二、味觉对商业的意义：贴近味觉本质，敬畏发展规律，尊重认知常识

前面说了味觉的本质就是化学感觉。商业领域要想用好味觉来产生价值和利益，还真的就是靠化学。可以说，“一部食品史，半部化学史”。如果你也想让味觉为你的品牌战略所用，就要从本质、规律和常识这三个层面多多考虑。

1. 贴近味觉本质

舌头上的所有味蕾都与大脑相连，人们对食品的印象最直接的也就是味觉。我们知道，人类味觉的两大“刚需”是咸味和甜味，其他的味觉刺激只是起辅助作用。你可以仔细回想一下自己爱吃的东西，基本上都是以咸味和甜味为基调。比如，小时候的美食回忆，都是甜的，或酸甜的；家常的吃食，都是咸的，或咸酸、咸辣的。食品工业的秘密在于用油脂为咸味和甜味赋能，形成“盐、糖、脂”组成的调味铁三角。在西方，甜味是脂肪赋能的重点，比如广受欢迎的甜甜圈，店里最热卖的款式永远是“经典甜甜圈”，因为它的糖和脂肪比为 50∶50，是刺激味蕾分泌多巴胺的黄金剂量比例。现代的很多零食，尤其是那些让我们一吃就停不下来的经典零食，它们的盐、糖、脂肪的比例都是精心计算出来的。《盐糖脂：食品

巨头是如何操纵我们的》这本书里有一段话相当经典："我们喜欢高度精制的食品，因为它们可以与高糖分一起，迅速让我们感到快乐，但是这种快乐是有一定代价的，就像你快速地喝酒，就会快速地醉倒一样。当糖分快速地被分解，你身体内流动的糖分就会大于身体可以承载的程度。但是，全谷物食品就完全不同，谷物食品的分解过程比较缓慢，所以你可以慢慢地消化。所有人，特别是孩子都嗜糖如命。而对于甜度，只要在极乐点之下，所有人都希望越甜越好。"作为食品、饮料和餐饮企业，不管你开发什么产品，都要牢记咸味和甜味是"刚需"，千万不要被奇奇怪怪的味觉刺激带偏。经典之所以成为经典，就是因为这个味道贴近了味觉刺激的本质，符合了人类生存历史演进的主旋律。

2. 敬畏发展规律

人类利用味觉的本质来发展商业文明，这个过程是有科学规律可循的。我根据自己对商业和工业发展历史的研究，结合生活中的观察，对此有一定的体会，简单总结为以下三个规律，仅供参考。

（1）精细化。

这个主要是说口感方面，不论是食材还是调味品，越精细的颗粒越能"高效"地和味蕾互动。比如，今天的馒头相比 20 年前的馒头，吃起来要甜很多，这一点我们可能很多人都有体会。这是为什么呢？是放糖了吗？并没有。我们知道，人吃馒头的时候会分泌唾液，和淀粉结合在一起就产生了糖。今天的馒头比早年的要精细很多，这是因为我们的生产工艺更先进了，和面、切割、发酵、蒸制整个流程的精细程度都不可同日而语。唾液还是那个唾液，馒头已经不是当年那个馒头了，更加精细的馒头吃起来就会甜很多。再比如，糖和盐的颗粒也越来越精细，使得厂家可以使用更少的剂量，达到过去同样的甚至更强的味觉刺激。为什么呢？我们知道唾液是食物的天然溶剂，如果把舌头上的唾液都吸干，把干的砂糖放上去，那么连一点儿甜味也感觉不到。原理就是：呈味物质溶解速度越快，产生味觉的速度也越快。绵白糖晶粒细小，溶解的速度比砂粒状的白砂糖快，味觉的产生也较快，因此人们总感到绵白糖比白砂糖甜。随着整个调味品行业的产品越来越精细，食品厂家对于人类味觉刺激的“管理”也越来越精确可控了。正是因为人们对味觉刺激不断的研究，才使得今天的普通大众也能体会到过去君王贵族才能享受到的滋味。而这，就是时代的进步。

（2）复合化。

过去的食物比较单一，调味品也基本就是盐、糖、酱油、醋这些基本款。而今天，不论是新型食物的组合创新，还是调味品的研发创新，都在展示着人类惊人的想象力。比如说，过去的饼干就是饼干，无非是咸一点、甜一点，没有那么多的花样；现在的饼干不仅有各种夹心形式，还可以打碎了和棉花糖一起加热，成了新型的零食。除了食品，调味品的复合程度也越来越惊人了。今天，我们看一下厨房里的瓶瓶罐罐，原先作为绝对主角的盐、糖、酱油、醋等，现在连半壁江山都占不到了吧？随着被称为“复合调味品”的新宠越来越多，原来的那些霸主们已经没了往日的光鲜，屈尊成了“基础调味品”。甚至于有一个曾经的“王者”今天也退居二线，成为众多复合调味品乃至基础调味品的“原料”。你猜到我说的是什么了吗？没错，就是味精。从“手捧鲜花”到“人人喊打”，再到如今虽然已经平反了冤假错案，但碍于人们对它的刻板印象，味精只能躲在其他调味品的身体里活着，卑微且无奈。今天，除了糖和盐这两个绝对的基本款之外，我们能看到的各种复合调味品比如蚝油、鸡精、老干妈，甚至作为基础调味品的酱油、醋，它们的成分表里面都有一个叫“谷氨酸钠”的东西名列前茅，以显示其分量之重（配料表里越靠前的东西，分量占比越大）。谷氨酸钠这个名字，曾代表了味精一生中最高光的时刻，如今却只能在成分表里偶尔被有心人瞥见，这不得不说是件遗憾的事情。人们放着精致的味精不用，却争相研发出各种以味精为主要原料的复合调味品，有什么办法呢？这就是规律。复合化这个规律，就是对人类味蕾“食不厌精”的最佳写照。

（3）加码化。

我们知道，味觉是一种快适应感受器，长时间受某种味质刺激时，对

它的味觉敏感度会降低，但对其他物质的味觉并无影响。这就是味觉的适应性。人类食品工业的发展史，可以说就是用更低的成本，实现更强烈的味蕾刺激。比如我们用阿斯巴甜替代糖精、用鸡精替代味精、给酱油加入谷氨酸钠来生产出各种鲜、很鲜、非常鲜、极致鲜的酱油。从酱油行业的发展，即可看出人类对于鲜味的不懈追求。《舌尖上的中国》总导演陈晓卿在一次节目中说：你要知道人的味觉系统，味道强的永远有遮蔽作用。比如说最典型的就是咸和辣，你给人吃了更咸更辣的东西，他再吃之前的东西肯定就会淡而无味。有很多营销非常好的餐厅，我作为一个美食纪录片的导演去采访，问他们诀窍是什么，人家也非常坦诚，就是手再重一点。尤其是年轻人的口味特别容易被这个夺走，其实真正的美食就会被忽略了。马未都也表示认同："吃盐很容易上瘾"。窦文涛的亲身体会也是如此："我现在就是口味越来越重。"味觉应用发展的整体规律和趋势就是，人们对味觉的刺激在不断加码，味蕾对呈味物质的反应阈值也在不断升高，于是越来越重口味。尤其是在中国，酸甜苦辣咸鲜香，全都能上瘾，为了过瘾吃更重口味的，导致这瘾越来越大。味觉刺激加码化这个规律，体现在了地球的每一个角落。因此，对于食品、饮料、餐饮行业来说，也不得不正视这个现实和趋势。如果不顾自己的资金实力去推出什么所谓清淡健康的产品，风险是比较大的。毕竟，自古以来都是"下里巴人有饭吃，阳春白雪饿死人"，当你的战略计划里面有"阳春面"产品的话，就要慎之又慎。

上述是我观察到的味觉应用的三个规律。在规律面前，人们只能顺应，而不能强行去改变，不然肯定会碰得头破血流。战略规划的过程，就是不断地在"刹车""拐弯"和"加速"之间做选择。掌握食品、饮料、餐饮企业命运的企业家，一定要多留意人们对味觉应用的规律，持续创新，把握先机，这样才能在撞墙前调头、入弯前减速、出弯后完成冲刺。

3. 尊重认知常识

得益于人类几千年的国际贸易，我们今天才能够吃到很多来自其他大洲和国家的食物和调料，比如胡萝卜、土豆、玉米、花椒、辣椒等。这样看，世界好像变“平”了，洲际之间的联系越来越紧密，但我们每个国家、每一个市场最重要的参与者——人，也即消费者，他们的教育程度和文化习俗并不一致，我们不能假设品牌厂商的营销概念、产品优点这些信息都能被消费者准确无误地理解。认知差异无处不在，而人们的常识正是由这些认知甚至是偏见组成的。

比如关于味精的常识。如果你现在推出一款面向普通消费者的味精，可能还没等你正式上市，老百姓的舆论都能“众口铄金”，让你打退堂鼓。科学家、医生们早已给味精平反了，但老百姓的认知还是改不过来，甚至不少消费者根本就不知道或者没留意到“味精被平反”这一信息。你能说是消费者没文化没常识吗？消费者认知的常识就是“味精有害”，千禾酱油当年之所以一炮而红，就是因为它喊出的口号——“给家人吃不加味精的酱油”。认知可能与事实不符，但必须尊重，在实力不济的情况下，尽量不要强行教育市场。不被市场买单的价值，不是真的价值。

再如关于“天然”的常识。天然是什么意思？就是没有任何人工合成成分。土豆就是土豆，盐就是盐，土豆切成片油炸，撒上盐，就是天然的薯片。但这个做法只能自家用，不能分享给成千上万的人，如果是成批量生产并且正规销售的话，就必须加上人工合成的一些物质。也许你会说，现在各种品牌厂商都流行天然甚至纯天然的概念，也许他们的产品真的不含防腐剂了吧。实际上，由于长距离运输和长时间存放的需求，今天的食品工业早已离不开防腐剂，哪怕它的配料表里没有“防腐剂”三个字。我国常用的食品防腐剂主要有苯甲酸及其盐类、山梨酸及其盐类、脱氢乙酸及钠盐类、尼泊金酯类（即对羟基苯甲酸酯类）、双乙酸钠、丙酸钙、乳酸钠、生物食品防腐剂（包括乳酸链球菌素、纳他霉素、ε-聚赖氨酸、溶菌酶）。看到这一连串化学名称，你是不是被吓到了？其实没事，能称为添加剂的，只要符合国家规定的用量，都应该是安全的。

不论化学发展到什么程度，也不管食品工业对添加剂管控得多么严格，人们在内心的认知常识还是“天然比人工好”。比如亨氏番茄酱的视

频广告，一个中年大叔摘下一颗番茄，到手中就变成了一瓶亨氏番茄酱。尽管这并不是事实，但这个营销宣传体现出了“天然”的感觉，消费者就会买单。

三、无论是驯服战略还是融入战略，味觉刺激的标准化都不能忽视

味觉最大的特性就是适应性，一方面味觉会适应食物，另一方面食物也在不断地适应味觉。南甜北咸东辣西酸，一方水土养一方人，一个地方的群体口味往往不容易被改变，但并不是完全不可能。因此，对于食品、饮料、餐饮企业及品牌厂商来说，就要根据自身的资源和竞争对手的情况，来选择合适的战略。由于每家企业的发展阶段不一样，而每个品牌厂商的资源禀赋也不尽相同，因此在战略的制定上不能一概而论。但通用的两个大方向还是要有的，一个是味觉驯服战略，一个是味觉融入战略。

1. 味觉驯服战略

味觉驯服战略是指品牌厂商的产品口味已经得到一定的市场验证，或者认定了一种口味的发展趋势，而对于口味的坚持。比如麦当劳刚进入中国时，为了让中国人接受美式汉堡的口味，赠送了很多汉堡给小孩子吃，当年的小孩子现在可能都已经为人父母，他们会带着孩子继续光顾麦当劳。这是在培养消费者，也就是对消费者的味觉进行驯服。虽然味觉驯服战略是以驯服为主，但并不是完全不用本地化，还是需要针对目标市场开发一定的单品，如果百分之百强行驯服，那也是比较偏激和危险的。驯服的概念并不仅限于地域层面，也有人群的考虑。比如做奶粉起家的君乐宝在进军酸奶行业后，创新性地推出了一个品类叫“涨芝士啦”芝士酸奶。对呀，酸奶既然可以是酸奶味的，那为啥不能是芝士味的呢？芝士素有“奶黄金”之称，在欧美国家乳制品消费市场占据半壁江山，近几年国内消费者尤其是年轻一代，对芝士的认可度和接受度持续提高，将芝士加入

酸奶中，不仅丰富了酸奶的营养价值，而且极大地提升了酸奶的口感，迎合了年轻化、个性化的消费需求。从战略的实践来看，说实话，每一项口味特别的品类创新，都很考验品牌厂商在选品、研发和营销推广方面的实力。据说，君乐宝的芝士味酸奶上市一年就卖了2亿包，而换作别人就不一定了。

2. 味觉融入战略

有人选择驯服，自然就有人选择融入。肯德基作为美国餐饮品牌当然有其美式风味，但做生意顾客买单才是最重要的，因此，肯德基进入中国没多久，就开始推出本地化的菜品，比如豆浆、油条、老北京风味的鸡肉卷，还有北京烤鸭卷饼，最近又推出了豆花。汉堡王近年来也开始注重本地化，推出了藤椒麻辣味的汉堡。肯德基和汉堡王针对中国市场创新出的食品，很合中国人的口味。不过，不管怎么融入，外来品牌始终是外来品牌，不可能做到完全的融入，因此，也要考虑如何让顾客接受自己的品牌风味，不然根基不稳。味觉融入，不光要考虑地域因素，还要考虑市场人群。比如，王老吉一改传统凉茶苦口的味道，开创了甜味凉茶，这个口味能让更多的人接受。这就是王老吉为了融入更大的饮料市场而做出的味觉融入战略。

其实没有百分之百的味觉驯服战略，也没有百分之百的味觉融入战略，这是食品、饮料、餐饮品牌厂商要考虑的两个战略方向。当然，为了保持竞争力，必须持续地改善自己的产品，主要是两方面的改善，一是口味的多样性，二是口味的标准化。论及口味的丰富多样和食材的五花八门，西餐要数必胜客披萨，中餐要数海底捞火锅。但对于吃食而言，口味的标准和出品的稳定是至关重要的，当食客禁不住想试验一下时，味蕾往往会排斥不熟悉的味道。食品加工业常会把味道的“可靠性”和“一贯性”当成产品的主要标准，这样一来，某个品牌的每一批食品或饮品的味道永远一模一样，消费者也绝不会失望。餐饮业原来是师傅带徒弟，心传手练；现在则是由中央厨房统一制作，门店只需要简单处理一下就行。只要管理得当，品牌专属的味觉刺激都能被总部拿得死死的。口味的多样性和标准化，是食品业、餐饮业今天乃至未来竞争的基本面。

总结

味觉的本质就是化学感觉。在追求美好生活的过程中，舌尖这方寸之地成了人类味觉测试的试验良田；在商业利益的驱动下，口腔这个小小的空间成了食品、饮料、餐饮企业的必争之地。商业领域要用好味觉来产生价值和利益，主要是靠化学。如果你也想让味觉为你的品牌战略所用，就要多考虑这三个层面：贴近味觉本质、敬畏发展规律、尊重认知常识，这是味觉对于商业的全部意义。由于味觉最大的特性是适应性，对于食品、饮料、餐饮企业及品牌厂商来说，就要根据自身的资源和竞争对手的情况，来选择合适的战略。通用的两个大方向，一个是味觉驯服战略，一个是味觉融入战略，当然这都不是绝对的，需要审时度势。企业为了保持竞争力，必须持续地改善自己的产品。主要是两方面的改善，一是口味的多样性，二是口味的标准化，这是食品业、餐饮业今天乃至未来竞争的基本面。

第10章

一触倾心，触觉战略营销让品牌产品更诱人

你有没有听过一句话，叫“触电的感觉”？我们都知道，这当然不是真的被电到了，而是用电在身体里的流动来形容心动的感觉。为什么我们会用这种触觉感受来形容心理感受呢？这是因为，触觉实在是太真实了。色即是空，眼见不为实，耳听又为虚，这世上还有“真实”的东西吗？有，就是触觉。只有触觉能让我们真真实实地感受到这个世界，实实在在地拥有这个世界。从单个的产品体验，到整体的品牌体验，触觉都在发挥着重要的作用，对于品牌战略营销来说意义非凡。接下来将带你从触觉的定义、特性和原理中洞察触觉的本质，并提炼出触觉对于品牌战略和战术的指导意义，让你读完之后，也能在实践中应用一二。

一、十指连心，触觉的本质是零距离的体验

什么是触觉？根据百科定义，触觉是皮肤感受器对接触、滑动、按压等机械刺激所产生的感觉。人的皮肤表面就散布着这些触觉感受器，每个触点的大小不尽相同，分布也不规则，一般情况下指腹最多，其次是头部，背部和小腿最少，所以小腿和背部的触觉比较迟钝，而指腹的触觉最灵敏，尤其是手指尖。人的手指划过物体表面时的触觉精度非常高，最小

能够区分1微米左右的凸起。打个比方，如果把手指头比作地球，那这个凸起就相当于地球上的一座山峰，这是万分之一的精度。

为什么人的手指触觉这么灵敏呢？这就要从触觉的原理说起。手指是触觉感受器分布最密集的部位，指腹的表皮和真皮中遍布了密密麻麻的血管和神经组织。人的触觉感受器一共有5种，分别是：一种拉伸感受器鲁菲尼终末器，两种触觉感受器麦可尔氏触盘和麦斯纳氏小体，一种压力感受器环层小体，还有就是感受温度、疼痛的游离神经末梢。这5种感受器是同时作用的，当我们触摸一个人或物体时，会有四五种信号通过神经传导，先到脊髓、脑干和丘脑，再传到大脑皮层，让大脑来综合处理成一个汇总信号，这个信号就是我们对触摸对象的触觉认识。我们在触摸事物的时候，甚至能在脑中根据触摸的形状、大小和质地形成对应的图像。而后天失明的盲人用手触摸物体的时候，大脑里也能“脑补”出这个物体的形状、轮廓甚至是颜色。这就是所谓的“通感”，是五感的交叉作用。比如某个人说话声音很大，我们会说这家伙声音响亮，亮是形容光线明暗的词，却被借来形容声音了。

尽管人体全身都是触觉信号的感受器，但触觉能够传递的信号非常有限，只有视觉信号的1%。不过，可不能因此就小看触觉的意义。你能想象没有触觉的日子吗？光是戴个手套都已经让我们感到非常不方便了，更别说全身失去触觉了。那样的话，我们的生活会变得索然无味。触觉带给我们的不仅仅是物理层面的刺激，还有精神层面的愉悦。人的一生都离不开触摸，不仅仅是为了亲情和爱情，更是为了身心健康。我们开头说的“触电的感觉”指的就是爱情，它通常发生在男女之间的肌肤触碰。而亲人之间的触摸、拥抱也是亲情最大的慰藉，陪伴才是一家人最长情的告白。可见，触觉的本质就是让人与人、人与物产生心贴心、零距离的体验。这种美好的体验一旦产生，则久久难忘。

二、触觉战略的意义，让品牌更有感，让产品更诱人

整体来说，触觉对人的作用和意义无非就是三个，分别是保护身体、保持健康、表达情绪。首先是保护身体，触觉具有保护功能，它能够保护器官远离机械伤害和辐射损伤，抵挡外界的危险物质。其次是保持健康，医生可以通过触觉诊断疾病，而触觉还能使我们的心理保持稳定，身体保持健康。最后是表达情绪，触觉可以用来表达安慰、爱意，通过触摸还可以辨别情绪。那么，从战略视角来看，触觉对于企业品牌的意义又是什么呢？

第一，企业层面，要将触觉战略融入企业的使命和经营理念中，形成重视触觉的顶层设计。

第二，品牌层面，要在消费者心中形成重视触觉体验的品牌印象，进而贴上一个“有感”的品牌标签。

第三，产品（服务）层面，这是前两项工作取得成功的前提条件。产品（服务）是触觉战略最重要，也是最基础的落脚点。要让顾客在购买、使用、分享传播这三个阶段都能感受到品牌厂商在触觉方面的用心。毕竟顾客消费的是产品和服务，如果体验不好就会对这个品牌和企业留下不好的印象，就很难有下一次再体验的机会了。好的战略是让企业越做越轻松，这有赖于一款又一款诱人的产品面世，给予顾客一场又一场的完美体验。

其实，顾客买东西就像人与人交往一样，有个“破冰”的过程。先是语言招呼，然后是眼神交流，最后是握手拥抱。语言招呼是听觉信号，眼神交流是视觉信号，握手拥抱是触觉信号（见图 10-1）。见客户是这样，交朋友是这样，谈恋爱更是这样，最后通过触觉建立的关系，就很牢靠了。适当地利用握手、拥抱等触觉信号，可以拉近身体距离，从而达到拉近心理距离的目的。比如服务生与顾客进行 1 ~ 2 秒不经意的触碰，可能会获得更高的小费；销售人员不经意地触碰目标客户，接近半数的客户可能都会签约；导购的适当触碰，会使得客户放松对金钱的掌控；调查者与

访谈对象的适当触碰，可能会使后者更愿意回答问题。这就是触觉的“破冰”作用，它拉近了人与人的距离，给顾客营造了一场零距离的体验。

图 10–1　关系“破冰”三部曲

消费者希望在真正购买之前能够触摸他们想要的衣服、鞋子、钢笔、皮包等所有的一切，这不仅仅是出于最实际、最明显的理由，例如鞋子合脚与否，而且与他们那些处于更深层的潜意识有关，例如把玩某种东西带来的简单愉悦感，以及在买下它之前属于自己的想象。一项研究发现，只要触摸一件物品（哪怕是一只便宜的咖啡杯）30 秒钟或更短的时间，就能够产生更高的依赖感，这种感觉提高了消费者想购买该产品的意愿。广告是发射信号刺激消费者买单，陈列也是在发射这样的信号，你离刺激源越近就越容易被刺激。商品就是一个刺激源，它摆在那里，就会对消费者产生购买刺激。当你触摸过它之后，这个刺激就被增强了，每多触摸一次，刺激就增强一点，所以触摸过商品的人会比没触摸过的人购买概率大很多。可见，触觉能够改善客户对产品的态度，提高他们对产品的评价，让他们对产品更有信心，从而影响客户的购买决策过程，增强客户的购买意愿。

触觉营销主要的技法就是材料的选择。很多产品通过形态、色彩、材料、质感的组合设计以后，让人看起来就能感受到或粗糙或光滑或坚硬或柔软的质感。而材料的触觉感知往往在很大程度上影响着人们的生活方式，比如北欧国家的人们更喜欢用温暖的原木料来作为家居用品的选材，而热带地区的人们，则更喜欢用竹制品来制造清凉的感受。此外，触觉刺激还会延伸至电子触屏，诸多调查发现，人们在以触屏方式购物时，比用电脑购物更能感觉到商品的吸引力，从而增加购买行为。但是如果触感营销做不好也会带来负面效果，有个法则需要注意，那就是“触摸体验悖论”：“大多数人都希望在购买之前亲自摸一摸产品，各位零售商可以学习苹果，鼓励顾客在店内玩你的产品。但与此同时，大多数人又不愿意购买被别人多次摸过的产品。”自己想摸，但又介意别人摸过，这算是给厂商出了个难题，到底让不让顾客放手体验啊？这就要看具体是什么产品，它的表面耐不耐摸了。最佳的做法就是摆出几个样品让顾客触摸体验，其他的产品都包装封好陈列。这方面优衣库做得很好，几乎每件衣服都有可以触摸到的样品，就算是包装销售的内衣内裤，也有样品可以体验。

触觉营销具体到各个行业，有不同的门道，接下来按照衣、食、住、行、用这几个大类分别来说明。

1. 衣

衣服本身就是一个触觉产品，天天穿在身上，好不好谁穿谁知道。再不济，买之前总得摸一摸看。比利时鲁汶大学的博士生阿努克·范思杰和两位教授曾为一家服装公司做了一项客户调查：邀请一些女性大学生为男士平角裤或T恤衫的面料材质打分，随后，让她们回答一些与购买决策相关的问题。调查发现，触摸过平角裤的女性比只是触摸了T恤或只看了一眼平角裤的女性更有消费冲动。这说明，触觉会影响到消费者的情绪，还会让人对商品产生好感。想想也是，现代人都是衣服多得穿不过来，其实衣服不算什么刚需品，服装产业本身就是一个过剩的产业，货能卖出去全靠冲动消费。根据我多年的观察体会，消费者在一家服装店发现了一件喜欢的衣服时，会不自觉地用手去摸摸料子，以确定其质感如何。然后就是通过试穿服装，直观感受面料的质感，同时判断该商品是否适合自己的体形。同等价格的衣服，一定是摸起来手感更好的品牌更容易受到青睐，而自己试穿过的衣服买单的概率会更高。

2. 食

食品和饮料算是刚需品，是个人都得吃吃喝喝，不然人生就“索然无味”了。在购买食物的过程中，可以看到触觉的重要性。

比如，店里用纸质盘子和塑料杯子将试吃的食物精美地展示出来时，

很少人能管住自己的手。免费的试吃小食在各个方面提升了顾客的消费体验，从而可以增强宣传效果并促进顾客消费。加利福尼亚技术研究所曾经在这方面进行过一项研究：人们在购买士力架等零食时，购买意愿会随着他们与食物的距离缩短而增强：只看到“士力架”三个字的人，买得最少；看到图片或者在橱窗外看到士力架的人，买得稍微多一些；而在店内近距离接触士力架的人，买得最多。这也是一种巴甫洛夫式反应。从某种意义上来说，“眼看手勿动”这句话是反人性的，正常人是很难做到的，除了那些吃出“工伤”的工作人员。因此，我不太建议品牌厂商在店里使用这句话。反过来，不如顺应人性的规律，大大方方地给顾客试吃。

超市中绝大多数商品的瓶形包装，其瓶身造型中部都被设计成适合人手把持的凹状，这不仅使商品包装的造型更加美观，更重要的是它符合人体工学，让消费者在使用过程中抓握方便，挤压省力，同时带来舒适、愉悦的触觉体验。例如可口可乐，它曲线优美的瓶身巧妙地迎合了触觉，使人们可以通过接触和把握而感觉到强烈的快感，从而在情感上得到格外的满足。还有芬达汽水，它的包装上布满了很多小凸起，意在通过触觉加深消费者的手感和使用印象；而它在候车亭旁的户外广告，以瓶的造型，加上大量小凸起，让人仿佛触感在手，增加了对商品本身的记忆联想。

把触觉用得出神入化的设计师要数深泽直人了。他设计的果汁系列包装就巧妙地把水果表皮的质感肌理完美呈现在包装上（见图 10–2）。比如猕猴桃饮料包装，他创意性地通过包装纸材的设计，将猕猴桃表皮肌理模仿得非常逼真，消费者通过视觉就可判断出商品的属性和相关信息。

图 10–2　深泽直人巧用触觉的包装设计

而一些矿泉水和饮料的瓶盖，则设计了一些凸起的点或线条肌理（见图 10–3），从而增加了摩擦力，便于开启，尤其是消费者在手湿时也能较容易地打开。这给消费者的体验就很棒了。

图 10–3　设计有凸起点的饮料瓶盖

美国著名巧克力公司好时很早就发现，人们在剥开“好时之吻”巧克力的锡箔包装这个过程中，会获得很多触觉的乐趣，这种乐趣让享用“好时之吻”成为一种特殊体验。

3. 住

比如我们去参观楼盘的样板房，许多大厅都会选取厚度一厘米以上的地毯，走在上面脚感特别好，让消费者不由地产生出一种尊贵感。如果你留意，会发现大厅里摆放的沙发、椅子等，都是采用一些触感舒适的材质，让人特别有亲近感。

去过宜家的都知道这个品牌对于顾客是如何的“放纵和溺爱”，让顾客可以随心所欲地体验产品，摸一摸、拍一拍、坐一坐，躺一躺，甚至睡一觉。正是这样的开放政策，使得宜家在中国消费者心中的印象总是很亲切，既有逛街的乐趣，又有回家的温暖。宜家在触觉战略营销方面拿捏得很到位。

4. 行

为什么买车一定要试驾呢？不管是几万元还是上百万元的汽车，都应该是大额商品，而越是大额的商品，消费者购买过程中的体验就越是重要。体验之中，触觉为重。买房子看重触觉，买车子也是。试驾的意义，

就是让消费者可以全身心地融入驾驶的感觉中——手握方向盘的触感，脚踩油门刹车的触感，肩膀与安全带摩擦的触感，后背、臀部与座椅贴合的触感，指尖与按钮之间的触感……

尤其是那些豪车，对于触感体验是相当有研究的。

比如保时捷就在方向盘握感和座椅的触感设计上花费了巨大的精力。而奥迪在触感设计上则远不止是让驾车者感觉舒适，更是涉及生物工程学、操作逻辑学、设备外观、按钮，以及人在车内进行的各种推、拉、换挡、转向和触摸等动作。通过对这些细节的苛刻要求，让奥迪车主享受到近乎完美的触觉感受（见图 10–4）。这一切的触感组合成了消费者对于一辆车的体验，也形成了消费者对于一个汽车品牌的直观印象。

图 10–4　为车主带来良好触感体验的细节设计

早期的纽约地铁线路图为了方便视弱或视障人群专门设计了触觉版，而中国香港也设计有触 / 视觉两用街道图，如图 10–5 所示。

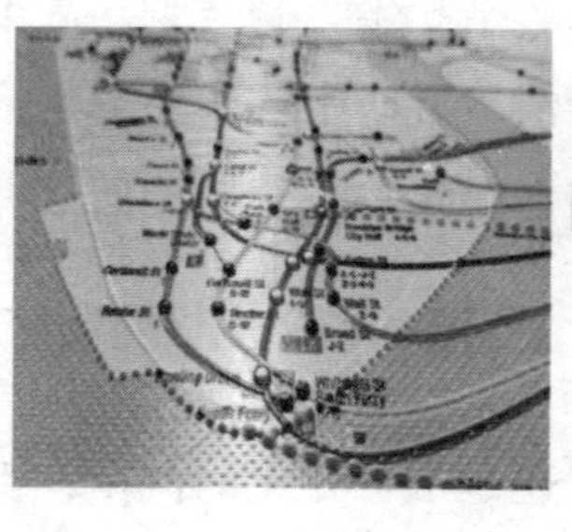

←纽约
香港→
的触觉地图

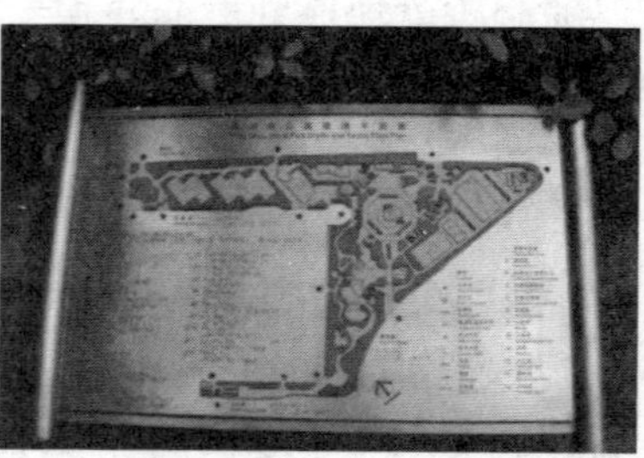

图 10–5　纽约和香港两座城市的触觉地图

5. 用

超市比起百货商场、小卖部最大的进步，就是把产品敞开了卖。你自己看，自己挑，闻一闻，摸一摸，喜欢什么就放到购物车。这么做的目的就是让消费者能够“自由地游走、自由地尝试、自由地触摸”，从而大大延长了消费者购物的时间。

英国大型连锁超市 ASDA 在这个基础上，还更进了一步，他们将数种卫生纸去掉包装，以方便顾客触摸和比较各种纸质。结果，店内自有品牌的销售急剧上升，货架上该产品的空间扩大了 50%。

日用品不光在直接面对消费者的时候需要进行触觉营销，更重要的是产品本身也得做好触觉方面的功课。比如无印良品的壁挂式 CD 机，出自设计师深泽直人之手（见图 10–6）。这款 CD 机的造型与换气扇非常类似，在放入 CD 后，只要拉一下垂下来的绳子，就可以开始播放 CD，就像打开换气扇一样。音乐响起，你甚至会有凉风拂面的错觉。

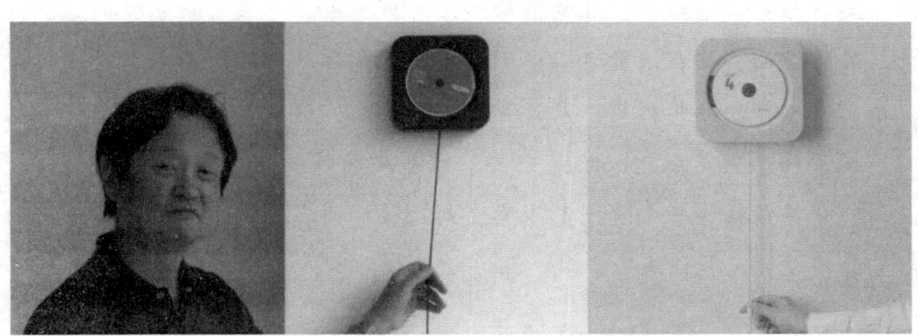

图 10–6　深泽直人为无印良品设计的壁挂式 CD 机

知乎用户“Ballen 贝林”曾经分享过一个关于触觉的例子。苹果手机从 iPhone 6s 升级到 iPhone 7，最大的变化之一就是经典的 Home 键从可以按下去的实体键变为虚拟键。刚开始很多果粉还担心可能会产生体验下降的问题，但是使用后发现，虚拟按键加上升级的线性马达提供的振感，逼真地模拟了真实的按压触感，乃至很多用户反馈说使用了 iPhone 7 很久时间都还以为 Home 键仍然是可以按压的实体键。振动反馈还可以给输入法应用带来真实的敲击感，来自马萨诸塞大学的一份研究显示，虚拟键盘如果加入振动反馈，可以提升用户输入时的准确度。

iPhone 的线性马达提供了不同等级的振动反馈，可以充分地模拟并给我们带来逼真的触觉体验。比如当我们使用 iMessage 发送短信时，如果选择了烟花特效，在短信发出的一瞬间，全屏幕就会布满骤然绽放的烟花。更令人惊喜的是，线性马达会在此时进行大大小小的振动模拟出烟花的爆裂感，仿佛烟花就是在我们手里绽放一般。这些触觉的细节设计，确实有赖于技术的进步，但更重要的是，它也在考验品牌厂商到底有没有一颗真正关爱消费者的心。世上无难事，只怕有心人啊！

总结

从战略视角来看，触觉对于企业品牌的意义体现在三个层面：企业层面，要将触觉战略融入企业的使命和经营理念中，形成重视触觉的顶层设计；品牌层面，要在消费者心中形成重视触觉体验的品牌印象，进而贴上一个“有感”的品牌标签；产品（服务）层面，这是前两项工作取得成功的前提条件，也是触觉战略最重要、最基础的落脚点。要让顾客在购买、使用、分享传播这三个阶段都能感受到品牌厂商在触觉方面的用心。好的触觉营销设计，能让消费者对产品一触倾心，不买就心痒痒。

品牌战略篇

第 11 章

兵精粮足心不慌，打造你的品牌资产百宝箱

“三人行，必有我师”，语出《论语·述而》，原文是“子曰：三人行，必有我师焉。择其善者而从之，其不善者而改之”，说的是为人要虚怀若谷，还要懂得鉴别什么是好的，什么是不好的。现在提起品牌资产，想必很多人比较陌生，怎么品牌还有资产呢？其实道理很简单。“三人行，必有我师”是从别人的身上发现优缺点，择善而从；而品牌资产是从自己的身上总结优缺点，把好的地方发扬光大，把不好的地方加以改善，再发扬光大。

商场如战场。我们都知道，打仗的时候钱粮弹药等后勤供给是相当重要的，如果打到弹尽粮绝，那就只能投降或者以身相殉。好在商业上的过招远没有战争那么残酷，与其说是在打仗，不如说是在竞争、在博弈。竞争、博弈拼的是智慧、力量，尤其是意志力。人性有个特点，就是欺软怕硬，人们天然地会同情弱者、崇拜强者，尤其崇拜越来越强的强者。如果你是弱者，我很抱歉地告诉你，同情并不值钱，人们也不会为弱者做什么实质性的事情。只有利用人们对强者的崇拜，才能让你在竞争中摧枯拉朽、在博弈中占尽先机，最后收获财富、地位、鲜花和掌声。

强与弱，表面上看是物质实力的对垒，本质上却是意志力的较量。在品牌资产的积累过程中拼的就是意志力，就像滚雪球一样，谁坚持到最后，谁滚出来的雪球就最大，最终把别人的雪球都给吞并了。积累是动态的，流水不腐，户枢不蝼，滚滚向前的雪球才不会融化。不管是企业还是品牌，其取得的一切成功都是积累的结果，一切成果都是时间的玫瑰。只有意志力的胜利，才是最终的胜利。

一、品牌资产观：投资品牌，先从物化品牌开始

我听到过不少声音，一提及品牌就喜欢使用一些虚无缥缈的词语，比如调性、感觉，还有一个很有迷惑性的词，叫“心智”。这些不能说是错的，只是我们需要用一种冷静的战略投资思维，来理一理品牌到底是怎么一回事。那些被很多人心心念念的奢侈品品牌，在消费者的眼中是大牌，但在幕后的资本家眼里，不过就是一块又一块用来赚钱的招牌，没有那么多的调性可以聊，那些故事都是讲给消费者听的。对于资本家来说，品牌的号召力才是最重要的，那决定了它的盈利能力。这一切都是可以拿来估值的，不然怎么知道自己收购这些品牌用多少钱合适呢？

今天，不管你是国际品牌的经理人，还是中国品牌厂商的经营者，对待品牌都应该抱着一种战略投资的思维。也许有人要问了，又是估值，又是算账，怎么把品牌营销说得这么俗气呢？你这是在物化品牌呀！没错，品牌资产这个概念，本身就是在物化品牌，要把品牌这块招牌敲开来，看看里面到底有多少值钱的东西。品牌不是感觉，是资产；投资经营一个品牌也不能拍脑袋，而要打算盘。可以说，投资品牌，就得先从物化品牌开始。尤其是在经济新常态的背景下，增量越来越少，只能挖掘存量，于是竞争越来越激烈，这考验的就是各个品牌厂商当家人精打细算的本事。当然，我们不必害怕竞争激烈，及格线拉高正好可以清除那些滥竽充数的害群之马，让行业更加健康发展。问题的关键在于，你要做千里马，还是做害群之马？

二、什么是品牌资产？就是消费者脑海里一切对你有利的认知

品牌资产是20世纪80年代在营销研究和实践领域新出现的一个重要概念。1991年，戴维·阿克出版著作《管理品牌资产》，书中提到，品牌资产是与品牌、品牌名称和标志相联系，能够增加或减少企业所销售产品或服务的价值的一系列资产与负债。它主要包括5个方面，即品牌忠诚度、品牌认知度、品牌感知质量、品牌联想、其他专有资产（如商标、专利、渠道关系等），这些资产通过多种方式向消费者和企业提供价值。所谓品牌资产就是消费者关于品牌的知识，它是有关品牌的所有营销活动给消费者造成的心理事实。这些都是引述《管理品牌资产》一书中的权威定义，以表达我对戴维·阿克这位大师的尊重。我们还可以用一句通俗易懂的话来描述品牌资产，那就是“消费者脑海里一切对你有利的认知”。当然，对你不利的也是品牌资产，只不过是“负资产”。这就需要品牌厂商做出改善甚至是改正了，不要掩耳盗铃，没用的。好事不出门，坏事传千里，负面的认知需要时间来消化，而且还是在你已经改正的情况下。如果不改，那负面的认知只会越糟糕，成为品牌的陪葬品，到时人们懒得记起它了，也就烟消云散了。对于战略营销工作来说，我们要尽可能扬长避短，找到自己更多的闪光点，将品牌资产发扬光大，这才是积累品牌资产的要义。

品牌资产是怎么形成的呢？戴维·阿克说，品牌资产是以品牌名字为核心的联想网络，也即消费者心中品牌的意义。那么品牌的意义从何而来呢？品牌的意义首先来自品牌名字的字义，并在此基础上，通过营销活动和产品购买使用这两种途径学习积累而成。关于品牌资产，有以下三个重要的知识点。

1. 品牌命名是品牌资产形成的前提

品牌资产是以品牌名字为核心的联想网络，因此，一种产品在没有名字之前，就没有什么品牌资产可言。另外，给一个品牌起什么样的名字还会影响品牌知识的发展。所以说，品牌命名是品牌资产形成的前提。可以说，名字是1号品牌资产，是一切品牌资产积累的起点，有个好的名字能让一个品牌赢在起跑线。当然，一个品牌会有很多品牌资产，比如名字、LOGO、标志色、专用图形符号、广告语、产品包装风格、产品形状等，至于如何排名就要看厂商对待这些资产各自的重视程度了。我认为一个品牌最应该珍惜的就是名字，名字不是一个品牌的代名词，它就是这个品牌本身。名字是最大的品牌资产，不断地让品牌名字通过各种媒介露脸，这样才能让品牌价值最大化。而好的品牌名字，能在一开始就降低各种成本，尤其是营销传播的成本。我们衡量一个品牌的品牌价值，也是看这个品牌名字的社会影响力和市场号召力，提到这个品牌名字，有多少人会认可它的地位，又有多少人愿意花真金白银为这个品牌的东西买单。正因为名字是一种最大、最宝贵的品牌资产，兹事体大，因此，对于一家历史悠久的企业、品牌来说，再大的短期利益都不值得去乱改名字，否则就会瓦解品牌资产。

2. 营销和传播活动是品牌资产形成的保障

给产品起一个合适的名字对品牌资产建设固然重要，但是，如果没有相应的营销传播活动，品牌一样建立不起来，品牌资产也无法形成。在各种营销活动中，广告是最为重要的活动之一，它与促销活动占据了企业营销预算的绝大部分。利用广告来加强消费者的品牌意识，提高品牌知名度，这是广告主投资广告的目的之一。除了广告之外，其他营销活动如产品展示也有助于提高品牌知名度。说到底，我们做营销宣传的目的只有两个，一个是卖货，即在短期内把产品卖出去；另一个是积累品牌资产，让产品持续地好卖。今天，花样频出的广告让我们应接不暇、眼花缭乱，那么，到底哪些招数是有用的，哪些内容是滥竽充数的呢？我们只需要看两个方面，就能鉴别出谁是“黄金”谁是“黄铜”，一是看这个广告有没有促进卖货，二是看有没有积累品牌资产。统一的品牌风格其实不是虚无缥缈的调性、意境这些，而是真实留存到消费者脑海里的对这个品牌的认知。一个品牌的营销宣传物料，最好不要改来改去，只有长年重复一种风格，才能在消费者脑海里留下一个固定的印象，也才能让消费者在需要时第一时间想到我们并选择我们，这就是积累品牌资产。从这个角度看，VI 可以说是最直观的品牌资产了。比如，LV 的 VI 手册就规定了门店也要像他们家的包包那样画满 LOGO（见图 11-1），那整条街就数 LV 的门店最好辨认，走过路过，绝不会错过。这就是 VI 统一一个风格，为品牌积累下来的品牌资产。

图 11-1　棋盘格和 Monogram 作为 LV 的品牌资产，体现在产品设计和门店装潢上

3. 消费者的产品经验是品牌资产形成的关键

产品热卖了，不光是企业盈利颇丰，还能积累宝贵的品牌资产。从积累品牌资产的角度来讲，那些年年换新，指不定啥时候就过气的名人，他们在你的广告中出现不会为你的品牌积累什么品牌资产，而不断推出的系列产品才是你值得投资的品牌资产。消费者只有多次地、重复地体验同一品牌的系列产品，才会产生产品经验，进而形成对品牌有利的认知。消费者的产品经验对品牌资产形成的重要性，体现在以下两个方面。

第一，产品经验会强化或修正基于营销传播建立起来的联想。

逛街的时候，我们常用“我对这个有感觉”这句话，来描述买对产品时的心情；如果对某件产品看不上，则会说“嗯，对它没感觉”。这个“感觉”并不完全是在购买现场形成的，品牌厂商的知名度、在媒介上投放的广告或公关内容，都会对这个购物感觉有很大的影响，高知名度的产品要比低知名度的产品更容易让人“有感觉”。如果消费者在产品现场体验到的和之前品牌厂商宣传的比较匹配，那么虚实之间的“感觉”，也就是宣传和体验之间的“联想”就会被强化。反之，如果实物和宣传有差别，那么顾客就会修正这种“联想”，而以实物的实际体验为准，毕竟“眼见为实”，真听真看才能有真感受。同时，差别也分好的差别和坏的差别。好的差别就是惊喜，顾客的“虚实联想”得到了正面的修正；至于坏的差别，俗称“货不对板”，差别太大让人失望，那就不是惊喜而是惊吓了。好事不出门，坏事传千里，品牌资产就好比是一种荣誉，建立一种品牌资产和得到一份荣誉都是来之不易的，但失去或摧毁它却在转瞬之间。因此营销宣传是把双刃剑，一味地夸大宣传对品牌资产的伤害是巨大的，且很难修复。

第二，产品经验导致一些联想的形成。

我们常会有这种感受，就是对自己身上的优缺点，没有别人看得清楚明白。品牌也是这样，我们处心积虑地设计品牌资产，期待消费者像我们期待的那样去联想，大部分情况下，如果工作到位，确实能做到这一点。但也有例外的情形，那就是消费者在体验的过程中产生的产品经验，不一定和我们宣传的内容完全吻合，那他自己就会对这个品牌形成新的一些联想。也就是说，消费者意外地发现了我们自己都没有认识到的“亮点”，甚至这些内容会在用户群中传播开来，而品牌厂商对此却一无所知。倒不是说品牌厂商的“用户反馈”“粉丝社群”没弄好，这是视角的差异，总有些“漏网之鱼”无可避免。品牌厂商要做的就是放低姿态，广开言路，倾听消费者真实的声音，以此为品牌资产百宝箱注入新鲜的血液。如果消费者反馈的是不好的体验，我们也要及时对产品进行改进，同时在宣传层面做出相应的改善修正。只有持续改善，品牌才能常常焕发新意。品牌资产百宝箱的打造维护是个长期工程，非一日之功，只有时刻关心顾客的体验、感受，倾听顾客真实声音的品牌，才能成为金字招牌，在市场上一呼百应，一上新品就热销。

三、积累要趁早，有品牌资产要积累，没有品牌资产创造品牌资产也要积累

品牌资产是一场战略性投资的游戏，每一个品牌厂商都有入局的权利和资格。也许有人问了，我们是小企业，也能积累品牌资产吗？可以的，任何一家企业都一定有品牌资产，也一定能积累品牌资产。因此，企业首先要坚信自己一定有品牌资产，其次要坚持投资自己的品牌资产。其中，前一条说的是“寻宝”，后一条说的是“押宝”，缺一不可。

第一，寻宝。

企业在经营发展的过程中，遇到困难是常有的事，客户往往会希望策划人拿出些妙招来解救危局。其实这样的妙招是不存在的，企业经营是没有“速效药”的，如果有，那--定是江湖骗子的“假药”。胖子不是一口吃成的，凡事都讲究个积累。企业和品牌需要积累什么呢？过去和未来的品牌资产。我在给企业做内部访谈的时候，通常会设计一个工具——品牌资产百宝箱。这个百宝箱主要包括两部分，一个是多年来企业留存下来的品牌资产，形形色色、五花八门，什么样的资产都有；还有一部分是我们能够创造出来的，这些是品牌资产的后备军。梳理过去所积累的资产，主要是名字、商标、产品、口号、图形符号等过去经常使用，在消费者心目中留下一定印象的，这些都是品牌资产，统统要装在我们的品牌资产百宝箱里面，接下来还要靠它们持续发光发热。那些能够创造出来的品牌资产，是我们以前没有的，需要新起一些名字、注册一些商标、开发一些新的产品、推出一些新的口号、设计一些新的图形符号。除了这些以外，我们还要围绕消费者购买、使用产品的过程，开发出一系列具有强烈仪式感的品牌特色文化，呈现的形式可以多种多样，有可能是购物节，有可能是体验活动，也有可能是每年的公关大事件，等等。

品牌资产一方面要“活”在工商局、专利局的档案里，我们的名字、产品设计甚至口号都要注册成为商标或专利，另一方面要“活”在消费者的认知里，如果我们精心策划出这么多东西，但消费者们完全没印象，那它们就没有形成品牌资产。只有那些消费者有印象的东西，才是品牌资产。做营销策划不能自我陶醉，以为做了这么多，就让消费者都记住了、都感动了，其实不然。

不论是品牌资产还是文化资产，都贵在传承有序。百年汽车品牌的品牌资产，传承的重点在于品牌名字、产品系列、创举事件，需要不断地重复延续，才能教育一代又一代的消费者，在他们脑海里形成清晰的品牌画面。传承品牌资产，最重要的就是有故事可讲，汽车行业尤其如此。

奔驰汽车有三个为大众所熟悉的名字，分别是简称“奔驰”、全称“梅赛德斯－奔驰”、俗称“大奔”，这些都是它的品牌资产。

首先来说“奔驰”这个名字。1886年1月29日，两位德国人卡尔·奔驰和戈特利布·戴姆勒获得世界上第一辆汽车的专利权，标志着世界上第一辆汽车的诞生。由于卡尔·奔驰提交专利要早几个月，因此他成为公认的“汽车之父”。卡尔·奔驰的发明在慕尼黑博览会上取得非常大的轰动，此后，他的事业蓬勃发展，1906年，卡尔·奔驰和他的两个儿子在拉登堡建立了奔驰汽车厂，奔驰汽车逐渐成为世界著名品牌。1926年，奔驰汽车厂与戴姆勒汽车厂合并，成为戴姆勒－奔驰公司，两大汽车巨人开创的事业得以继续发扬光大。

接下来说“梅赛德斯·奔驰”。在中文语境里，我们常用的是这个名字，但在英语国家，他们常常把“Mercedes-Benz”简称为“Mercedes”，看来梅赛德斯这个名字还是很受欢迎的。也许你要好奇了，那“梅赛德斯·奔驰”又是咋回事呢?

1890年，戴姆勒和迈巴赫成立了他们自己的发动机公司——戴姆勒发动机研究院（Daimler Motoren Gesellschaft，简称DMG）。1900年，DMG再一次改进设计，扩大了轴距，降低了重心，增加了发动机的功率。代理商埃米尔·耶利内克非常喜欢这款车，他订购了36辆，价值55万马克，但同时附带了两个条件：第一，他必须是奥匈帝国、法国和美国的唯一代理商；第二，这种车必须以他的女儿命名，也就是梅赛德斯。不久之后，DMG公司就将其所有车都命名为梅赛德斯，并注册商标。戴姆勒公司和奔

驰公司合并后，他们生产的所有汽车就命名为“梅赛德斯 – 奔驰”。

再来说“大奔”。这虽然不是官方叫法，但在华人世界可是一个响当当的称呼。奔驰的产品有三个经典系列是传承至今的，那就是 S 级、E 级、C 级轿车，其中 S 级是奔驰的代表性产品。“大奔”不仅代表奔驰品牌，更特指最具“大奔”特征（同级别尺寸最大、内装最豪华）的 S 级轿车。像港台的一些影视作品中，就经常有政要、富商、社团首领乘坐奔驰 S 级轿车。

至于奔驰的创举事件，应该就是我们熟悉的“奔驰发明汽车”，也十分具有故事性。德国人卡尔 · 奔驰在 1885 年试制汽车成功，1886 年正式发布上线，从此，奔驰成为汽车的发明者。就这么个事情，成了奔驰最大的品牌资产，没有之一。同时，奔驰这个品牌资产也是同行业中最硬核的。只要你是任何一行的开创者，这个“牛”都可以“吹”一辈子。别的什么汽车品牌都有可能会消失，唯有奔驰在未来的 1000 年都不可能消失。只要人类还需要汽车，还需要私人的交通工具，就永远需要“汽车发明者”这个品牌，恰好这个品牌叫“奔驰”。这就是品牌资产的力量，像滚雪球一样，越滚越大，谁也阻挡不了（见图 11–2）。

图 11–2　奔驰 S 级轿车广告：“汽车发明者，再次发明汽车！”

相比 BMW 的英文名，“宝马”这个中文译名就传神得多了。宝马的产品也有三个核心系列，那就是 3 系、5 系、7 系，其中 3 系是宝马最为重视的产品，因为宝马的品牌理念就是操控，3 系是操控的代表。宝马的创举事件，就是“50：50 前后配重比”。当然，宝马还有另外一个比较低调的创举事件，那就是对内燃机的卓越贡献。我们现在经常会提到发动机的一种循环方式，叫“奥托循环”。1876 年，德国发明家罗斯·奥古斯特·奥托运用法国工程师罗沙提出的四冲程循环的原理，创制成功第一台往复活塞式、单缸、卧式、3.2 千瓦的四冲程内燃机，仍以煤气为燃料，采用火焰点火，转速为 156.7 转 / 分，压缩比为 2.66，热效率达到 14%，运转平稳。在当时，无论是功率还是热效率，它都是最高的。在奥托发明引擎之前，要制造实用的汽车几乎是不可能的，也就是说，如果没有奥托对发动机的贡献，奔茨发明汽车可能还要再晚很多年。本茨能发明汽车，是因为站在了奥托这位巨人的肩膀上。德国曾于 1952 年和 1964 年两次发行有关奥托与“奥托循环”的邮票，以纪念这位伟大的发明者。在美国人编著的《影响人类历史进程的 100 名人排行榜》一书中，他被排在 61 位。这位老奥托和宝马有什么关系呢？他有个儿子，叫古斯塔夫·奥托，后来创立了 BMW 公司，故事就是这样。

福特的名字虽然在汽车界如雷贯耳，但它对于产品方面的传承就没有奔驰、宝马那么重视了，像福克斯在全球范围内都叫得响，而蒙迪欧在欧洲、北美、南美和中国叫的名字都不一样，怎么积累品牌资产呢？当然，福特有个很牛的创举事件——开创流水线模式的 T 型车，这个故事，也是可以讲一辈子的。

可以说，没有一家企业是拿不出品牌资产的。只要用心去寻宝，就一定能寻到宝。

第二，押宝。

品牌资产百宝箱的打造，是对战略路线的总结展望，起到继往开来的作用，在这里面能发现过去的品牌资产，也能规划未来即将诞生的品牌资产。品牌资产是个宝，我们不断地打广告、做活动，让品牌资产得到最大程度的曝光，这就是在押宝，把自己的资源压倒性地投入在自家的品牌资产上，产生复利。品牌资产这个宝是全方位的，通俗地说，品牌资产就是消费者能回想起来的一切对品牌方有利的认知。品牌厂商每天又是广告牌

炸街，又是电视上霸屏，又时不时搞两下活动，消费者到底能记住你多少信息呢？记住的信息里面，又有多少是对你有利的呢？我们来罗列一下品牌资产都有哪些宝要押：名字（企业名和品牌名，尤其是品牌名）、产品、符号、色彩、话语、事件，等等，还有很多，我们就不一一赘述了。

首先，毋庸置疑，名字是一个品牌最大的品牌资产。如果你能在品牌营销的各个角落都把品牌名字塞进去，那就是在积累最大的品牌资产。因为知名度永远不够用，品牌名字需要不断地曝光，不停地刷存在感。一天不刷，消费者会想你；两天不刷，消费者会很想你；长时间不刷，消费者就想不起你了。

然后是产品，它是消费者接触一个品牌最直接的媒介。产品本身也是品牌资产，尤其是拳头产品长期霸占货架这种现象，就是品牌资产积累的直观体现。如果产品不能持续占据货架，维持一定销量水平，那曾经创立下的品牌资产也会消失殆尽。比如小霸王学习机，现在还有人记得它吗？20 世纪 80 年代末正是学习机出现的年代，最早的一批家用学习机应该是从台湾地区销进来的 LASER-310 型计算机。计算机内嵌操作系统，可编写简单的 Basic、C/C++、Java 程序，并能使用普通录音机作为磁带记录仪。在五六年后，计算机发展到 286、386，国内才掀起电脑热，一些公司也学着做学习机，还加了摇杆和游戏磁带，内嵌了 LOGO 等图形制作为主的语言。那种机器最初也就是个启蒙用的玩具，演变到后来甚至能直接兼容红白机游戏卡，几乎所有孩子都把它当成游戏机了。多年后，少数怀旧的人把这件事情挖了出来，包括那句朗朗上口的“你拍一，我拍一，小霸王出了学习机”，但它还是品牌资产吗？不是，连“品牌遗产”都不是，因为消费者已经把它们遗忘了，厂商也不再以小霸王品牌出儿童学习机了。积累品牌资产就像滚雪球，必须要不停地往前滚，不能停，你一旦停下来，雪球就会融化掉。

接下来是色彩，即你的品牌有什么样的独特颜色，能够让你脱颖而出。颜色也是重要的品牌资产。经年累月下来，企业所坚持的一种标准色会有意无意地留下比较多的痕迹，形成品牌资产。本来这样的色彩是来源于产品本身，但最终都成了产品的标志，成了品牌资产，占据了消费者的心智。以“小黄车”为例，消费者远远看到一抹黄色的自行车，马上就可以联想到它。即使是共享单车竞争最激烈的时候，市面上出现了上百家的共享单车，也极少有采用黄色的，黄色已经是“小黄车”的品牌资产，谁也无法抢占。

再就是符号，消费者能记住你哪些符号性的东西，从而快速发现你。正因为品牌资产是消费者对于品牌厂商有利认知的总和，它会随着时间增强或者流失，因此成熟的品牌都会审视自己的品牌资产，比如各种视觉的、听觉的、触觉的符号，还要重复投资这个符号，让其不断产生复利。

押宝有没有风险呢？我想最大的风险，就是认错品牌资产，然后大力投资，最后产生一堆看得见的和看不见的亏损。这其中，争议最大的就是每年花巨额费用邀请的代言人了。说句良心话，品牌厂商请什么代言人呢？靠山山会倒，靠人人会跑，只有自己才最可靠。与其请代言人，不如自己创造 IP。归根结底，代言人是外人，你创造的 IP 才是品牌的亲生子。代言人今天为你代言，明天就能为别人代言，消费者哪里记得清楚谁代言谁呢，但你自己家的 IP，它只能为你代言。

IP 之于品牌的意义，要么是它成为品牌，要么是它代表品牌。IP 是艺术家们的智慧结晶没错，但从生意角度来说，IP 终究是要拿来赚钱的。因为做生意嘛，你家的一切都是用来换钱的。IP 本身就是一门品牌的生意，也就是说，IP 本身可以成为一个品牌，为企业盈利。拿大家都熟悉的漫威来说，首先它的名字就很好，“漫”是指漫画，“威”是指里面的角色个个威猛。1939 年 4 月，MARVEL 公司在《电影连环画周刊》创刊号上创造出了世界上第一位变种人超级英雄——纳摩，这是 MARVEL 的第一位超级英雄，同年 10 月，公司在《惊奇漫画》第 1 期上创造出世界上第一位生化人超级英雄——初代霹雳火，并将纳摩引入其中，这水与火的双重合作，打出了 MARVEL 史上的第一拳。2009 年年底，MARVEL 被华特迪士尼公司以 42.4 亿美元收购，成为其子公司。2010 年 9 月，MARVEL 宣布其正式的中文名称为“漫威”。旗下拥有蜘蛛侠、金刚狼、美国队长、钢

铁侠、雷神托尔、绿巨人、惊奇队长、死侍、蚁人、黑豹、奇异博士、夜魔侠、惩罚者、杰茜卡·琼斯、卢克·凯奇、铁拳、恶灵骑士、刀锋战士、野蛮人柯南等超级英雄，以及复仇者联盟、X 战警、神奇四侠、银河护卫队、神盾局、捍卫者联盟、异人族、光照会等超级英雄团队。无论是漫画、电影还是其周边产品，大家都为漫威的 IP 们掏出了真金白银来支持，这不就是一门很大的生意吗？还有迪士尼，迪士尼乐园、迪士尼影视、迪士尼 IP 的各种周边产品，及其 IP 的品牌授权收入，都有着不菲的销售额。像漫威、迪士尼等，他们的众多 IP 就已经成了品牌。

那么，IP 怎么代表品牌呢？大家小时候都看过动画片《海尔兄弟》吧？这部动画片当年是由海尔集团投资的，定位是以知识为核心，通过描述海尔兄弟的探险经历，向人们传递科学与人文知识。经过三年多的时间，制作完成了前三部共 159 集，是世界上由企业投资拍摄的最长的动画片。"海尔兄弟"可以说是一个超级 IP，代表了海尔集团的品牌形象，它为海尔品牌积累了数十年的品牌资产，功不可没。

品牌 IP，不仅要能生，还要会养。怎么理解呢？品牌创造一个 IP，要结合品牌自身的理念和风格，这是"能生"；"会养"指的是品牌方要用内容去养 IP，在与消费者的各个接触点进行宣传和沟通。IP 要在品牌广告画面上出现，直接喊出品牌的理念、产品的购买理由；制作品牌 IP 的专属表情包、GIF 动画，与消费者生动地交流；在卖场终端物料上，IP 也要高调出现，吸引消费者的注意力，促使消费者购买。IP 的生养，要做到"三宜"：形象宜亲切，拉近与消费者的心理距离，不要弄个很严肃的形象出来；投资宜长久，持续重复投资才能积累品牌资产，频繁更换容易瓦解品牌资产；应用宜广泛，一个 IP 要能在尽量多的地方应用，而不要在不同场合用不同的 IP，那样过于分散了，不利于投资回报。

说到底，名人名气再大，始终是会过气的外人；IP 影响力再小，总归是自家生养的孩子。名人可能会出现负面新闻连累你，但 IP 绝不会背叛你。相比于找名人代言品牌，自创一个 IP 更能积累品牌资产。

总结

品牌资产百宝箱这个工具，表面上看就是把品牌过去的有效信息梳理出来，把以后可能形成资产的东西放进去，但深层次看，它有着重大的战略意义。品牌资产百宝箱打造的过程，本质上是对过去事业的一个总结，以及对未来的战略展望。找到品牌资产是寻宝，不断投资品牌资产是押宝。品牌资产找到了，就要持续不断地增加它们的曝光量，让这些品牌资产在消费者的脑海里多多留存。人总是倾向于购买熟悉的品牌，哪怕没买过只是听说过，心里也感到踏实，因此，让人有印象的品牌产品总能成为首选，而没有群众认知基础的品牌注定会成为孤坟。只有那些在消费者脑海中不断积累品牌资产的品牌，才能成为人类消费史乃至文明史上的一座座丰碑。商场上的竞争博弈，就如同没有硝烟的战争，兵精粮足，心才能不慌。从现在开始，就去努力打造你的品牌资产百宝箱吧！

用对 CI，统一标准就是统一战斗力

CI（Corporate Identity 的英文缩写），也就是企业识别系统，主要包括 MI（Mind Identity，理念识别系统）、BI（Behavior Identify，行为识别系统）、VI（Visual Identity，视觉识别系统），VI 里面还有个可以拆出来做的“王炸”工作，叫标志（也就是 LOGO）设计。每个企业都是独一无二的，但并不是每个企业都能塑造出那种独一无二的感觉。打个比方，没有哪两个人的基因是一模一样的，但并不是所有人都很有存在感，大部分人扎进人堆里就看不见了。CI 作为西方传过来的概念，在改革开放初期对于国人还是很新鲜的，大大小小的企业都想给自己弄一套 CI，穿件“洋装”掩盖一下身上的乡土气息。如今，人们的审美在逐渐提高，消费者的喜好越来越难以捉摸，企业对 CI 的要求越来越高，营销设计从业者尽管很努力地在跟着感觉走，却总有“找不到感觉”的感觉。

这个世界上，越是表象的东西越容易引起重视，越是本质的东西越容易被忽略，CI 也是这样。很多人一提起 CI，就想到 VI，一说到 VI，就认为是画个 LOGO。其实，CI 是一套整体的企业识别解决方案，要想做得好，就必须洞察这个事物的本质，全局思考而不是单点发力顾此失彼。如果我们把企业比作人，那么 MI 就是心灵，BI 就是手脚，VI 就是衣服，其中 LOGO 则代表了一个企业的脸面。它们之间是互相联动的，不能切开看，只有整齐划一，统一 CI 标准，才能有统一的战斗力。

一、心在梦在，MI理念是远航的灯塔

时代在快速发展，有很多企业可能过不了几年就会想着重新做一个CI，这本来是个理念大盘点的绝好机会，但我们太多时候还是把工作重点放在了视觉上，毕竟视觉方面的工作更显而易见，有成果物可说。而MI的工作就是象征性地把使命、愿景、价值观重新写一写，CI手册里有了，墙上也挂了，MI就算“搞定”了。这样真的好吗？作为一切的核心的MI工作，到底要怎么做才能卓有成效呢？

首先，我们要思考一下，MI的本质是什么。老话说“相由心生，相随心改”，一个人，看不见的内在往往会影响到看得见的外在，企业也是这样。几年前，美国的西蒙·斯涅克提出了著名的黄金圈理论（见图12-1），他的TEDx演讲“伟大的领袖如何激励行动”是TED大会里观看次数最多视频的第七名。他于2009年出版的关于这个话题的书籍《从“为什么”开始：伟大的领袖如何激励行动》，阐述了他所述的一切都起源于人为激励的“为什么”的黄金圈法则，从而建立企业、领导创业、激励他人等。这个世界上所有伟大的、有感染力的领导者或者企业，无论是苹果公司、马丁·路德·金还是莱特兄弟，他们都是以一种完全相同的方式进行思考、行动和交流。

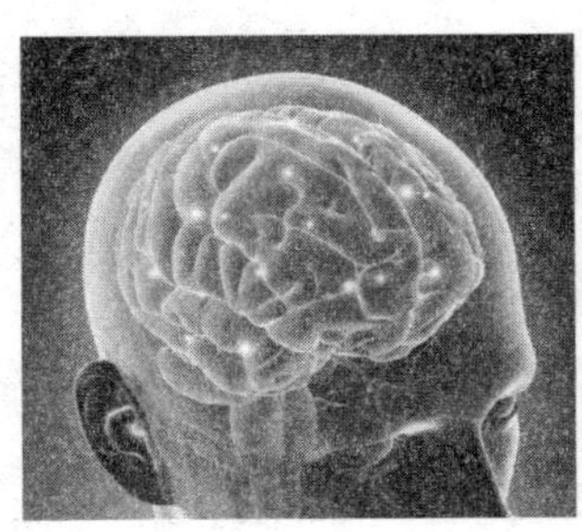

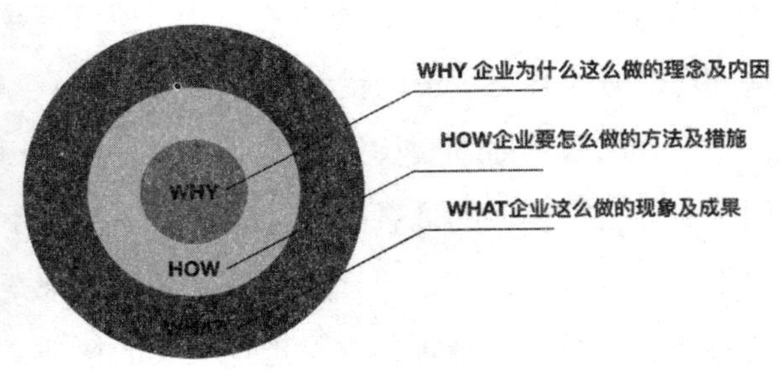

图12-1 黄金圈理论

“为什么，怎么样，是什么”这一黄金圈法则，解释了为什么一些企业和一些领导者，能够拥有其他人不能实现的感染力。黄金圈理论最重要

的一个结论就是："人们不会买你所做的产品，人们买的是你的信念。"为什么呢？如果你观察人类大脑的横截面，自上而下观察，你会发现人类大脑实际上包括三个主要组成部分，而这三个部分和黄金圈完全符合。

我们人类最新的大脑就是智慧人种大脑，新大脑皮层对应着"是什么"这个圆环。新大脑皮层负责我们所有的理性与分析性思维和语言。中间的两个部分组成我们的大脑边缘系统，负责我们所有的感受，如信任和忠诚。它还负责所有的人类行为、所有的决策，但不负责语言能力。当我们由外向内沟通时，人们能理解大量的复杂信息，比如特征、优点、事实和数据，但不会激发行为。当我们由内向外沟通时，我们是直接同大脑负责控制行为的部分进行交流，然后通过一些我们所说和所做的实际事物，为我们的行为找到理由。为什么有的企业的产品就很好卖？为什么有的企业的员工工作得又高效又开心？不管是购买一个产品，还是就职一家企业，最底层的逻辑还是选择，选择产品、企业背后的理念。可以说MI的本质就是给企业找到或者是找回自己的信念。

其次，一个MI确定下来，它的长期意义又是什么？长期来看，这个MI理念不仅影响着内部人员，还会影响到外部社会。MI对外部的影响有哪些呢？这里要引述一下我尊敬的华杉老师的观点：一个企业有五个市场，分别是顾客市场、人才市场、资本市场、政策市场和公民社会。企业作为这五个市场的本体，要志有定向，止于至善，心要定、要静、要安，这样才能减少经营决策的错误。

为什么战国时期秦国能够发展壮大，最终扫灭六国，建立大一统的帝国？有人会说是因为商鞅变法，确实是。商鞅不是秦国人，是卫国人，时称卫鞅。你想想，商鞅不远千里来到秦国，把秦国的崛起事业当作他自己的事业，这是什么精神？这是理想主义的精神，这是依法治国的精神。当然，受时代的局限，他那个"依法治国"，依的是"法家"的法，不是我们现代社会"法制"的法。为什么商鞅在其他国家都怀才不遇，在秦国却能一展抱负呢？因为只有秦国有依法治国的决心，秦献公、秦孝公乃至后代的君王，都有变法强秦的志向，只是缺少一个大才，来实现强大的秦国梦。积贫积弱，对任何国家来说都是缺点，但这反而让秦国上下一心。电视剧《大秦帝国之裂变》里，秦国朝野上下都在高呼“赳赳老秦，共赴国难”，这样一个志存高远、上下同欲的国家，哪有不富强的道理?

而 MI 就可以理解为一个企业的志向，体现为“使命、愿景、价值观”，让大家心归一处，把所有认同这种信念的人，内部的、外部的都团结起来。对于 CI 的其他部分 BI、VI 来说，MI 可以说是顶层设计了，MI 是整个 CI 的核心思想，是纲领的纲领、是准绳的准绳。借着 MI 重塑的契机，专业的“外脑”站在理性、客观、中立的旁观者视角与企业进行深入沟通，能够让企业更加了解自己，从总结过去到展望未来，只要路对就不怕路远。

二、一切行动，都按 BI 的行为标准来

MI 理念识别系统给全员统一了思想，那么，心往一处想了，劲儿就能往一处使吗？不一定。有句话叫“一切行动听指挥”，在军队里是长官在指挥，在企业里是老板在指挥。但是企业要想做强、做大、做长久，全靠老板指挥那员工还有积极性吗？更糟糕的是，老板天天在一线骂来骂去，越骂越生气，结果可能就是，老板被员工“气死”，员工被老板“逼死”。就没有什么办法吗？有，就是 BI 这套行为标准识别体系，就是依法治企。为什么五百强外企给人感觉很规范，就是因为其背后有一套团队都真正认同的行为规范。相比而言，我们一些企业常见的做法，就是找优秀的同行抄一本所谓的 BI 手册，也不管这个 BI 跟自己的 MI 是否匹配，就像模像样地开始按表格考评，做不到就扣工资、扣奖金。理念是理念，行为是行为，行为规范和企业思想理念形不成有效的联动，就是典型的“说一套做一套”了。我见过很多高管，在五百强外企做久了，转到中国的民企水土不服，原因就在这里。企业本身就是一个小社会，从“法治社会”到“人治社会”，从“开诚布公”到“揣摩上意”，从“有法可依”到所谓“随机

应变”，从“有章可循”到所谓“具体情况具体分析”，空降兵当然会欲哭无泪，进退两难了。

那么，BI 的本质是什么？就是建立在 MI 理念基础上的行为规范。在餐饮界，麦当劳的 BI 是做得最好的，所有同行都在学习它（见图 12–2）。标准才能量化，量化才能卓有成效地管理。

图 12–2 麦当劳的各种 BI 设计

此外，BI 这个工作不可能“一定永逸”，市场环境在变，消费者的生活习惯在变，员工的人口代际也在变，需要边做边调整。可以说，BI 不是静态的“做一不二”，而是动态的“推陈出新”。麦当劳也好，肯德基也罢，包括最近崛起的老乡鸡，操作手册都是在不停地迭代的。BI 的工作考验的是心与手的距离，炮火永远在一线，必须要激发一线员工的积极性。比 BI 本身更重要的，是形成 BI 的机制，养成 BI 的素养，也就是一边用机制来改造个人，一边让个人来改善机制，在动态中取得平衡。

三、我们要的是 LOGO，不是美术垃圾

在 VI 里面，LOGO 可以说是最亮眼的明星了。平时，我们总能看到某

某大公司换了什么新 LOGO，然后社会各界讨论得沸沸扬扬，都想证明自己才是内行，别人都是外行。到底是不是内行，自己说了不算，我们要看这个人到底是在看门道，还是在看热闹。

比如得到 App 新上线的 LOGO（见图 12–3），有的讨论这 LOGO 好不好看，也有的研究内涵深不深刻，还有的琢磨字体有没有设计感，就是很少有人谈论这 LOGO 的传播成本是高还是低。无论是名字还是 LOGO，表面上看是文字编辑和图形设计的问题，但背后的本质还是商业问题。名字解决的是被发现、被理解的问题。而 LOGO 呢，我建议大家在设计的时候最好先问自己几个问题，第一个问题："为什么要有 LOGO？"第二个问题："设计这个 LOGO 的目的是什么？"第三个问题："怎样避免设计出一个糟糕的 LOGO？"要知道，优秀的事物总是优秀得像模像样，糟糕的东西总是糟糕得奇形怪状。

图 12–3　得到 App 的新旧 LOGO 对比

第一个问题：为什么要有 LOGO？LOGO 起源于原始社会，各个部落之间为了区分彼此，就把自己所能看到的事物刻画到一些物体上，起到统一思想、统一认识、统一精神的作用，我们也把它叫作"图腾"。那时候，图腾选材主要是自然界的东西，像星星、月亮、山丘、湖泊，还有各种动物。动物里面常见的是猛兽类，比如中华民族的图腾之一就是龙（见图 12–4）。LOGO 存在的意义，主要就是视觉识别、精神传达。

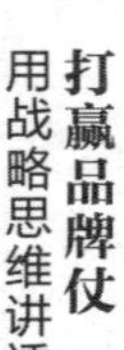

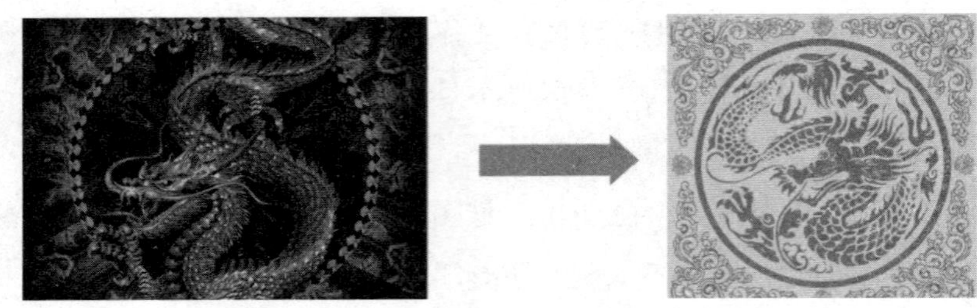

图 12-4　中华民族的龙图腾

第二个问题：设计这个 LOGO 的目的是什么？有很多设计工作者，往往在刚开始的时候知道自己的目的，但做着做着就忘了，正所谓“走得远了，就忘了当初为什么要出发”。设计 LOGO 多是受人之托，不同客户有不同的诉求，当然目的也多种多样，作为设计工作者，一定要像《孙子兵法》里面所讲的，坚持本谋，不忘初心。

第三个问题：怎样避免设计出一个糟糕的 LOGO？为什么我要说避免设计一个糟糕的 LOGO，而不是说“怎样去设计一个优秀的 LOGO”呢？这是因为，大多数时候，我们能做出一个及格的 LOGO 就不错了。及格的标准是什么？就一条，要能用一句话描述清楚！优秀的标准，就要在这个及格线之上，加上文化寓意、艺术美感、奇思妙想等高难度的动作。什么样的 LOGO 是糟糕的 LOGO？前面说过了，“优秀的事物总是优秀得像模像样，糟糕的东西总是糟糕得奇形怪状”。通往优秀 LOGO 的道路，关键就在于那条及格线——要能用一句话描述清楚，达到及格线了，再加上文化寓意、艺术美感、奇思妙想，就是优秀的 LOGO。如果你没达到这个及格线，那么，文化寓意、艺术美感、奇思妙想这些做得越多，就变得越糟糕。

写 LOGO 还是画 LOGO，这是一个问题。以前人们识字率不高，因此 LOGO 都尽量使用图形，对于大部分文盲来说，图形比较好认。现在不同了，我国基础教育改革 70 多年来，人口识字率已经提升到了 96%。所以，对于 LOGO 设计者来说，终极大杀器就是直接把名字做成 LOGO，这样你设计的 LOGO 就一定在及格线上。没想到吧？真相就是如此简单。标识的意义在于降低受众对品牌的发现和理解成本，最好是纯文字，图形越复杂用起来就越危险！标志就是以“标”明志，用一个图案来表明企业或品牌的 MI 理念，创意表现必须简洁明了（见图 12-5）。你的 LOGO 必须“要能用一句话描述清楚”，不然就是美术垃圾。

图 12-5　麦当劳标志的演变——由繁入简

四、VI 不是一本册子，而是一道圣旨

VI 的核心是什么？是对 LOGO 以及相关元素的使用规范。很多公司在初创的时候忙着生存，对 VI 这件“高大上”的事往往重视不够，而等企业平稳渡过了危险期，慢慢形成一定规模后，就会考虑要不要好好再设计一下 LOGO，把整个企业、品牌在视觉层面通过 VI 规范起来，以给人一种越来越“正规”的感觉。

VI 到底是个啥？我们先来看下它的定义，VI 全称 Visual Identity，通常译为企业视觉识别系统。VI 是将 CI 的非可视内容转化为静态的视觉识别符号。企业通过 VI 设计，对内可以征得员工的认同感、归属感，加强企业凝聚力，对外可以树立企业的整体形象，整合资源，有控制地将企

业的信息传达给受众，通过视觉符号不断地强化受众的意识，从而获得认同。

VI 手册的样式繁多，比如品牌视觉指导手册、品牌风格指导、签署使用规范、品牌手册、品牌标准、LOGO 指导手册、品牌保护指导、企业设计手册……如果你看到这些名字，不用怀疑，它们都是 VI 手册。VI 的核心是什么？就是一个简洁美观的 LOGO，如果没有一个标志，VI 就无从谈起了。所有的 VI 手册，第一部分都要把 LOGO 讲清楚：图形为什么这样设计，为什么选择这个字体，字体和图形构成的位置距离规范是怎样的，在深色和浅色背景下 LOGO 分别用什么颜色，该不该反白处理，这些都是 VI 基础中的基础。当然，可能还会设计一些品牌的图形花边，来配合 LOGO 使用。由于 VI 的核心是 LOGO，所以你也可以把 VI 手册看作是 LOGO 使用手册。如果 LOGO 设计没有通过定稿，就不会做 VI。LOGO 设计确定了，那么 VI 就可以放心地动工了。

有些企业在漫长的发展过程中，由于业务或者理念变更（也许是因为新 CEO 上任）会重新设计 LOGO。新 LOGO 出炉的同时，新的 VI 手册也会发布出来，把新 LOGO（含其他相关设计元素）在各种场景下的使用规范讲得仔仔细细，精确入微。做这么多的设计规范，企业品牌是要达到什么目的呢？就是保持品牌风格的统一，把品牌印象的“跑偏程度”控制在合理范围内，让所有接触到该品牌的受众，得到的信号都是比较统一的。比如说汽车的 VI 手册，除了规范常规的广告、物料外，还要求对整个 4S 店的建设，事无巨细，都按照 VI 手册来。对于汽车企业来说，4S 店是距离消费者最近的地方，只有严格按照 VI 规定的标准来打造，整个销售的“气场”才是正确的，那个“feel”才是正宗的（见图 12-6）。这样一番操作下来，千千万万个消费者对于某个汽车品牌的印象就是统一的，而不是一千个人眼中有一千个 ×× 汽车。

图 12-6　严格按照 VI 标准打造的奔驰 4S 店

统一的品牌风格其实不是虚无缥缈的调性、意境这些，而是真实留存到消费者脑海里的对这个品牌的认知。通常来说，越是历史悠久、实力雄厚的品牌，它的风格就控制得越严谨，而那些年轻或实力偏弱的品牌，则动不动就会变个花样。多年保持统一的品牌风格确实不太容易，这也体现了企业家、品牌方坚强的意志力。往往不变比变化更难，不变就意味着坚守，这更考验人性。VI 看起来是一本“LOGO 使用规范”的册子，其实它更是一道品牌顶层设计的圣旨，让品牌方能够紧握一条品牌风格不跑偏的准绳。不论是品牌厂商，还是设计者，都不能看轻 VI 工作的意义。

 总结

CI 企业识别系统，不论是开始工作还是成果交付，人们的注意力都容易集中到视觉层面，而忽视思想层面。CI 看起来是美术、设计的事情，其实归根到底是策划的事情。不谋全局者不足谋一域，策划要整体地思考问题，不能只关注局部。正如一场交响乐不能只有分谱，没有总谱；只有乐手，没有指挥。CI 的工作如果没有思想层面的高屋建瓴，没有策划人在大

方向、大准则方面提纲挈领，设计出来的东西往往会经不起时间的考验，过几年又要推翻重来，不断地消耗资源，形不成有效积累。我常说要以战略的视角来看待品牌营销，好的战略，就是要做到环环相扣、相得益彰、持续积累。

一“名”惊人，好名字让你赢在起跑线

人人都知道名字是什么，每个人也都有名字。个人也好，企业也罢，对起名字这件事都是相当重视的，甚至会请一些所谓“命理先生”来把关，就是为了能拥有一个好名字。作为品牌策划人，帮客户起名字也是非常重要的工作。不夸张地说，名字起得好，可以让你赢在起跑线，当然跑起来之后就得看你的实力和机运了。在前面的章节里，我们其实已经就“为产品起个好名字”和“品牌命名”做过相关论述，但为了让读者知其然又知其所以然，接下来我就详细讲讲好名字里面的门道，怎么起个好名字以及怎么用好一个名字。

一、名不正则言不顺，名字是一切积累的起点

先来看一下名字的百科释义：名字是指人或者产品、物体的名称。名字不论是在个人层面还是商业层面，都是至关重要的。那么，名字的本质是什么？名字又到底意味着什么呢？

1. 名如其人，名字即是人设、名字即是承诺、名字即是 IP

媒婆曾给唐伯虎介绍了三位女子：水莲、玉姑和秋香。唐伯虎不假思索便选了秋香，他道：秋时飘香，颇具诗情画意，定是佳人也。后果然见

秋香是一大美女。人的名字，不光是能够给他人以联想，也能够给自己以心理暗示，使其不自觉地往那个方向发展，影响行为，成了“人设”。

当然，名字不只是人设，它还是一个承诺。国外历史悠久的企业、品牌，很多是人名，准确地说，是以创始人的姓氏命名的，可谓“以我之姓氏，创百年品牌之名望”。比如汽车行业的百年品牌：劳斯莱斯（1906）以创始人查理·劳斯和亨利·莱斯命名；奔驰（1886）以创始人也是汽车发明者卡尔·奔驰命名；标致（1890）是以创始人阿尔芒·标致的姓氏命名；雷诺公司（1898）以创始人路易斯·雷诺的姓氏而命名；玛莎拉蒂（1914）则是以创始人阿尔菲力·玛莎拉蒂命名；福特汽车（1903）当然更负盛名，是由发明T型车的亨利·福特的姓氏命名。

日化界的国际巨头，比如宝洁（1837），其英文名P&G，全称Procter & Gamble，是由创始人威廉·波克特（William Procter）与詹姆斯·甘保（James Gamble）的姓氏合拼而成；另一巨头强生（1886）的名字，则来源于创始人詹姆斯·伍德·约翰逊的姓氏。

欧洲的老牌奢侈品牌，比如路易·威登（1854）是以创始人路易·威登的姓氏命名；香奈儿（1910）是以创始人加布里埃·香奈儿的姓氏命名；普拉达（1913）的创始人是马里奥·普拉达；爱马仕（1837）的创始人是蒂埃利·爱马仕；博柏利（1856）的创始人是托马斯·博柏利；罗意威（1846）最早是一家合作社，后被皮革手工匠人出身的德国商人恩里克·罗意威·罗斯伯格并购，并用自己的名字作为这家公司的名称。

这些国际大牌之所以热衷于用个人名字做品牌名，是源于欧美人士的家族意识，使用创始人的姓名来命名，让它成为一个家族的图腾或标记，以一份家业的形式传承。在今天看来，这些创始人的故事都足够当成IP来讲了，这里就自带了不少的流量。

2. 名字就是角色，名字就是战略定位，名字代表行业

在文学创作中，人物的取名是很有讲究的，名字往往会暗示着他/她的命运走向。《红楼梦》中人物众多，形形色色，层层叠叠，关系复杂。曹雪芹为塑造这些人物倾注了大量心血，就连起名也颇费了一番心思。曹雪芹起名很注意人物的性格化，有的是暗示了人物的命运，有的是对情节发展的某种隐喻，有的是对人物行事为人的绝妙讽刺，有的是对人物故事的某种暗示，等等。书中的主要人物宝玉、黛玉、宝钗，他们之间关系的复杂也反映在了名字中。“钗”与“黛”都是封建社会大家闺秀的代称，宝玉的名字拆开，分别给了两个少女，组成了“宝钗”和“黛玉”，由此可见他们三人的关系非同一般，其间的纠葛也必定是变幻莫测，以致有了宝玉钟情于黛玉，却与宝钗联姻的结局。

对于企业或品牌来说，名字也会造成类似的暗示。例如美国苹果公司，苹果在西方文化里面是禁果，有挑战权威、引领变革的含义。果然，苹果公司的发展路线我们也看到了，先是开创个人电脑、挑战 IBM，接下来又开发出一个又一个划时代的产品，引领着整个行业的变革。我们国内的小米刚开始走性价比路线，这个名字是很取巧的，亲切近人，也说明了自己“入门级刚需品”的战略定位，但后面扩展到高端机了，这个名字就比较吃亏了，远没有“华为”那么大气。

很多时候，品牌名往往和企业名有很强的关联性，甚至品牌名也会沿用企业名字。2019 年全球品牌价值榜的前 20 名中有 19 个品牌的名字都和所属企业的名称一致。品牌名称和企业名称一致，有很多好处，比如好记、规范、印象佳，这些都有助于一个品牌走向成功。

亚马逊是电商、IT 产业的，它的名字取自南美洲宽阔的亚马逊河，象征着亚马逊电子商城丰富充沛的货品。苹果的名字是乔布斯灵感一发取的，说是这个 A 开头的 Apple 能在字母表中排得靠前一点，这是个好听好记好传播的好名字，但和行业没啥关系，苹果做电脑起家，后来做 MP3、手机、平板、手表等电子产品，这些产品都和一个水果名字没什么关系。谷歌是创始人拼出来的新词，刚开始和搜索关系不大，后来把 Google 中的 o 予以戏剧化，成了 Gooooooooogle，刚好和搜索出来的页码 12345678910 配合起来，每个页码都对应一个 o，很有意思。谷歌的广告语里面也包含了品牌名，叫“Google it”，这样每放一遍广告语，都传播了一次品牌名，谷歌的名字更加流传广泛了。对了，这个创意还启发了国内的搜索品牌，“Google it”是把名字作动词，号召你把这个品牌用起来，翻译过来就是“谷歌一下”，有没有觉得眼熟？就是“百度一下，你就知道”（见图 13-1）。

图 13-1　搜索品牌——谷歌和百度

再说微软这个名字。电脑的学名叫“电子计算机”，个人用的计算机也叫微型计算机，简称“微机”。一个做微机软件起家的品牌，名字就叫微软。现在这个品牌主要的商品还是微机上所用的软件，比如著名的 Windows 和 Office。三星这个品牌，其实和他们旗下的任何产业都没有关系，但三星在韩国那可是举足轻重的品牌，有句话是“一个韩国人一生离不开三件事，死亡、税收和三星”，可见三星的地位。Facebook 做社交平台，社交最重要的就是脸，这个名字很符合社交的场景需要。中国工商银行、中国建设银行的名字可以说是最接近银行业属性的了，工业商业都需要银行业的支持，搞建设也不能没有资金。沃尔玛看它的英文名 Walmart 就比较清楚了，Wal 是沃尔玛创始人沃尔顿（Walton）的前三个字母，mart 即 market（集市、市场），见名知义，这是沃尔顿家开的超市。华为听起来是个很有情怀的企业，实际上也确实很有家国情怀。作为汽车发明者，Benz 只是个人名，也不太能让人联想到汽车，但当把 Benz 翻译成“奔驰”后，就一下子贴合行业属性了。当然，汽车行业历史悠久，大多是以创始人姓氏命名的，时间长了消费者也都知道了，名字里没有行业属性也没关系，比如现在的两大汽车巨头丰田和大众。老品牌可以不体现行业属性，但新品牌最好能让人看出来是哪个行业。

企业和品牌名字相同，最大的好处就是“一个名字比起两个名字，记忆的任务轻了，人家肯定更好记”，从而大大地降低了社会各方人士对其名字的记忆成本。

3. 名字是 1 号品牌资产，是一切品牌资产积累的起点

名字可以说是一种最大的品牌资产。2019 年 5 月 6 日，传播服务集团 WPP 与旗下调研机构凯度共同发布“BrandZ™ 2019 最具价值中国品牌 100 强”排行榜，阿里巴巴荣登榜首，成为中国最具价值品牌，其品牌价值同比增长 59%，达到 1410 亿美元。阿里巴巴集团 CMO 董本洪表示，“我们非常荣幸位列 BrandZ™中国 100 家最有价值公司榜首。阿里巴巴从第一天成立开始，就以‘让天下没有难做的生意’为使命。我们将持续赋能我们的合作伙伴，通过阿里巴巴平台帮助他们成功地实现数字化转型，同时给消费者提供更好的产品与服务，让平台上的参与者有能力和机会成为‘创造者’。在我们看来，品牌不是广告，而是将社会责任融于商业模式，用商业手段帮助解决社会问题。为社会创造真正的价值，才是品牌的生命所在，也是阿里巴巴一直所相信并践行的。”可见，阿里巴巴能在品牌价值榜上登顶，这家公司其实做了很多事情，不仅仅是让这个品牌在消费者和合作伙伴心中树立形象，产生经济效益，更重要的是真正地解决社会问题，取得社会各界人士的高度认同，从而成就了一个高价值的品牌。

排名第二的腾讯，品牌价值 1381 亿美元，同比增长 4%。不用多介绍，大家都知道腾讯是谁、腾讯意味着什么。我们现在的生活，几乎都离不开腾讯了，工作上要用到 QQ 邮箱、QQ 通信软件，娱乐会用到腾讯视频、腾讯游戏，就连买东西也少不了腾讯投资的京东，最最重要的是，全国十几亿人已经习惯了一个聊天工具，叫作微信。微信也是在腾讯品牌影响力范围内的，假如微信不属于腾讯这样的通信大鳄，而是一个草根企业，恐怕很难走到今天，当然，也很可能会被腾讯收购。可以说，腾讯品牌的价值取决于深入了多少人的生活，品牌名称曝光的次数越多，品牌的影响力和商业价值就越大。

再来看排名第三和第四的中国工商银行和中国移动，也是走群众路线的。工行是中国网点最多的银行，移动是中国用户量最多的电信运营商。如果是我们都接触不到的品牌，哪来的品牌价值呢？工行可以说是中国人用起来最方便的银行了，尽管有人说现在是数字时代了，都手机支付了，不用网点也行。要知道，舆论氛围是一回事，现实又是一回事。数字化是必然趋势，但移动终端承载更多的业务办理还有个过程，中国有着十几亿的人口基数，至少从短期来说，线下网点是不会萎缩的。

正因为名字是最大的品牌资产，因此乱改名字一直是企业比较忌讳的。德国拜亚动力成立于1924年，发明了世界上第一幅动圈耳机，是世界音频声学领域的领导企业之一，在耳机、话筒、会议系统等方面居于领先地位。但在2018年4月，拜亚动力官方宣布，正式启用新的中文商标名“拜雅”。这个其实就是画蛇添足了，原来的拜亚动力是大家熟悉的，现在一改都有点不敢认，何必呢？对于一家历史悠久的企业、品牌来说，名字是最宝贵的品牌资产，再大的短期利益都不值得去乱改名字。当然也不是不能改名，我们可以再举一些正面的例子，保时捷创始人费迪南德·保时捷，我们之前课本上写的是费迪南德·波尔舍，其实更接近德语发音，但保时捷汽车的创始人叫波尔舍而不是保时捷总归有点怪怪的，好在官方现在统一叫作费迪南德·保时捷，感觉和谐多了。还有奔驰的创始人卡尔·奔驰，原来的翻译叫作卡尔·本茨，现在我们看到官方的说法已经统一为“卡尔·奔驰”（见图13–2）。虽然保时捷和奔驰只是把创始人的译名和品牌译名做了统一，严格来说不算改名字，但我们要记住的是，对于任何企业和品牌来说，只要涉及名字，再小的事都不是小事。

图13–2 卡尔·奔驰成为奔驰创始人的官方名称

二、好名字究竟好在哪

很多人评价一个名字好坏，往往是凭感觉的，比如好听、好看，甚至是这个名字的运势好不好。可见，世俗之人看待名字都是有功利心的。既然如此，我们不妨从生意经营的角度来对名字进行探讨，比如成本，包括传播成本、记忆成本等。那么，一个名字好不好，它的判断标准是什么呢？

1. 好的名字一看就懂，用一个词语告诉你为啥选它

起个好名字一定是有“绝招”或“套路”的，下面我就分享几个好名字，至于其中的所谓“绝招”或“套路”，相信各位读者可以自己总结出来的。

麦当劳，是其创始人麦克唐纳兄弟姓氏的音译，也有“要吃麦，当劳动”的含义。后来他们把公司名改成了“金拱门”，好在只是中国区公司改名，不是品牌改名。

奔驰、宝马、法拉利，我认为这是汽车界里译名最好的三个。奔驰，车子一路“奔驰”，奔驰 S 级俗称“大奔”；宝马，“香车宝马真气派，汗血宝马赠英雄”，宝马的诉求就是“操控”，人车合一，让你有“驾驭汗血宝马”的感觉；法拉利，一听就是极速跑车，很贵。

农夫山泉，一个农夫挑着一担矿泉水，他没有生产水，他只是大自然的搬运工。“农夫”代表原生态，“山泉”则说明这是纯天然的泉水。

飞猪旅行，猪怎么飞？坐飞机。飞猪旅行主要就是卖机票火车票，连带着订房等相关事宜也一起做。

天猫商城，猫是 Mall（购物中心）的谐音。天上的 Mall，也就是天猫电子商务精选商城。

蒙牛，一听到这个名字，就会让人联想起“天苍苍，野茫茫，风吹草地见牛羊”的内蒙古大草原，及其得天独厚的奶牛资源。

椰树椰汁，来自椰子树的新鲜椰汁。有一个故事，在飞机上，空乘派发饮料，有个乘客指名要一种叫“敢承诺”的饮料，空乘有点发懵，于是

乘客指着椰树椰汁包装上“敢承诺不加防腐剂”的字样，说“我要这个敢承诺”。“敢承诺”这个词真是深入人心。其实，只要你今天做得到，以后也做得到，怕什么承诺呢？椰树椰汁在包装上就把承诺大大地写了出来：“敢承诺不加防腐剂，敢承诺不加香精不加色素”。

2. 好的名字一听就懂，能读错的名字一定不是好名字

每个品牌都有名字，每个新创立的公司都需要起名字。那什么样的名字是好名字，什么样的名字是坏名字呢？不论是人名，还是公司名、品牌名、产品名，我心里都有一个好的标准：“一听就能脑补出文字”。只要你说出这个名字，人家就不会问你是哪几个字。好名字给人的感觉一定是亲切的，比如李雷、韩梅梅这样的名字就很亲切，看见名字就想认识一下。还有一条重要的命名法则，那就是“好名字，读不错”，能读错的名字，一定不是好名字，在这方面天猫、当当就起了很好的示范作用。

3. 好名字背后有大讲究：降低记忆成本、助力色彩战略、加强情感联系

众多成功的产品都有一个受欢迎的外号，这也从侧面说明了消费者对它们的喜爱。产品别称是多种多样的，尤其像“小 + 颜色 + 物品”，我们随口就可以说出很多成功的案例，例如“小黄车”“小蓝车”“小黑裙”，兰蔻“小黑瓶”、史丹利“小黑袋”、雅诗兰黛“小棕瓶”，等等。

三精“小蓝瓶”可以说是这一系列的鼻祖，时至今日，“小蓝瓶”仍可以让消费者联想到三精口服液，这就是这些别称的魅力。当年三精其实早已打出“蓝瓶的钙”的广告语，但没有对蓝瓶进行商标注册，没有打蓝瓶的标志性特征，后来经过策划包装，三精开始有意识地宣传“蓝瓶”概念，消费者也将它叫成了“小蓝瓶”，一下就增加了亲切感，获得了更为广泛的传播（见图 13–3）。小蓝瓶可以说开创了一个新的命名方式：“小 + 颜色 + 物品”，这其中就有消费者的功劳，他们为了使其更加口语化而增添了“小”字，一下就补充完了这个系列的最后一块拼图，颜色可以换，物品可以换，唯独这个“小”字不能换。深层次分析这些好的产品别称，它们主要有三大功效：降低记忆成本，助力色彩战略，加强情感联系。

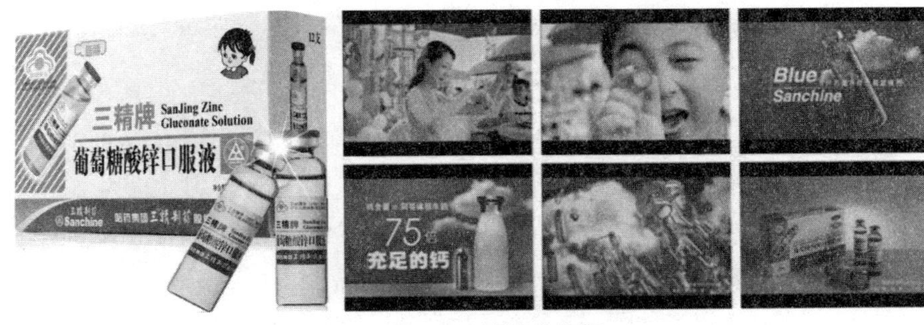

图 13-3　三精牌小蓝瓶

首先是降低记忆成本，也就是便于消费者记忆。例如“小蓝瓶”一开始指的是三精葡萄糖酸钙口服液，如果我不说，你可能还要想一会儿才会想到这个名字，这就已经体现了产品别称的作用。之后“小蓝瓶”所指的产品（葡萄糖酸锌口服液、双黄连口服液、柴连口服液、清热解毒口服液等）越来越多，你肯定更不知道这些名字了，虽然在一定程度上模糊了“小蓝瓶”所代表的产品，但新产品获得了巨大的助力，使它们可以更好地进入市场。此外，像“小黄车”取代了 ofo，“小蓝车”比 Bluegogo 更加好听，小黑裙则直接取代了 SOIRÉE（奢瑞）小黑裙的品牌名，这些都降低了消费者的记忆难度，更便于传播。

其次是助力色彩战略。在上面所说的命名方式中，处于中间的是色彩。本来这样的色彩是来源于产品本身，但最终都成为产品的标志，成为品牌资产，占据了消费者的心智。以“小蓝车”为例，事实上它现在已经退出了共享单车领域，但人们从远处看到哈啰单车时，还会以为是“小蓝车”，这就是品牌资产。因为“小蓝车”退出了市场，现在也有部分人将哈啰单车称为“小蓝车”，如果它没有退出，这种情况是很难发生的。

最后是加强情感联系。类似上面这样的产品别称非常接地气，拉近了企业与消费者的距离，更容易获得消费者的喜爱。比如，“小”在中国语言文化中有一种昵称的意味，天然具有亲切感，非常便于拉近两者的关系。再者，这些名字非常口语化，在日常生活中使用方便，不会有距离感。最重要的是，这样的命名很容易让消费者感觉像是自己起的名字，既

包含了产品外观特点，叫起来也朗朗上口，自然而生一种亲切感。

三、名字终极使用手册

1. 想起个好名字，要克制自己的“创意”冲动

好名字的好处这么明显，但为啥我们总能看到很多自以为很有创意的坏名字呢？是劣币驱逐良币吗？有可能，但我觉得根源不在这里，而是在于人性的弱点。人总是有搞创意的冲动，要是一个东西太简单了，他觉得没意思，总想着搞点有意思的，就像一个人穿个 20 斤重的铁鞋子，确实很有新意，好玩，但你穿着这鞋子走 10 米还行，走 10 千米呢？刚开始还有点意思，越到后面越没意思，经不起时间的考验。好的名字要珍惜，不要随便改动。好的名字，能在一开始就降低各种成本，尤其是营销传播的成本。好的名字是最大的品牌资产，我们要珍爱资产，远离“创意”。

2. 好名字有三忌：忌谐音、忌内涵、忌生僻字

最近 20 年来，广告、创意、互联网行业比较受热捧，一窝蜂地出现了很多很有“创意”的名字。可能 10 个名字里面，8 个就有谐音，这就意味着我们听到这个名字时，要确认一下写出来的是哪几个字。名字不光“活”在耳朵边，还“活”在眼睛里，命名就是成本，如果你玩深刻内涵，就提高了理解成本；如果你玩谐音，就提高了沟通成本；如果你玩生僻字，就提高了传播成本。假如你给品牌、产品起名字时把这三条全触犯了，那就像是一个人穿了双 20 斤重的铁鞋子，会把你的能量更多地消耗在一些不必要的地方，让你每走一步都很沉重。2015 年，广州一个客户找我们策划项目。什么项目呢？就是在微信公众号上认养生态鸡，从小鸡开始养，鸡长大了就有鸡肉鸡蛋吃。你们猜我给这项目取了个啥名字？“我家鸡”！客户一听惊呆了，居然这么简单，我咋想不到呢？“我家鸡”，一提这个名字就知道是哪几个字，而且不需要细究什么文化内涵，就把项目的特色说出来了。同样，现在有个挺火的生鲜电商平台“叮咚买菜”，人

们一听就知道在那个 App 上面能买菜，还能送到家。“叮咚”是门铃的听觉符号，很有画面感。

3. 好名字遇见商标纠纷，怎么办

汽车界有个二线豪华品牌雷克萨斯，起初是丰田为北美市场量身打造的，常年霸占北美豪车销量榜首。20 世纪 90 年代，雷克萨斯作为典型的日系车代表在香港就有着极高的认可度，那时候它被粤港两地的人叫作“凌志”：我有凌云之志，我是有个性的、有精神追求的，是和 BBA（指奔驰、宝马、奥迪）不一样的存在。修车师傅对其优异品质赞赏有加：“世界上有两种车，一种是凌志，一种是其他车。”但在 2004 年，丰田中国正式将“凌志”改名为“雷克萨斯”，有传闻说是因为商标纠纷。当代收藏家马未都曾说过：“历史没有真相，只存在一个道理。”从“凌志”到“雷克萨斯”十几年过去了，我们学到的就是“好名字不要乱改”的道理。那么好名字遇到难注册的问题，真的没辙了吗？学学 SK- Ⅱ吧。宝洁公司这个“神仙水”就注册不下来，因为那个类别已经有人抢先了。只好注册“SK- Ⅱ神仙水”这个商标。但在广告中往往需要大大突出“神仙水”这三个字，怎么办呢？注意看，它把“神仙水”给备注了一下：“神仙水”是消费者给 SK- Ⅱ护肤精华露起的昵称或俗名，并非该产品的正式注册 / 备案名称，也并非该产品的功效描述，特地说明，下文不再赘述（见图 13-4）。这样一备注，既用了好名字，也避免了商标纠纷带来的麻烦。

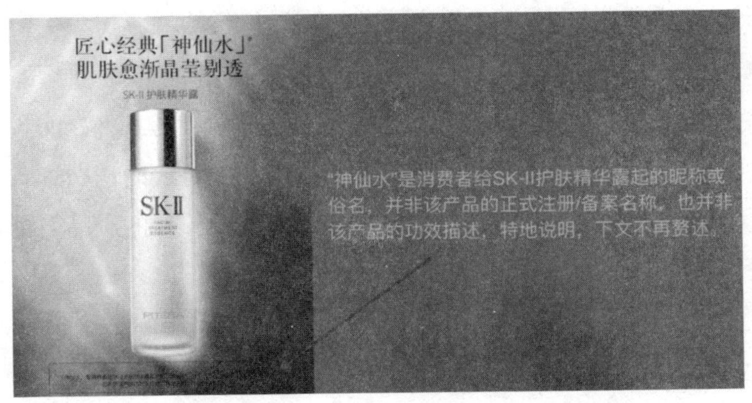

图 13-4　宝洁公司为广告语中“神仙水”三字做的备注

4. 好的产品名，一定诞生在消费场景中

产品卖不动，产品卖不好，很多人会思考是不是宣传没有到位，或者质疑这个产品可能开发得不对路。但是，从策划的专业角度来看，是不是产品名字起得不对呢？产品是和消费者接触最多的东西，也是厂商品牌和消费者距离最近的宣传媒介。产品名字起得好，宣传推广起来就事半功倍，反之就是穿着 10 斤重的铁鞋子走路，一步一个坑。为什么脑白金这个主要改善睡眠的保健品，不从睡眠着手叫个“睡眠宝”什么的，非要叫脑白金呢？因为不同的话语体系，会引导人往不同的方向去想，如果你的这个产品叫睡眠宝，那就是引导消费者去为睡眠买单，消费者会估量为了自己的睡眠花这个钱到底值不值。但是，产品叫脑白金就不同了，全人类都知道，人身上最宝贵的东西就是大脑了，什么器官都能移植别人的，就是大脑不行。大脑换了，人就换了。脑死亡，医学上就可以判定这个人不在了。那么问题来了，你愿意为你的脑健康花多少钱？也许有人说，把“睡眠”的话题转移到“脑健康”这不是偷换概念吗？没错，话语体系的精髓就在于自己拥有 100% 的解释权，只要不违法，我想从哪个角度解释就从哪个角度解释。在话语体系里面，威力最大的不是一句话，而是一个词。比如 20 世纪 90 年代特氟龙涂层锅具刚引入中国时，商家给产品起了个名字“不粘锅”，一下子就切中了要害。

全家便利店可以说是产品命名的高手，他们推出的便当“厚切猪排饭”，给人一种实惠的感觉，相比而言，高端日料的“薄切和牛肉”则给人精致的感觉。营销宣传面对的不是群体画像，吃“厚切猪排饭”和“薄切和牛肉”的可能就是同一个人，但消费者在那两种场景下，购买理由和购买动机是完全不同的。所以，产品命名要围绕实打实的消费场景，而不是虚无缥缈的群体画像。产品开发是基于消费场景，好的产品名更是诞生在消费场景中。

总结

名字意味着什么呢？名如其人，名字即是人设、承诺、IP。名字就是角色，决定了战略定位，代表了所在行业。从品牌资产积累的角度来看，名字是毋庸置疑的1号品牌资产，是一切品牌资产积累的起点。一个好的名字，必须好懂、好记、好传播。如果你想起个好名字，有“三忌”不能触犯：忌谐音、忌内涵、忌生僻字。

第 14 章

货卖一层皮，优秀包装让产品脱颖而出

除了散装的产品，我们日常能接触到的产品都是带包装的。包装也是设计比赛的大热门，很多才华横溢的设计师都在这上面发挥着他们的奇思妙想。不知道你有没有注意过一个现象，就是我们市面上看到的包装都很一般，没有多少创意，而设计网站上那些获大奖的包装，在货架上反而很少能看到。这是为什么呢？

有一次，我和几位包装设计师聊到一个话题：怎么挑到好喝的饮料。喝过的当然知道好不好喝，那没喝过怎么知道呢？一位资深设计师说了一句："要好喝，就得挑那个设计很丑的！"此话一出，众人哗然。但这个说法其实是有道理的，我的经验体会也确实是这样。经典的那些饮料，包装确实都不太好看，但买来一喝总不会失望的；而那些包装看起来美美的，买来一喝就让会人皱眉头。包装这里面到底有什么门道呢？我们现在就来好好研究一下，包装对于产品到底意味着什么，扮演着什么角色，要设计一个优秀的包装要点是什么。

一、包装扮演的三个重要角色：嫁衣、促销员、服务员

提起产品包装，可能你会随口说到"就是那个袋子、盒子、箱子对

吧"，是的，你答对了。不过，包装不是只有袋子、盒子和箱子，它的分类方法很多。通常人们习惯把货品包装分为两大类，即运输包装和销售包装，一般有如下几种专业分类方法。

第一，以包装容器的形状分类，可分为箱、桶、袋、包、筐、捆、坛、罐、缸、瓶等。人们消费习惯的改变，推动着包装容器不断更新。由于现代人们的生活节奏加快，要求减少家务劳动时间和劳务量，家务劳动逐步社会化，因此出现了各种方便食品、罐头食品，各种新型的包装，如可蒸煮的食品袋、可烘烤的食品盒、饮料复合纸罐、易拉罐等也应运而生，随着科技的进步，以后还会有更多新型的包装容器。

第二，以包装材料分类，可分为木制品、纸制品、金属制品、玻璃制品、陶瓷制品和塑料制品包装等。现代包装材料的四大支柱——纸、塑料、金属、玻璃，其中纸制品的增长最快，塑料次之。这是因为纸和塑料的价格便宜，原料来源广泛，且不像玻璃那样易碎，也不如金属那样重，便于携带。

第三，以包装货物种类分类，可分为食品、医药品、轻工产品、针棉织品、家用电器、机电产品和果菜类包装等。

第四，以安全为目的分类，可分为一般货物包装和危险货物包装等。

我们今天着重讲的是大家熟悉的包装，也就是普遍意义上的包装——销售包装。包装的字面意思是包东西和装东西，但包装的作用可不仅于此。我认为产品包装除了字面意思的"包"和"装"之外，它还扮演着三个重要的角色，分别是嫁衣、促销员和服务员。

1. 嫁衣

女儿长大出嫁是一桩喜事，漂亮的嫁衣让新娘更显得神采奕奕。包装作为产品的一件嫁衣，华丽的外表下隐藏着品牌对消费者的一颗炽热的心。

产品从生产出来到卖给消费者，也就是产品"从出生到出嫁"的全过程，产品是嫁给了消费者。在这个过程中，厂商还把品牌理念通过产品包装的美术、文字传达给了消费者，让你"娶"得明明白白。众所周知，日

本有着心思细腻的民族传统，有句话形容得很贴切："日本人是拿着放大镜在观察事物"。例如这款风靡日本将近 50 年的"滑落布丁"（见图 14-1），它在 1972 年由格力高首创，累计销量超过 51 亿个，为超长期畅销商品。"滑落布丁"包装容器的特点是将底部的开关折断，容器里的布丁就会滑落到盘子里。格力高通过巧妙的设计，让"滑落布丁"拥有了划时代的包装容器，这种功能可以让消费者在品尝布丁时获得额外的喜悦感。

图 14-1　格力高滑落布丁

2. 促销员

产品包装作为一名促销员，能够帮助购买者降低决策成本，踢进临门一脚，把产品推销给购买者。

杜邦公司是世界上最大的化学公司，他们曾做过一项市场调查，发现"有 63% 的消费者是根据商品的包装和装潢来决定是否购买某种商品的"，这一定律也被称为"杜邦定律"。正所谓"三分人才，七分打扮"，外部形象对人们的心理影响是很大的。成功的包装能使商品更加引人注目，使顾客在浏览商品开始的 10 ~ 15 秒钟的关键瞬间，在心中形成所谓第一感觉。比如雪碧饮料以绿色瓶装，配以绿色底色和白色浪花的图案，可以使消费者一望而产生凉爽怡人的感觉。第一感觉好了，就要开始研究怎么让产品自己推销自己了。

今天，无人售货已经成为主流的销售方式，包装说明更是起到了“无声推销员”的作用。厂商把产品的特点、卖点、利益点通过文字和图形设计出一个阅读顺序，让购买者打消顾虑，快速买单。买卖的促成，包装功不可没。当商品引起人们注意后，就应让人们感知包装所传达的内容，这往往要通过视觉流向诱导来完成。人们的视觉流向可区分为流程起点、视域中心和流程末端，一般是通过诸如人物的表情、手势、眼神，标题、警句、说明文字的编排，以及画面形态的动势等来诱导。如人物手势向右，人们的视线也会随之转向右；眼神向上，人们的视线也会随之向上。在视觉流向的诱导中，要注意易辨认易理解，即要求图形、文字等具有易读性，不能选用那种过分变化令人费解的字样，图形应清晰可辨，信息要有一定的强度，含义也必须明确，编排要有主次、有节奏。一般主信息应放置在最佳视域内，占据显要的位置，次信息则依次安排；画面空间也应有大小节奏变化，使人们的视线可以沿着一个自然、合理、流畅的流程节奏进行审视。

比如田七娃娃这两支牙膏（见图 14–2），都是田七为儿童专门研制的。包装上有个明显的田七娃娃卡通形象，这个在终端非常吸引小孩子的注意力，构成了销售的第一步——吸引注意。然后呢，这两支牙膏又各有分工，一个是“长牙牙牙膏”，适合 2 ~ 5 岁儿童；另一个是“换牙牙牙膏”，适合 6 ~ 12 岁儿童。这就非常方便家长们对号入座，只要你家宝宝是 2 ~ 12 岁的，这两款牙膏必有一款适合你，这是销售的第二步——进入候选。接下来家长会拿起包装，看到上面有个田七植物托起牙齿的图标，上面写着“植物防蛀，使用食品级物质”，这下放心了，起码无害嘛。再看看“长牙牙牙膏”的详细产品说明：不含氟，使用食品级物质；天然植物防蛀精华银杏叶提取物，更有效防止乳牙龋齿的发生；含液体钙，补充长牙期必需营养，促进乳牙的钙化成长；软性磨料，摩擦值仅为成人的 1/3，不伤害稚嫩的乳牙；低泡柔和配方，无刺激，适合幼儿娇嫩的味蕾。“换牙牙牙膏”的说明则重点讲了“植物中性配方，洁净安全，对孩子换牙期牙龈无刺激”。哇！这么多好处，买来试试！这就是第三步——促进决策。

长牙牙牙膏

换牙牙牙膏

图 14-2 田七为儿童专门研制的两款牙膏

厂商通过对产品的包装设计，一步一步地循循善诱，让购买者赶紧做决策，这是不是在骗消费者呢？答案当然是否定的。一买一卖是自由市场的双向选择，如果产品不如厂家承诺或消费者预期的那样，厂家势必被"打脸"，那消费者就再也不会光顾第二次了。消费者是善良的，但并不愚蠢。广告大师大卫·奥格威曾经说过这样一句话，"消费者不是傻子，她是你的妻子"（原文是"The consumer isn't a moron，she is your wife"），奥格威这话具有一定的时代性，当时美国主要的广告以日常消费品为主，而负责家庭采购的往往就是太太们，因此，广告人在设计广告的时候就得注意了，你的广告面对的是千千万万的精明主妇，其中就包括你的太太哦。所以，我们把产品包装设计得更具"销售力"，也加快了消费者考验产品的进程，这倒逼着厂家必须开发优质的产品和服务，并且不断改善，形成商业文明的良性循环。

3. 服务员

产品包装就像一个服务员，让用户感到满意、享受惊喜，并乐于谈论和推荐给亲朋好友，形成二次传播和消费。伴随着产品的大卖，包装也把更多的幸福传递给了千家万户。

三只松鼠能有今天的成绩，可不仅仅是靠网红效应。你以为他们靠三个松鼠 IP 玩啊玩，就这样成功了？哪有这么容易。成功靠的是基本面的积累，工作还是要认真做。三只松鼠在外包装方面可是下了苦功夫的，对品牌界面乃至箱子和胶带等这些细节都进行了统一规范化的管理，强化了品牌的形象，也利于更好地传播。三只松鼠的包裹附有三只松鼠形象的开箱标签及开箱器，并配上超可爱的“开箱语”：“主人，我是鼠小器，快快把我解救出来，我能帮你开箱哦。”箱内还放有一系列的附件，把你吃零食的整个过程都照顾得无微不至：鼠小袋，吃完的果壳可以直接扔在里边；鼠小巾，吃完零食后可以拿来擦嘴；三只松鼠系列卡套，类似于小浣熊的卡片玩法，多种样式，激发客户收藏欲望，从而更有动力购买三只松鼠的零食（见图 14-3）。以“80 后”“90 后”为主体的消费人群都快被三只松鼠照顾得“生活不能自理”了。消费者购买的已经不再仅仅是产品本身，而是服务和体验。

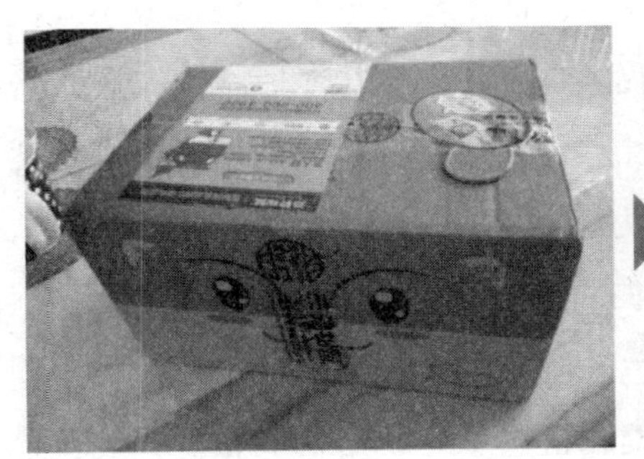

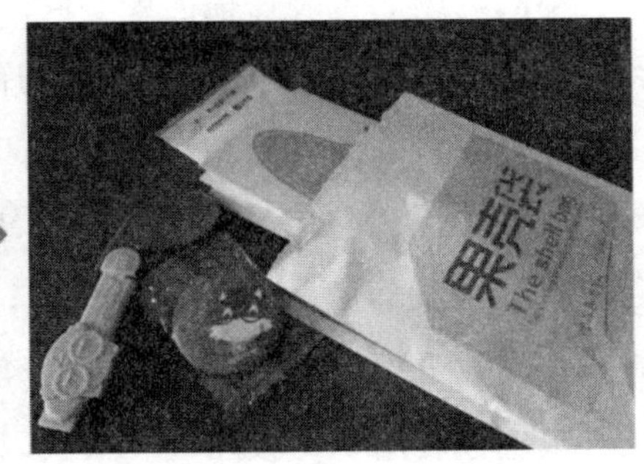

图 14-3　三只松鼠的贴心包装及附件

大卫·奥格威在《一个广告人的自白》中引用英国词典学家、作家塞缪尔·约翰逊博士的话：“承诺，大大的承诺，是广告的灵魂。”如果说广告是大大的承诺，那服务体验就是其加倍的兑现承诺！以行践言，才是商业王道；巧言取信，只会半路摔跤。在自己前行的路上挖那么多坑，怪谁呢？

优秀的包装能扮演好嫁衣、促销员、服务员这三个角色，它就像一个老朋友在不远处呼唤你，走近后亲切交谈，时刻发自内心地为你着想。这样具有“对话感”的包装设计，终将成为我们人类宝贵的文化资产，影响着一代又一代的人。

二、包装设计的三个注意事项：颜色形状、符合性能、方便顾客

随着现代广告策划的不断科学化、程序化，如今，对于一个包装设计已经不再像以前那样天马行空随意而为了。现在的包装设计成为一种更为理性、更为科学的创作步骤，有规律可循、有策略可讲，在发散思维的同时把握住形象思维与逻辑思维的辩证规律，充分发挥设计师的想象力，使包装设计更加富有个性和独创性。包装在设计过程中，要特别注意三个方面，即颜色形状、符合性能、方便顾客。

1. 颜色形状

不同的产品包装往往需要不同的颜色，而不同的形状也会形成不同的印象。消费者在接触商品尤其是与商品有一定空间距离时，首先进入视线的是色彩，因此，商品包装采用何种颜色，会直接影响消费者的视觉感受。比如说黑色包装具有重量感和压力感，运用到音响、电视等商品上，会使人更加确信商品的精密和优质；白色用于药品的包装，能给人卫生、清洁、疗效可靠的感觉；白色、粉红色、淡蓝色、淡绿色、米黄色、水蓝色、银色包装用于化妆品，会给人以柔和自然、品质高贵的感觉；红色是一种温暖热烈的色彩，用于结婚礼品包装，可以增加喜庆气氛。但同时还要注意当地的风俗习惯对颜色有没有什么禁忌，例如，对中国人来说，喜庆的商品用白色或黑色包装就不适宜；食品适合用红、黄、橙等颜色做包装，以体现其色香味美、加工精细，不适宜用黑色、蓝色、白色。颜色和形状还会改变人们对商品的感知，形成错觉。笨重物体的包装采用浅淡的颜色会使人感到轻巧一些，而重量轻的商品，可采用深颜色包装，给人以庄重、结实的感觉。两个容量相同的饮料包装，扁形的看起来要比圆形的大一些，则是在包装的形状设计上巧妙地利用了几何图形错觉。

2. 符合性能

许多商品由于物理、化学性质不同，其存在状态也不同，因此要根据商品的形态和性能来设计商品包装。例如，易燃、易爆、剧毒的液体商

品，包装不仅要封闭、安全，还应在包装上做出明显的标记。这样的包装，能给商品提供可靠的保护，也给消费者以安全感。

3. 方便顾客

顾客购物都追求方便，比如透明或开窗式包装的食品可以方便挑选，组合式包装的礼品篮方便使用，软包装饮料方便携带，等等，包装的方便易用增添了商品的吸引力。国外流行的“无障碍”包装，如在罐装食品中设置“盖中部凹陷状证明未过保质期”的自动识别标志等，它们原来是为迎合高龄老人和残疾人而开发的，结果受到了消费者的广泛喜爱。优秀的包装设计一定会为消费者提供方便，便于他们观察、挑选、购买和携带，比如超市中许多净菜、水产品等食品类的包装就采用了简单而透明的包装策略。此外，将若干相关联的商品组合在一起进行包装，也会给消费者带来方便。例如，化妆套盒内包括口红、粉饼、胭脂、眼影等常用化妆品，并附有小镜子和化妆刷，便于消费者外出时随身携带，深受女性消费者青睐。

总结

俗话说，货卖一张皮，产品包装是货物的一层皮，但又不仅仅是一层为了卖货的皮，它还扮演着三个重要的角色，分别是嫁衣、促销员和服务员。如今，对于一个包装设计已经不再像以前那样天马行空随意而为了。现在的包装设计成为一种更为理性、更为科学的创作步骤，有规律可循、有策略可讲。设计过程中要特别注意三个方面：颜色形状、符合性能、方便顾客。只有发自内心地关怀消费者，才能设计出既能卖货又能感动顾客的优秀包装，这样的包装能让产品在货架丛林中鹤立鸡群，在商品海洋中脱颖而出！

传播战略篇

第15章

牢记创意目的，心中无贼天地宽

到底什么是好的创意，什么又是糟糕的创意？众说纷纭，莫衷一是。创意，就像给商业运作披上的一件衣服，合不合体只有穿的人最清楚。由于我国市场经济起步较晚，我们往往会被国外的各种创意所吸引，觉得那就是真理。如今，我们的经济慢慢地赶了上来，起码在规模上可以和西方国家等量齐观，是时候建立自己的品牌自信了。当我们一做起创意就言必称“西”的时候，不妨冷静地想一想，西方那些根植于发达社会的玩法，真的适合中国品牌厂商的这片土壤吗？对于弹药充足的军队来说，当然可以拿炮弹当烟花打着玩，但对于基础尚且薄弱的部队来说，每一颗子弹都是很宝贵的。相比想一个创意，把一个创意实现才是最消耗资源的。从战略的视角来看，战略目的和战略部署对一件事情的成败是至关重要的。如果目的不清晰，打起仗来也就毫无章法，只会白白浪费子弹。

本章将详细阐述创意的目的所在，以及在实现创意的过程中又该注意哪些误区，以资借鉴。如果你曾忽略过创意的目的，没关系，现在重视也来得及。假如你一向目的明确、思路清晰，也别扬扬自得，因为前方的路还很长。

一、卓有成效的创意人，目的性都很强

对于商业文明来说，逐利本身就是正义。西汉史学家、文学家司马迁在《史记·货殖列传》中写道："天下熙熙，皆为利来；天下攘攘，皆为利往。"只要谋利的动机是正当的、合法的，"自私自利"就不是伤风败德。恰恰相反，这正是为自己百分之百地负责。无利不起早，就我接触的企业家而言，都是早起的多。也许有人问了："你说的企业家早起那是为生意操心，我们普通人早起，利在哪里呢？"笔者自己也是每天5点起床，早起最直观的好处就是早上"多"了几个小时出来，可以散步、运动、做早餐，还可以统筹一下当天的工作安排，"好的开端是成功的一半"。最重要的是，早起会把整个人的精神头"拽"起来，养成提前准备和长远部署的习惯，久而久之，人也会发生变化，从疲于应对的"战术型人格"蜕变成运筹帷幄的"战略型人格"。

早起的目的，就是偷时间。偷出来大块时间，将白天被"碎片化"偷走的时间在早晨一并再偷回来（当然，如果你白天的时间也没有碎片化，那就更好了）。算一笔账，假如你养成了早起的习惯，每天早上多出3个小时，一年下来就是1000多个小时，10年你就"额外"多出了1万多个小时。还记得1万小时定律吗？格拉德威尔在《异类》一书中说："人们眼中的天才之所以卓越非凡，并非天资超人一等，而是付出了持续不断的努力。1万小时的锤炼是任何人从平凡变成世界级大师的必要条件。"如果坚持10年早起，你一定会成为时间管理的大师。

我们再仔细想想，就会发现人一辈子最大的"利"不是金钱，而是时间。每个人的一天都是24小时，不多也不少，绝对公平。为什么有的人能成就斐然，有的人只会一事无成呢？关键要看"时间都去哪儿了"！你这24小时有几个小时是清醒的？在这清醒的几个小时里面，又有几个小时是"真正"清醒的，而不是在漫无目的地刷手机？微信朋友圈动态、微博热搜、淘宝好物推荐、小红书体验日记、红人直播、搞笑短视频、偶像剧集、无聊综艺、小游戏……看似不过让你逃离尘世的"5分钟"，等你回

到人间才发现，糟糕，怎么又浪费了两个小时！为什么你的时间总要这样来打发？因为你的时间没有目的。为什么你总是入不敷出，掉进消费主义的旋涡不能抽身？因为你的金钱没有目的。为什么你的创意总是白白地消耗品牌厂商的资源还不自知？因为你的创意没有目的！商业的本性就是逐利和长久地盈利，而创意的天职就是让商业运作更高效，让消费体验更美好。这本来是买卖双方“两情相悦”的剧情设计，却被昏昏度日的创意人导演成了两败俱伤的大结局。还记得大卫·奥格威那句经典名言吗？“广告不是艺术，做广告是为了销售，否则就不是广告。”

二、创意的目的有二：产品热卖+品牌资产积累

这个世界瞬息万变，人人都想“搞点新意思”，生怕创意不够新显得自己落伍。做广告的人在说创意，做设计的人也在说创意，那到底什么是创意，什么又是“新创意”呢？百度百科上说，创意是一种通过创新思维意识，从而进一步挖掘和激活资源组合方式进而提升资源价值的方法。也就是说，创新的目的是提升资源价值，至于被人评说新旧又有何关系呢？粤语里有句俗话“招不怕旧，最紧要受”（招数不怕旧，最紧要的是管用）说的也是这个意思。路边店常有“清仓甩卖，一件不留”的告示，地摊上也会有“原单保真，最后10件”的宣传，这些套路都挺老套的，不过很管用，人终究还是受不了捡便宜的诱惑。在营销这个领域，创意最基本的意义就是卖货，一定要把货卖光，钱收不回来人就肚子直叫心发慌。商家解决卖货问题，可以说是八仙过海各显神通。今天我们很多习以为常的经典创意，当初都是商家为了卖货编造出来的。

举个耳熟能详的例子，情人节就是商家为了卖货搞出来的大创意。19世纪，美国有个做圣诞卡的公司做了很多圣诞卡，这个东西就像月饼，过了中秋节就没有什么意义了。圣诞节已经过去了，可贺卡还是剩了很多，怎么办呢？经济发展靠消费嘛，没有需求创造需求也要把东西卖出去！这

个公司从古罗马历史中找到了一个叫瓦伦丁的神父，他曾经“冲破重重阻碍，最终使相爱的人在一起”，于是通过这样一个故事，给他造了一个节，就是圣瓦伦丁节，也叫情人节。节有了，那定在什么日期呢？二月份在西方是没有什么节日的，正好造个节卖贺卡，于是就有了 2 月 14 日情人节，这个贺卡公司发了大财，后来卖巧克力的、卖玫瑰花的，各行各业都搭上这个顺风车，蹭了一波热度。可见，创意不是天马行空，而是务实之举。

造节的故事并不久远，当下依然在发生。十几年前天猫弄了个“双十一”天猫商城购物节，每年都准时准点大促销。2019 年的天猫“双十一”成交 2684 亿元，这里面有多少消费额是你贡献的呢？创意，需要想象力，但前提是要解决问题。所以说，创意不是天马行空地搞创作，而是始终服务于最终目的（比如把货卖光），做出的务实措施。很多人认为创意主要是线上创意，做些有创意的内容，精准分发，引爆流量！其实，创意就是为了卖货，为什么要切开，各玩一套呢？线上做创意，可以做到和消费者的互动；线下做创意，可以让消费者更直观地体验到品牌和产品的精妙。线上线下应该有机结合，围绕卖货的宗旨，相互联动。

站在品牌厂商这个甲方的立场上，我们做创意的最终目的不外乎是提升产品销量和积累品牌资产，脱离这两点，也就脱离了创意工作的本质。举个例子，1931 年，可口可乐公司发现人们喝可乐主要是在夏天冰镇着喝，热天卖得多，冷天卖得少，可口可乐成了季节性产品。于是可口可乐公司请来了瑞典商业设计师哈登·桑德布鲁姆，以圣诞老人偷喝可口可乐为题材先后创作了 44 幅新年圣诞广告。广告中，圣诞老人的大袍是可口可乐标志性的红色，其形象健康和蔼可亲，风靡全球，从此大家冬天也开始喝可乐了。这个创意解决了可乐冷天卖得少的问题，提升了产品销量，那怎么积累品牌资产呢？这个与可口可乐紧密相连的圣诞老人，每年都会被重印在可乐广告及新包装上共贺圣诞佳节，成为企业文化的一部分。而在此之前，圣诞老人的服装颜色和款式并没有统一标准，各民族都不一样。由此可见，伟大的企业文化是可以改造人的，可口可乐就改造了圣诞老人（见图 15–1）。

身着绿袍的圣诞老人原型——圣·尼古拉斯

1931年可口可乐圣诞主题广告

可口可乐官网讲述圣诞老人IP的历史

图 15-1　可口可乐改造了圣诞老人

随着可口可乐长时间的巨额广告砸下去，从此全世界的圣诞老人都穿上了红色的袍子，并且每年的圣诞节都天然地和可口可乐产生了联系。可见，创意是个持久积累的工作，需要一边审度一边调整。创意本身并不是目的，而是解决经营问题的“顺带的结果”。因此不能为创意而创意，创意一定要促进卖货，同时为品牌积累品牌资产，建立竞争壁垒。

三、简单的创意，没你想得那么“简单”

明确了创意的目的，接下来就要以这个目的为战略原则，去创作合适的创意。我们看到，真正经典的创意往往是很简单的，但往往容易遭人诟病，嫌它太简单了。如果你也觉得简单的创意太简单了，那只能说明你可能对“简单”一无所知。简单，词典上对它的释义是：“结构单纯；头绪少；容易理解、使用或处理；（经历、能力等）平凡；草率；不细致。”也就是说，简单有“简洁、明了”的褒义含义，也有“平凡、一般”的偏贬义含义。营销创意工作也是这样，同一个创意，可能有人认为很好，简单明了，也有人会认为很一般，不够有创意，甚至认为它就是个“烂创意”。有句话说，好的创意是“简约而不简单”，其实，简单本身就不简单，敢于使用简单的创意，需要勇气。

简单的创意有三个好处：一是好懂。因为简单，理解门槛低，所以好懂。二是好记。因为简单，记忆负担低，所以好记。三是好传播。因为简单，转述难度低，所以好传播。一句简单的口号，人人看得懂、记得住，也能说给别人听，这句口号就能一传十十传百，广为传颂，融入人们的生活，成为流行文化的一部分。比如脑白金的广告，我是一名“80后”，就算忘记了某些小学同学的模样，都忘不掉“收礼只收脑白金”那魔性的广告词。尽管有人认为脑白金的广告是“机械重复成噪声”，也有人认为“整个广告闹哄哄的”，但是我们不妨来思考一下，当春节到了或者是某个长辈的生日到了，我们到超市去买礼品的时候，一下子想到的会是什么呢？我想至少我会想到脑白金这个“年轻态，健康品”，以及“送礼就送脑白金”这句话。一句简单的广告语，配合公司强大的渠道能力，让消费者天天听到脑白金的广告，在潜意识里把“送礼”和“脑白金”这两个关键词紧紧联系起来，当他们去各大商场采购“送礼”的东西时，也都能在最显眼的地方看到“脑白金”的堆头（见图 15–2），配合得天衣无缝！

图 15–2　脑白金的产品广告与随处可见的产品堆头

为什么说敢于坚持“简单”很了不起呢？因为“简单”往往备受争议！对于脑白金销售奇迹的出现，大部分人都认为它靠的就是广告。我们知道，广告最重要的因素中有一个就是媒体，而我们在投放广告时最应该避免的就是想方设法地去取悦每一个人，否则，你这个广告是注定要失败的。毕竟，好好先生不是好先生，好好创意也不会是个好创意。那么脑白金在这点上就做得很好，尽管有那么多人对它的广告提出这样或那样的不满和抗议，这其中也包括了一些专业的人士，但是它仍然坚持着自己的风

格。从广告创意与拍摄成本来看，脑白金根本无法与海王金樽的电视广告相提并论，但脑白金创造了长销 20 年、一年 13 亿的销售奇迹。此外，与脑白金类似的简单淳朴的口号，还有马蜂窝的那句“旅游之前，先上马蜂窝”和知乎的那句“有问题，上知乎”。

脑白金、马蜂窝、知乎的广告语除了简单这个特征外，它们还都是祈使句、行动句，也许你在显意识上不认同这些广告语，但消费者真到了那个消费情景，还是会不由自主地听从广告的指令，这就是心理暗示作用。可口可乐已经那么出名了，还要不断地打广告，这说明了持续的品牌曝光给消费者留下印象的重要性，因为不知道消费者什么时候会购买，厂商只能不断地在消费者的心田里耕耘不辍。

除了简单的口号，还有简单的颜色、简单的广告画面、简单的导购页面等，它们构成了一个“简单全家桶”。世界上有一种蓝，代表着浪漫与幸福，那就是蒂芙尼蓝（Tiffany Blue）。而 Tiffany Blue Box 简直就是每个少女的公主梦。蒂芙尼蓝是纽约珠宝公司蒂芙尼所拥有的专属颜色俗称，这个颜色的原型来自知更鸟蛋的颜色，蒂芙尼蓝比知更鸟蛋蓝要稍微浅一点，1845 年时，蒂芙尼公司将其首次用于蒂芙尼蓝书（Tiffany's Blue Book）封面（见图 15-3）。此后，蒂芙尼公司又将蒂芙尼蓝广泛用于礼盒与袋子等公司推广物品，以及广告片、网页等媒介上。这个特别的蓝色，蒂芙尼坚持了 100 多年不曾改变。

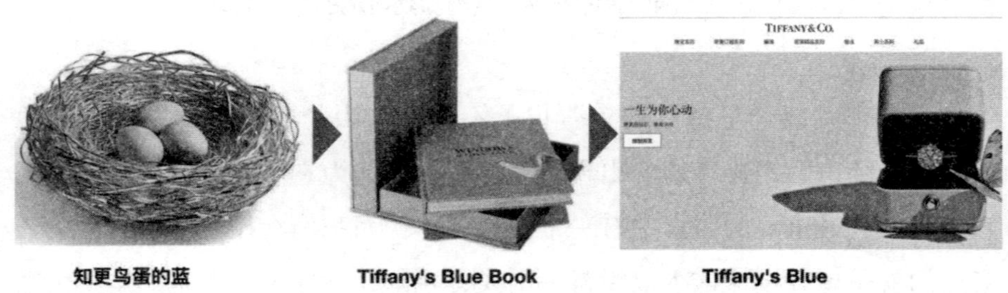

图 15-3　代表着浪漫与幸福的蒂芙尼蓝

简单的创意好懂、好记、好传播，但是容易惹争议。简单本身就不简单，敢于坚持简单，更加不简单。

总结

为什么你的创意总是白白地消耗品牌厂商的资源还不自知？因为你的创意没有目的！大道至简，只要创意人心中的战略目的明确，下笔时自然成竹在胸，如有神助。创意的目的无非是卖货，促销创意是为了一时卖货，积累品牌资产是为了长期持续地卖货。一时卖货一时爽，一直卖货一直爽！说到底，哪有什么惊天创意，不过是无奈之举；哪有什么品牌传统，无非是长久之计。道理都是容易明白的，关键在于后面能不能照着去做。虽知道而做不到，是心中贼在作怪，是对自己人性中的“恶”的纵容，所以，王阳明才说“破山中贼易，破心中贼难”。愿天下创意人，心中无贼！

无洗脑不传播，传播意志是怎样改变消费者心智的

传播是每个品牌都要面临的问题，有人说你要卖货为王，有人说你要抢占心智，听起来都有道理，但细品又觉得很矛盾。这时候，就需要从战略视角来洞悉本质了。前些年市面上流行一本书，叫《执行力》，强调细节决定成败。于是有人问智纲智库的路虎老师：究竟是战略决定成败，还是细节决定成败？路虎老师的回答是：在战略方向没确定之前，是战略决定成败；在战略方向确定之后，是细节决定成败。可见战略方向和执行细节不是非此即彼，而是互相成就。品牌传播在本质上就是一场认知的攻防战，供方和需方在拉锯，看谁先沦陷。优秀的品牌传播迎合消费心智，而卓越的品牌传播改变消费者心智。

一、广告传播的终极战略目的——卖货

品牌传播是一场博弈，作为供方的品牌厂商做出各种营销动作，影响顾客来购买产品；而作为需方的消费者每天面临着海量广告和各种推荐，眼花缭乱，买还是不买呢？买哪个更好呢？一买一卖的供需双方感觉就像是在做一场“零和博弈”。2015年有一个热词叫“供给侧结构性改革”，就是用增量改革促存量调整，在增加投资过程中优化投资结构、产业结构以

开源疏流，在经济高速增长的基础上实现经济可持续发展与人民生活水平不断提高。不妨想想看，品牌厂商作为供给侧，要怎么改革呢？毕竟消费者是上帝，我们只能把品牌传播的分内工作做得更加优秀，让消费者优先选择我们的产品，这样也能降低消费者的决策成本。这样一调整，供需双方原本非此即彼的“零和博弈”，就变成了共赢的“正和博弈”。内耗减少了，整个社会的生产力也就得到了真正的提高。作为供方的品牌厂商，拍广告的终极目的是卖货，但是有人非要提出挑战：我们是高端品牌，我们是创意公司，我们就想拍好看的广告，不行吗？好吧，好看还是好卖，这是一个问题。

近些年来，我们总会看到网上热传一些泰国的广告片，脑洞真的很大，剧情发展起来，场面根本就不受控制。直到十几分钟的片子播完了，我们才终于知道卖的是啥产品，是哪个品牌所出品。有些广告界的同行也很着迷于泰国广告的脑洞，觉得人家的创意玩得好，一会儿哭一会儿笑，真是神乎其神、出人意料，纷纷夸赞：“你看，你只猜到了开头却猜不到结尾，不看完根本就不知道这广告是卖什么的，你甚至都看不出来这是则广告。”听到这话，我一般会不客气地驳回去：“你还知道广告片是卖东西的？”我认为这种思想很危险，危险在于身为广告人没搞懂自己在干啥，更危险的是品牌厂商竟然也有些人觉得这种广告挺好。从全局来看，创意有两个最终目的：把产品卖掉、把品牌资产积累起来，但归根结底来说，积累品牌资产也是为了建立品牌，方便更长远地卖货。我们知道，拍片子要请导演，拍广告片也不例外，这没什么问题。问题在于，大多数导演都有电影情结，拍什么都要追求“电影感”，演员、场景、服装、化妆、道具、灯光样样都很考究，每一根毛发都要追求完美，这样拍出来的广告片也确实很好看，但厂商拍广告做宣传真的是为了好看吗？厂家需要的是卖货，让更多人知道有这个产品、卖点是什么。而消费者对于一件产品的购买动机也很简单：这东西有什么用？多少钱？在哪儿能买到？泰国广告片往往在倒数第二秒才告诉你产品是什么，还是小小的一个，看不清楚。这种广告片好看，可能也好玩，但就是好不负责任啊！好看还是好卖，这怎么能是一个问题呢？

我认为，广告必须追求好卖。那好卖的广告片要怎么拍，都具备什么要素呢？要做一个好卖的广告片，别老想着憋个 Big Idea（大创意）出来，不妨先问自己几个问题，想清楚以后再去筹划拍摄的事情。

（1）我的广告片是出现在哪里，环境有什么特征？

（2）受众是谁？他们有什么特征？

（3）我的品牌、商品 / 服务的购买理由是什么？

（4）我的商品 / 服务的使用场景是什么？

（5）我的商品有什么内在的戏剧性可以被发掘？

（6）受众最需要了解的信息是什么？什么样的信息可以形成刺激反射，最终促成销售？

也许你觉得上述 6 个问题都太普通了，跟“高大上”的广告创意行业不太符合。其实大道至简，旁门左道才弯弯绕绕。广告创作就是这样，思考的过程并不轻松愉快，往往是团队一起进行严密的推导，不断地开会讨论这些问题，随时回到原点思考，保证所做的每个动作都服务于最终目的。卖货广告的逻辑非常简单，就是把消费者关心的问题在最短的时间内解答出来，不要卖关子让受众等太久。有些广告片在一开始就打出 LOGO，让受众一眼就知道这是谁家的，这真的很棒！但更多的广告片是要结束时才亮出 LOGO，就像电影演完出演职员表一样，这样一比喻，相信你应该懂我前面说的“电影情结”是什么了吧。也有人给这样的“蒙面广告”辩白，说是那么早亮出 LOGO，显得很 LOW，我们这是高端品牌，要优雅有格调！请问，贵品牌有多高端呢？比劳斯莱斯还高端吗？高端到整天“端着”，不能第一时间自报家门？有图有真相，你看，图 16–1 所示劳斯莱斯轿车的广告片，在第一帧就让 LOGO 和劳斯莱斯经典的直瀑式进气格栅闪亮登场了。管理学大师德鲁克教导我们做事情必须“要事优先”，因此广告片最重要的信息要最先放出来。LOGO 和直瀑式进气格栅，这是劳斯莱斯最直观的品牌资产，现在没有别的品牌车长成这样，只要你看一眼就能认出这是全球最高端的轿车之一——劳斯莱斯。

所以说，再高端的国外奢侈品牌做广告片，都在朴实地遵循基本法则，而那些不如人家实力雄厚的品牌厂商，更要把活儿练好，精益求精地磨炼卖货技能。咱们拍个广告片又何必自废武功，只求博人一笑呢？同样作为高端品牌，同仁堂的玛咖乌龙茶广告片也是在第一帧亮出了产品名称和包装，索尼则是在降噪耳机广告片的第一帧亮出了品牌 LOGO 和产品的使用场景。这么重要的信息千万不能藏着掖着，就要在第一时间扑面而来。因为现在网络广告很多都有关闭按钮，你哪知道用户会在第几秒就关掉了？拍广告片追求新鲜创意这无可厚非，但创意一定要服务于最终目的：卖货和积累品牌资产。如果广告片不卖货，那就是在浪费品牌厂商的钱。

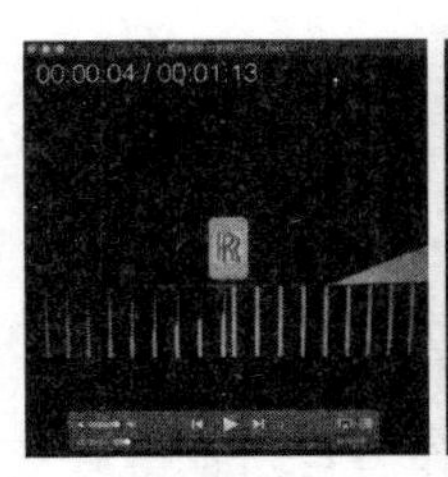

劳斯莱斯古斯特轿车广告片

第一帧亮出品牌LOGO和品牌符号“直瀑式进气格栅”

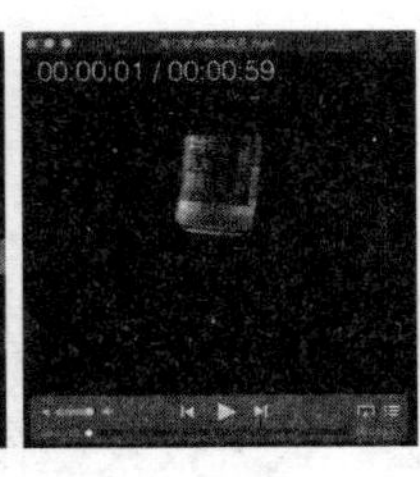

同仁堂玛咖乌龙茶广告片

第一帧就亮出产品包装和产品名称

索尼降噪耳机广告片

第一帧就亮出品牌LOGO和使用场景

图 16-1　第一时间“自报家门”对广告片很重要

如果你也有心要做出真正有价值的广告，不妨就以这 6 个问题来作为标准。你的作品，只要经得起这 6 层扒皮入魂的“终极拷问”，那它的效果一定不会差。

二、卓有成效的传播执行三部曲：下断言，重复，传染

1895 年，54 岁的社会心理学家古斯塔夫·勒庞出版了一本传播学专著《乌合之众：群体时代的大众心理》，提到了人作为社群动物，大多数人很难做到理性，即便是理性的人在人多的时候也容易被“集体无意识”所裹挟，成为乌合之众的一员。

书中讲到历史上一些帝王、政治家、演说家的煽动演说技巧，尤其是拿破仑，简直就是传播学大师。勒庞用三个词总结了他们的传播过程，分别是下断言、重复、传染。接下来我就分别讲讲这三点在广告传播里怎么应用的。

1. 下断言——“我说啥就是啥”

就下断言来说，在广告传播中有三个地方要重视，分别是产品定义、购买理由以及行动指令。

想想看，真正管用的广告语是什么？不是写作文，而是说段子！我们现在看到的很多文案都是不知所云，或者仅仅是作者自己觉得有意思，一心想体现文字背后的深厚文化底蕴，抑或是深刻的寓意内涵，但是如果听者完全不搭理你，那么你这句话的意义何在？就传播效率而言，白话文、口头语、俗语套话的传播效率肯定是高于文言文、书面语、生词僻字的。文案也好，口号也罢，都是一句话语。你把这句话语写在纸上、印在广告牌上、显示在屏幕上，那它就是“文案”；你用嘴巴说出这句话，那就是“口号”。从本质上说，文案不一定是“写”出来的，相反，基于对传播学的研究，我鼓励你去“说”文案。如果那句话你能说得朗朗上口，那么别人也能说得朗朗上口，消费者在跟亲朋好友传话的时候，也能朗朗上口。因此，产品定义、购买理由、行动指令都必须简洁明快，直指人心，一听就秒懂，懂了就照办，不能文绉绉的让人想半天。产品定义是在广告里用一句话甚至一个词来定义主推的产品，我说它是什么它就是什么，毋庸置疑。而广告里的购买理由，则是我说你为啥要买，你就为啥要买，不容辩驳。毕竟在同一个消费场景下，人的需求都差不多，就看品牌厂商有没有摸准了。写文案也好，拍广告片也罢，凡是卖货宣传都得有行动指令。直播卖货和曾经的电视购物，只是传播媒介不同，推销原理没什么两样，都是先说这是个什么东西（产品定义），然后说它好在哪里、对你有什么好处（购买理由），而到了最后一定是“买它！买它！买它”（行动指令）。

广告先驱克劳德·霍普金斯说过：“没人会向小丑买东西。”购买是感性的，也是严肃的。如果你铺垫来铺垫去，但就是没有说出核心的购买理由，没有下达明确的购买指令，那购买就不会发生。现在市面上畅销的一些产品广告，尽管在有些人看来粗俗不堪，但做营销，卖得好就是王道。你不妨想想看，有哪些优秀的广告语？“今年过年不收礼，收礼只收脑白金”；“怕上火，喝王老吉”；“送长辈，黄金酒”；“爱干净，住汉庭”；“保护嗓子，请用金嗓子喉宝”；“滴滴一下，马上出发”；“视力下降，快用珍视明”；“百度一下，你就知道”；“人头马一开，好事自然来”；“防脱发，用霸王”；“挖掘机学校哪家强，中国山东找蓝翔”……这些广告语，首先是通俗易懂，其次是把名字包含在了广告语里面，最后都明确地下达了购买指令。如果一个广告结尾没有直接明确地喊话让人购买，那这个广告就是被“阉割”了，说了一大堆，到关键时刻没有了，我要你这“广告”又有何用？

2. 重复——用重复对抗消费者的遗忘

你打了那么多广告，而让消费者记住的可能没多少吧。那么，为了让消费者在茫茫的广告信息海洋中多记住你一点，你除了需要创作好记的内容，同时还要清楚遗忘在所难免，你需要在时间和空间两个维度上用重复对抗遗忘。广告传播战，其实是个“记忆攻坚战”。从小学开始，每个人就都有了升学压力，每天的工作就是打“记忆攻坚战”，争取在考试时能够考个好成绩。品牌策划的工作，其实也是在打品牌的“记忆攻坚战”。现在消费者每天会接收到海量的碎片信息、垃圾信息，我们的生活越来越碎片化，我们的注意力已经缩短到以秒来计了，能让消费者在茫茫的信息海洋中多看你一眼，多记你一点，你的广告就算没白打。

能否让消费者记住你家的品牌，主要看两点：第一，你的信息好不好

记；第二，你有没有多重复几遍。也就是说，要想让消费者记得住，首先你发出的品牌信息内容必须好记；其次，受众遗忘是在所难免的，既然你创作出了这么好记的内容，就要不断重复这个内容，以重复对抗遗忘。那什么是好记的内容呢？三个关键词：熟悉、简洁、直接。好记的内容，不只是让我们的营销工作事半功倍，从根本上来说，也减少了消费者的记忆负担，让消费者的决策和选择成本都大大降低。这里我们要厘清一个问题，那就是营销人和消费者是站在统一立场的，不是“你想多赚我想少花”的对立关系。

首先，内容要熟悉，不要陌生。比如打造超级符号，就是要去寻找那些熟悉的、人类有广泛统一认识的符号，而不是自己去生造一个图形。可能你觉得你生造的这个图形很有创意，很好玩，但消费者买东西可是很严肃的，“如果一眼看不出是个啥，那它多半是个坑货，不能买。”所以，要寻找而不是生造。

其次，内容要简洁，不要复杂。比如平面广告的规范，就不能单看美不美观的问题，而要看视觉效果震不震撼，能不能吸引消费者注意。对于广告画面来说，视觉冲击力就是第一生产力！如果消费者根本发现不了你，那你再好看又有什么用呢？简洁才能引起震撼，复杂呢，太多细节信号互相干扰，反倒成了“保护色”，“保护”产品不被顾客拿走，这不荒唐吗？所以，我们需要的是简洁明了的“警示色”，吸引消费者注意：快来看我呀！

最后，内容要直接，不要委婉。比如我们创作口号，就不能太过于追求文化内涵。那些拗口的口号，连企业自己人都记不住，你还能指望心不在焉的消费者记住？

好记的内容可以帮助人们记忆久一点，而从人性的角度来看，“重复”也是必不可少的。人们总是相信自己愿意相信的，而大多人都容易受片面的信息影响。俗话说，谎话重复一千遍就成了真理。那广告语要是重复一千遍呢？你难免要受到它的影响，这可是在你耳边刮起了十级飓风，得是多大的蝴蝶效应啊！当你困了，累了，你最先想到的一定是“红牛”，因为“困了累了喝红牛”这句话在电视、楼梯广告里喊了很多遍，我们也听了很多遍。当然不是每次听到都会去买，但我猜你肯定买过吧？为啥你困的时候，首先想到红牛呢？因为它的这句话很直接地向你下达了行动指令——买红牛，喝了就不困了！广告传播一千遍，你就会有印象，迟早你得买点他家的产品。可惜的是，“困了累了喝红牛”这句话为红牛奠定了销量基础，现在却变成了一句莫名其妙的“你的能量超乎你的想象”，不知道什么意思，也不知道它要我们干什么！再看看这个，“困了累了喝东鹏特饮”，熟悉的味道又回来了！东鹏不仅“继承”了红牛的广告语，也“继承”了红牛迅猛的销售势头，成为功能饮料市场上不可小觑的狠角色。

遗忘是在所难免的。根据德国心理学家赫尔曼·艾宾浩斯的遗忘曲线（见图 16-2），对于接收到的新事物、新信息，人们当天会遗忘 60%，一周后只记得 25%。好的策划内容一定是保留了我们企业、品牌原有的品牌资产，同时还创造了新的品牌资产。既然我们创作了这么好记的内容，那一定不能朝三暮四、朝令夕改，要好好重复投资。怎么重复投资呢？分时间和空间两个维度。在时间维度上，我们需要把好记的内容经年累月地不断重复，不断积累我们的品牌资产；在空间维度上，需要把尽可能少的几个记忆元素“符号”“口号”“视觉”等，在不同的媒介上有机组合，见缝插针、无孔不入地重复使用它们。元素要少，管得少才能管得好，管太多容易顾头不顾脚。永远要记住：打广告是一个对抗遗忘的过程，药不能停。

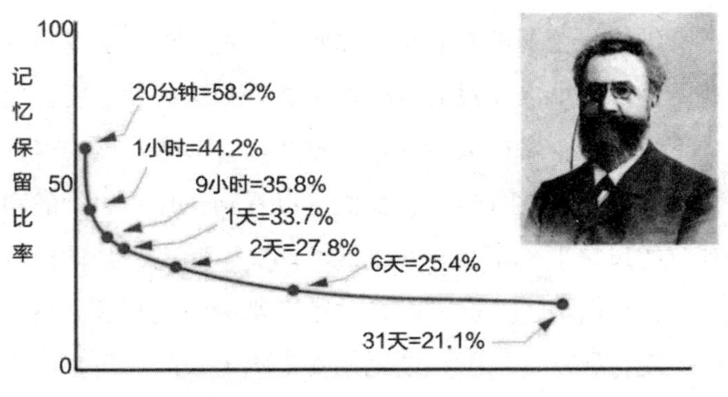

图 16-2　艾宾浩斯遗忘曲线

3. 传染——牢记洗脑三要素，成为你耳朵里的“虫”

为什么有的广告人们看了会被洗脑？为什么有的广播广告听完余音绕梁，挥之不去？为什么话说久了自己就会信以为真？为什么谎话传一千遍就成为真理？下面，就让我来为你揭示广告宣传中建立信任的逻辑。

广告界有一句经典的话，“我知道我的广告有一半是浪费了的，但我不知道是哪一半。”这句话出自美国“百货业之父”约翰·沃纳梅克，在那个年代他能提出这样的问题，也是相当了不起的。

那么，广告的浪费是怎么形成的呢？广告的浪费其实可分为形式浪费和内容浪费，形式浪费主要体现在传播媒介上，没有什么广告是能做到百分之百覆盖的，浪费不可避免；内容浪费主要是创作的内容太差，人们看完后既没记住品牌特征，也没记住产品什么样、好在哪儿、卖多少钱这些关键信息。优质的内容，即便形式上没能借助到好媒介，但至少看到的受众心中是有印象的，他们可能会把它传递给亲朋好友。而糟糕的内容，就算给到好的媒介，受众也不记得什么信息，这就是彻彻底底的浪费了。那么，如果我的产品好，也想宣传得好，怎么做个洗脑的广告呢？在商言商，厂商制作广告，当然是希望受众能多记住一点产品信息，多记住一些品牌特征，在购买的时候能优先考虑。那优质的广告内容有什么特征呢？这就要说到洗脑广告最最重要的三要素：戏剧性、节奏感、规模感。

首先是戏剧性，戏剧性决定了广告能不能吸引人。

产品本身有其戏剧性，广告大师李奥·贝纳认为“产品即英雄”，其创立的李奥贝纳广告公司的核心创意原则是：每一样产品本身都具有它与生俱来的戏剧性。假如产品没有戏剧性怎么办？那你就需要在广告剧情上用心发掘一下了，哪怕和产品没关系。比如广告前辈叶茂中老师给马蜂窝旅游 App 做的广告（见图 16-3），我们可以看到，片中唐僧的啰里啰嗦和黄轩干净利落的风格形成了很有戏剧性的冲突，两人一番计较后，黄轩一锤定音：“旅游之前，先上马蜂窝”，这就是剧情的戏剧性。马蜂窝产品本身的戏剧性体现在哪里呢？就是结尾用女声唱出来的一句旁白：“马蜂窝，嗡嗡嗡”。

图 16-3　马蜂窝旅游 App 广告截图

可见，如果想拍出来一个让人印象深刻的广告片，就得先去研究产品本身的戏剧性，记住，优秀的产品本身就有大故事，它就像个老戏骨，浑身都是戏呢。

其次是节奏感，节奏感决定了广告能不能让人上瘾。

想想看，为什么凤凰传奇的歌大家听一遍就能跟着哼？为什么抖音神曲就那么几首经典的来回重复，却让大家跺着脚沉迷其中？据身边的朋友说，抖音上有个"嘟嘟歌"："你说嘴巴嘟嘟，嘟嘟嘟嘟嘟，嘟一下你就会来呀！"奇怪，我这段文字怎么发成语音了？我相信你应该也是一边看歌词，一边已经在心里哼唱了。确实，这首歌很多人听一遍就会唱了，而且调子还挺准，看来可以用它来练习音准了，专治"五音不全"。洗脑歌曲就是用这样的重复不断强化瞬间记忆，让你想忘也忘不了，听过一遍的歌，看着歌词竟然不由自主地唱出来了！这就叫"耳朵虫"（Earworm）现象，一种大脑神经运动。

神曲几乎就是针对这种"耳朵虫"现象量身定制的，德国心理学家赫尔曼·艾宾浩斯提出过一个理论，叫"不自主记忆提取现象"。在人类的

大脑中，有部分信息记忆被相关线索提取，轻微的感官刺激都可以提取这些信息，导致它成为一种不自主或者说是一种无法控制的人体现象。神曲通过简单粗暴的旋律，能够不断刺激人的大脑，让大脑不断注意它，并留下深刻印象。然后，一旦提取线索出现，比如回忆到你听神曲的场景，甚至仅仅是感到无聊时，大脑就会触发相关信息，你的脑子里就开始拼命地循环某个神曲的片段，越是想停，就越停不下来。如果你能按照打造神曲的方式，来打造广告中的音频片段，那么你的广告也可以洗脑了。

最后是规模感，规模感决定广告的印象能留多久。

广告除了“广而告之”外，还要高频重复，广告不投入则已，一投就要砸出足够分量的大场面来。当广告在你眼前出现一次的时候你不以为然，出现第二次你可能就会好奇“到底是怎样的，真有广告说得那么好吗”，第三次出现的时候你可能就很想去尝试一次，看看产品到底怎么样了。重复投放广告体现了厂商的品牌意志力，在这场买卖双方意志力的较量中，说实话，消费者就从来没有赢过。消费者一定输，那是不是品牌厂商就一定赢呢？不一定，总有些人喜欢不按章法出招以显得自己有创意，碰到这样的“猪队友”，就别怪消费者不给你机会了。我国每年的消费市场规模有数万亿元，消费者每天都在被海量的广告所影响，机会遍地都是，给了你机会你得中用啊！

总结

营销宣传的终极战略目的就是卖货，不能心猿意马。在传播执行细节上，要牢记传播三部曲：下断言，重复，传染。尤其是要把握洗脑广告的三个关键要素“戏剧性、节奏感、规模感”。俗话说“身怀利器，凶心自起”，一方面我们告诫厂商要卖给消费者优质产品，不要坑害群众，也不要怂恿消费者购买超出能力范围的东西；另一方面也希望消费者理性消费，别被心术不正的无良厂商洗脑。张戟老师在《引爆市场》一书的后记中写道：“这个世界上成功的往往不是聪明人，而是执着的人。”意志力足够坚强的人，往往能把所谓的“聪明人”击得粉碎。只要你洞察到了营销传播的本质，就应该始终服务于战略目的，坚定不移地往前走，在执行细节上边做边改善，就一定能闯出一片天来！

产品主角登场，绝对焦点就是绝对卖货

每当看到广告画面里那小小的产品，我就觉得很奇怪，你是卖这个的，为什么不放大一些，让消费者看清楚一点。后来我“学”到了，这个叫“高端的品牌调性”。我明白高端的产品是要端着，但不是这么个端法啊。而那些定位不太高端的品牌、产品，他们对外宣传的广告画面，也要学人家大品牌玩“意境”。整幅广告画面连产品照片都看不到，只看到代言人在那里摆姿势，这又是在干吗呢？打广告最主要的目的就是刺激消费需求，不然花那个钱做什么，刺激人们去消费什么？不可能是消费“调性”和“意境”吧？最终还是要一手交钱一手交货。当然服务类的产品是另外一回事，它需要场景来体现服务的内容。接下来，我将着重讲述产品对于营销宣传的意义，以及怎么操作才能让这个意义发挥到最大效果。

一、自信一点，再自信一点，你的产品本来就是 1 号主角

不管是广告也好，公关活动也罢，只要是宣传出去的东西，都应该当作一出戏剧来策划。在这场“卖货”大戏里面，产品就是毋庸置疑的 1 号主角。在 2019 年热映的电影《无双》中，周润发扮演的吴复生说：“这个世界上，一百万人中只有一个主角。”可见主角是多么的稀缺，不是谁都

能有主角光环的。

但品牌厂商要卖产品，不管它在同行中排名老几，在自己的宣传广告中它都应该是绝对的主角。有很多中国品牌厂商的广告，不是代言人当主角，就是找不到产品在哪，他们还号称是向国外奢侈品、国际大牌的营销宣传学习，真不知道是学哪里去了。罗意威号称是西班牙的爱马仕，也算是顶级奢侈品了，他们为自己产品做的广告，就直接把产品的照片放到了最大（见图 17–1）。都是合法经营，光明正大卖东西挣钱嘛，不丢人！

顶级奢侈品罗意威的广告，让产品做主角，这是产品自信，更是品牌自信。

图 17–1　顶级奢侈品罗意威的广告

人家把产品捧到手心，让产品做主角，给予它最大的戏份展示，这是产品自信，更是品牌自信。这种品牌自信，我们为什么没有学到，反而学会和消费者玩起捉迷藏了呢？对于国外先进的东西，我们要正本清源，从原理层面搞清楚哪些是对的，哪些是错的，而不是只看表面功夫，人家玩什么我们就复制一下，毕竟情况不一样。国外诸多大牌，他们的品牌管理人员素质还是蛮高的，知道哪些宣传动作是有用的，哪些是纯浪费的。就算某些品牌没有搞好，导致品牌没那么值钱了，但他们也有成熟的资本市场来接盘，谁也饿不着。孔子说过：三人行必有我师，择其善者而从之，其不善者而改之。开放学习是好事情，只是要辩证思考，看看这些东西有没有为商业经营的最终目的服务。商业经营就是把货卖掉，把钱收回来。广告创意也是，刺激消费者对产品“上头”，想买买买，这是直接卖货；

在宣传活动上积累品牌资产，为产品的销售赋能，也方便消费者记住这个品牌产品的特征，这是间接卖货。总之，不卖货就是有问题的，不论普通消费品，还是一线奢侈品。

既然主角定下来了，接下来戏剧情节的发生，就来自主角与周边环境发生的关系。让人印象深刻的画面，也往往具有一定的戏剧性，或夸张，或对比，或冲突……平淡无奇的画面，不会给人留下什么印象。就像茫茫人海中你不会注意到蝼蚁众生，而只会注意到身高两米多的姚明。是他太高了吗？不，是我们太矮了。那么广告画面要怎么做出戏剧性呢？首先，戏剧性一定要符合产品的销售、陈列、使用的场景，不然的话，“一违和，毁所有”。再者，戏剧性一定是从产品的卖点出发去挖掘。最后，这个戏剧性要为品牌积累可以重复使用的品牌资产。我们注意一下图 17–2 左边的 LV 广告，从后备箱拿出行李就是 LV 箱包的典型场景。如果你再细心一些就会发现，广告画面里的主角不是男女模特，而是 LV 手袋。这个手袋处在画面的黄金分割位置，模特不抢产品戏，这也是欧洲奢侈品行业品牌营销不成文的规定。

图 17–2　LV 箱包广告的部分场景

为什么这个广告的场景是旅行呢？众所周知，LV 是做旅行箱起家的，有个经典的故事：在历史上真实的泰坦尼克号沉船事件里，当时抵达现场的搜救队伍捞起了载沉载浮在海上的 LV 硬壳行李箱，打开来里面竟然滴水未进！这么戏剧性的产品是怎么来的呢？LV 创始人路易 · 威登的第一份工作，是为名流贵族出游时拾行李。他见证了蒸汽火车的发明，目睹了汽船运输的发展，同时也深深体会到当时收叠起圆顶皮箱的困难。于是在1854年，路易·威登革命性地创制了平顶皮箱，并在巴黎开了第一家路易·威登的专卖店。路易·威登的皮箱最先是以灰色帆布镶面，1896年，路易·威登的儿子乔治用父亲姓名中的缩写L及V配合花朵图案，设计出直到今天仍蜚声国际的交织字母印上粗帆布的样式，这种设计样式，是LV除了名字LOGO之外的第二品牌资产。

再比如卡地亚戒指的广告画面（见图17–3），是一个艺术品陈列的场景，一头豹子看着玻璃柜里的卡地亚豹头戒指，在性感中不失野性，在自由豪野中还添高贵迷人之感。小豹子凝视橱窗里的戒指，看似豹子是主角，其实被瞩目的才是主角。这个画面，映射了现实中女人站在外面凝视橱窗里的珠宝的场景，女性观看时会把自己代入配角的角色来瞻仰主角。这类似于心理学上催眠的效果，容易让受众形成对品牌的好感和消费欲望。人是社群动物，社群动物除了一定要有社会交际之外，就是一定会分三六九等，哪怕三人小组，也一定会选出一个事实上的“小组长”。所谓奢侈品或高端品牌，卖的就是“瞻仰”，没有瞻仰，就不会有人为奢侈品的品牌溢价买单。瞻仰的核心就是“距离感”。但商业社会再大的大牌也要做生意，还是要通过设计、广告、陈列等一系列方式拉近与消费者的心理距离。至于能不能发生关系，就要用钱说话了。正如这个广告所营造的氛围：虽然近在咫尺，只隔着一层薄薄的玻璃，但对于有些人来说这不是玻璃，而是透明的钢板。因为消费不起，就会被拒之千里之外。

小豹子凝视橱窗里的戒指，其实被瞻仰的戒指才是主角。广告画面映射现实场景。

图17–3　卡地亚戒指的广告画面

对于我国广大的品牌厂商来说，还是希望能自信一点，再自信一点。你的产品本来就是卖货大戏的绝对1号主角，你更应该重视起来。

二、占据焦点，卖货广告卖的就是这货

由于人的感官信息来源80%都是视觉，体现在品牌营销宣传上主要就是拍视频广告和平面广告。其中最常用的还是平面广告，这个要比视频应用的场景多很多。

无论是绘画还是摄影，画面都应该有个焦点。我们知道，构图最重要的事情，就是强化焦点，它能引起人们的注意，并把观众吸引到构图中，让他们的眼睛停留片刻。强大的画面焦点，不仅构成坚实而有力的构图基础，也是广告画面达到理想宣传效果的关键。广告画面的创作，其实和绘画、摄影有着异曲同工之处。什么样的广告画面能起到好的宣传效果呢？就是在画面焦点的位置，把产品大大方方地摆上去，让人们的眼睛紧紧地盯着产品，直到心跳加速、口水直流，忍不住花钱买买买。也许有人会说，这也太直接了吧，多难为情啊！这话一看就是广告人说的。所有说这话的乙方，都应该去了解下你所服务的甲方的创业史，尤其是中国本土的品牌厂商。他今天能云淡风轻地和你一起喝着咖啡，和你聊品牌营销这么“高大上”的话题，是因为他在产品竞争的枪林弹雨里冲出来了。当年在品牌营销上面“手无寸铁”的企业家，硬是靠常识、规律，近乎本能地卖货、卖货、卖货，才走到今天，拿着牙缝里攒出来的积蓄，想好好地把品牌形象包装一下。

我们打广告的目的是什么？当然是销售，销售我们的产品和服务。来看看广告大师是怎么干的。1958年，大卫·奥格威为劳斯莱斯在报纸上投放了一篇长篇广告文案。大卫·奥格威通过这则广告的创意，发现了此前一直被传播界所忽略的受众特征，即“受众永远想知道有关产品的更多信息”。对这则广告文案，大卫·奥格威曾自己评价道：“像这种以陈述事实

所做的广告，比虚张声势的广告更能助长销售。你告诉消费者的越多，你就销售得越多。请注意，这个广告中的标题非常之长，719 个英文字的文案讲的全都是事实。”此外，我还注意到，在这则广告画面中，劳斯莱斯汽车不仅是画面的焦点，还占据了 1/3 的面积（见图 17–4），相当抢眼！

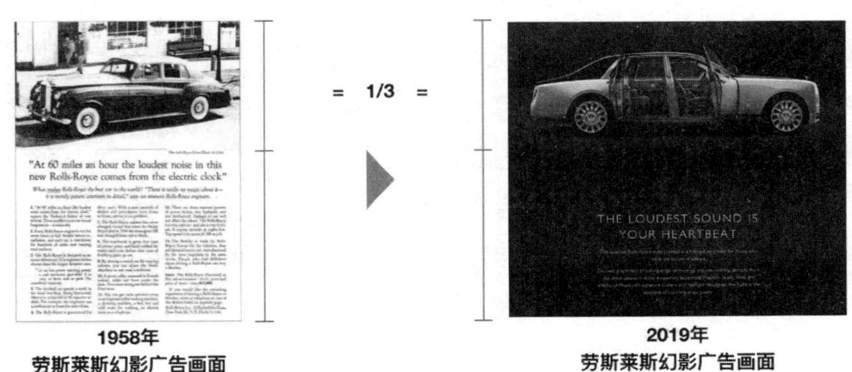

图 17–4　劳斯莱斯广告画面

同样，我们在苹果公司的广告上也能看到这样的现象：一个白底上面主要就是手机、电脑，再配上一句简洁的广告语。整则广告既没有画面上的干扰信息，也没有一句废话。在 iPhone X 上市的时候，我们甚至能看到这一手法更为极端的表现，那就是在上海的核心地段，地铁站的过道墙边一排十几个广告位，广告内容是洁白的背景上有一个巨大的手机照片，然后旁边的一个广告画面是白底和大大的“iPhone X”字样（见图 17–5），就这么循环排列绵延了几十米，壮观得不得了！

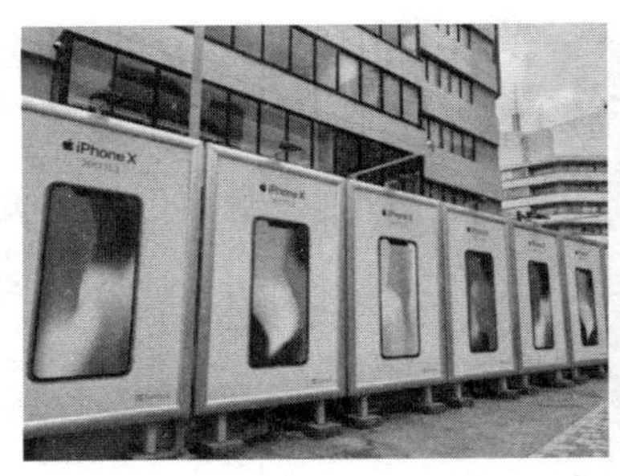

图 17–5　iPhone X 的地铁站广告画面

现在小米、华为也受苹果的影响，把部分广告设计成了这种风格。从效果上看，小米、华为都取得了不俗的成绩。手机是大众消费品，现在市场竞争激烈，消费者选择的随机性非常大，要想取得销量上的成功，扩大知名度和持续曝光非常重要。让消费者在潜意识层面埋下厂商产品的广告信息，这些广告信息就成了消费者购买时的“枕边风”，然后消费者就会不明所以、不由自主、不知不觉地倾向某一品牌的产品，最终卖货成功！人的本性就是这样，没有焦点必然迷茫。本来买东西的人就不知道自己要买什么，都是漫无目的逛到啥买啥（尤其是以冲动消费为主的大众日用品）。但卖东西的人，如果也搞不清楚自己是卖什么的，怎么成交呢？靠运气吗？这一点在视频广告方面尤其明显，可以说视频广告是“不卖货”的重灾区。为什么现在直播卖货效果好呢？一方面是运营，主播的运营团队拿到了低价位，能吸引人来看，看的人多了总有人会买，2000 万观众卖出去 2000 份不难吧，这才万分之一的转化率。虽然这种方式看起来就是在网络上摆地摊吆喝，但它的规模聚集效应，哪里是大街上摆地摊能比的？另一方面是广告焦点，从这个层面来说，直播卖货的效果好那也是应该的，毕竟人家直播 3 个小时，全部时间都在拿着产品讲产品，没有别的奇奇怪怪的剧情。

现在视频广告普遍的问题是什么呢？产品怎么样不清楚，包装长啥样没看见，你明明是卖酱油的，结果代言人一个劲地在那里摆姿势，成了卖代言人了。问题是消费者不买代言人啊，他买的是酱油，但因为你没有把酱油的故事讲好，他就不买。有这些问题的广告策划人，都应该像汽车广告片学习。从最高端的劳斯莱斯到各大国民汽车，它们的广告都是以产品讲解为主，就算让演员演，剧情也是围绕着汽车的功能特色来展开，可能会夸张一点，但不至于离题万里。为什么视频广告远比平面广告浪费资源呢？我想可能是物以稀为贵吧，视频是由成千上万帧画面组成的，这一帧不卖货，还有其他帧来救场，而平面广告只有一帧。

总结

中国的品牌厂商们，请你自信一点，再自信一点。你的产品本来就是卖货大戏的1号主角，就要给它最大的戏份。不论是平面广告还是视频广告，都要让它站在绝对的焦点上，把消费者的万千注意力集于它一身。绝对焦点，就是绝对卖货！

缺销售员吗？无处不在的免费广告位来应聘了

经常听到有人说生意不好做，抱怨打广告太难，现在的广告位都太贵了。从战略视角看广告位这件事，眼光就不能太局限了。如果眼里只有收费的广告位，那自然是很难。富有富的活法，穷有穷的过法，不妨换个角度，找点免费的广告来打。也许有人问了，天下没有白吃的午餐，难道还有免费的广告位吗？还真有，但是我们往往忽略了那些广告位。任何企业的经营活动，从原料到终端整个链条其实都充满了广告媒体，只要消费者可能看到的地方都是广告位，“无时不有，无处不在”。只有敢于压倒性投入，才有获得全面胜利的可能。

一、收费广告要打，免费广告更要打；有媒体要上，没有媒体创造媒体也要上

每个企业在做广告营销的时候，都希望自己的广告对销量的刺激效果好一点。曾经有人说：“我知道我的广告费有一半是浪费掉的，可我不知道是哪一半。”我明白，他是希望能找到没有效果的那一半，然后停掉，这样就省了一半的广告费。说这话的人对广告的误解太大了。什么是广告？广而告之！广告要广泛覆盖尽可能多的人群，但并不意味着看到广告

的人都会立刻买你家的产品，着什么急呢？这片没覆盖到足够的消费群，也没关系，我们去那一片多打打广告嘛。广告都打出来了，受众看到了多少会有个印象，他这回不买可以下回买嘛。营销策划人要做的就是尽可能多去打广告，收费的要打，免费的更要打！

也许有人问了，怎么广告还有免费的？是不是你和媒体的关系不一般啊？说实话，世上的广告媒体可以说是五花八门，但广告媒体有个最重要的特性，那就是所有权。这个广告媒体，所有权是你的还是别人的，这个问题很关键。基于此，广告媒体可以分为两种，一种是公共付费媒体，媒体所有权在人家手上，谁出钱就给谁用；还有一种是自家免费媒体，媒体所有权在自家手上，谁出钱都没用，这些位子通常只给自己用。

先说公共付费媒体，也就是大家耳熟能详的广告。比如，户外广告牌、公交车体涂装、电梯镜框看板、报纸杂志刊物广告位、广播电视广告位、电动广告牌、民墙涂装广告位、空中广告（如飞行表演、跳伞表演、热气球球身广告）、模特活动广告、电影院映前广告位、影视综艺作品的贴片广告、影视综艺作品的产品植入广告、展销会摊位、展览广告等。

收费的广告列举了这么多，接下来重点讲一下免费的广告有哪些。我们知道广告是投放在媒体上的，大部分媒体都是收费的，就像央视广告，动不动就要收好几个亿的投放费用。我经常听到有客户说："我们没钱打广告啊，那些广告位都太贵了。"我就会跟他说："可以用你自己的广告位啊。"对方往往一脸疑惑："我自己的广告位？"是的，你有没有可能把自己变成广告媒体？这样自己就不用花钱了。在产品设计的时候，你可以多想想怎么发挥产品这个广告位的作用，还有产品包装，怎么样把它当作广告位来宣传品牌。LV 产品有个经典设计，将 LV 两个字母组合排成一个矩阵，这就是设计界常用的 Monogram 设计，像 Gucci、FENDI 等都喜欢使用这种设计，但是把 Monogram 设计用得最广泛的还属 LV。LV 巧妙地利用了它的产品这个广告位，现在大家只要一说起 LV，首先就会想到满身 LOGO 图形的经典 LV 包包（见图 18-1）。

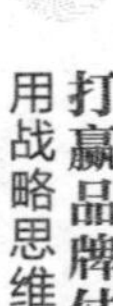

图 18-1　LV 巧妙地利用了其产品这一广告位

所以说，世界上并不缺少好的广告位，只是缺少发现广告位的眼睛。做生意嘛，怎么能干成就怎么干。我的地盘听我的，有媒体要上，没有媒体创造媒体也要上！

具体还有哪些免费广告位可以发掘呢？在销售一线可以使用的就有很多，比如门店招牌、霓虹灯、门联、门面装饰、橱窗布置、折页、条幅、KT 板、招贴、海报、宣传车、车身广告贴、宣传单页、宣传册、易拉宝、X 展架、吊旗、道旗、背喷灯片、灯箱布、货架陈列广告、柜台广告，还有名片、产品包装（大包装、外包装、硬包装又称为运输包装，而小包装、内包装、软包装则都附带产品说明和宣传的性质）、产品说明书册，在卖场使用的实物放大（或缩小）模型广告、充气放大模型广告，此外，迎来送往少不得给顾客点小东西，比如 U 盘、挂历、日历、小抱枕等，这些全都是自家的广告位。我们完全可以根据这些广告位的特性，来因地制宜地发挥创意，做出令人耳目一新的广告。

二、从原料到终端，全面媒体化工程的“粮草”管够

华杉老师在《超级符号就是超级创意》中提到：“产品本身就是企业

的自媒体，是品牌最大的媒体。华与华做的所有案子，首先都强调‘自媒体工程’。自媒体不是微博、微信，而是你的产品、包装、工厂、员工、车辆……你所有的一切，把他们和它们全面媒体化。在完成全面媒体化的自媒体工程之前，不要考虑投放媒体广告的事。”我理解的全面媒体化就是团结并利用一切可以利用的媒体。从原料到终端整个链条都充满了媒体，凡是消费者有可能看到的地方，都将成为我们打广告的媒体，也就是广告位。那么，接下来我们就来分析一下产品从工厂到消费者手里，需要经历哪些过程。离消费者越近的，其销售关联度就越高。把整条线路理一遍，可以看出有如下的几个重要节点。

（1）销售弱关联媒体（厂房、制服、物流车辆、代理经销商用品等）；

（2）销售强关联媒体（门店形象、终端陈列、包装设计等）；

（3）销售本体媒体（产品），比如 LV 部分型号的包上面全是 LOGO。

其中，广告位的重要程度可以这样表示：销售本体媒体＞销售强关联媒体＞销售弱关联媒体。我们可以把自己的一切都当作媒体来做，比如厂房、物流、渠道、终端、包装，甚至产品本身，无处不是“宣传媒体”，无处不是“品牌露出”。全面媒体化工程的关键工作是排查，从产品销售的完整路径，排查出所有可宣传的地方，进行广告设计。设计什么呢？不要太多，把几个主要的设计元素放上去即可，主要就是 LOGO、口号或超级符号等能够强化记忆的内容。不同的企业有不同的管理架构，可用的自身媒体资源也不尽相同，但整体来看，不外乎从这五个环节中进行排查：原料环节（农户的服装、农场的涂装改造、厂房的喷涂等）；生产环节（厂房、设备、工服等）；运输环节（车辆、运输箱体、工器具喷涂、司机工服）；经销环节（门头改造、车身广告等）；终端环节（货架、产品包装、促销物料、电商页面设计等）。

全面媒体化这件事，不干则已，干就要干得彻底，要挣脱时间和空间的束缚。如图 18-2 所示，米其林轮胎店就把卷闸门作为夜班广告位使用，这样每天 24 小时都能起到宣传作用；建设银行则是在卷闸门上印制了“建行电子银行”的广告，这不仅是休息日给平日接续广告位，还是线下门店给线上业务做联动宣传，可谓一举两得。卷闸门这么大的免费广告位，让你白用还不用，那它很有可能就会成为别人的免费广告位，贴上各种“牛皮癣”小广告！

图 18-2　把卷闸门作为广告位使用的案例

现在有人跟随潮流讲什么营销闭环，琢磨怎样引流、转换，提升复购，培养顾客忠诚度，我认为不妨先建立个全面媒体化工程的闭环，形成自己品牌的风格，就像可可·香奈儿女士所说的那样：“潮流易逝，唯风格永存。”

接下来，我们再说说门店怎么打广告。首先，门头肯定是个广告位，这是一家店的招牌，因此也叫“店招”。店招有正面的，还有侧面的。如图 18-3 所示，苏宁的线下门店“苏宁小店”就把苏宁的小狮子 LOGO 作为侧招，而瑞典潮牌 OUR LEGACY SHOP 也用了一个内置霓虹灯的亚克力塑料侧招，侧招下方设计成了向下的箭头形状，这个符号可以让人自然而然地按照它的暗示，在这里略作停留。整个侧招，在晚上也很醒目。

图 18-3　线下门店的侧招设计

在英国的男鞋圈子里，John Lobb 家族如果称第二没人敢称第一。Lobb Ltd 可谓代表了英伦制鞋的所有骄傲，至今不接受任何成品鞋款式，全部是定制的，一人一鞋楦，都由手工磨木制成，全程手工制作。客户基本上都是全球的高级阶层人士，鞋款定制 3850 英镑起价，同时，英国皇室也特别照顾 Lobb Ltd，经常前来视察。Lobb 的门店古色古香，侧招是个路灯，印有“John Lobb”的店名（见图 18-4），晚上逛到这里你会倍感亲切。由于人们都是从侧门路过商店的，因此，侧招做得好，吸引客流的威力要比正招大得多。

图 18-4　圣詹姆斯街的 Lobb Ltd 老店

我们再来看一下 7 天连锁酒店，它把整个墙面都涂成了标识色，很远就能让人识别出来。而三大便利店罗森、7-11、全家则是把门店的玻璃门、玻璃墙、门楣玻璃全都开发成了广告位，用来推广店内的产品。如图 18-5 所示。

图 18-5　合理利用自家广告位的门店

也就是说，除了侧招，还有墙壁、玻璃门、立柱等，甚至整幢建筑都可以是广告位。比如全球家居巨头宜家，它最具辨识度的就是把整个建筑涂成宜家 LOGO 的深蓝色（见图 18-6），俗称“Blue Box”（蓝盒子）。

图 18-6 宜家的整幢建筑就像个“蓝盒子”

如果把街道当成一个货架，那么宜家的“蓝盒子”是相当的出挑，再加上其一流的顾客动线设计，宜家整个的全面媒体化工程不仅赚取真金白银，还能收获鲜花与掌声！

总结

收费广告要打，免费广告更要打；有媒体要上，没有媒体创造媒体也要上！产品即媒体，一切都是媒体，要把自己的一切都当作媒体来用。尤其是门店，门店的一切我们都要想办法利用起来，当作自家免费的广告位，这就是全面媒体化工程。这项工程的最高境界就是“无时不有，无处不在”，突破时间、空间的限制，全方位为广告宣传服务。

“战神级”营销宣传一边卖货成精，一边积累品牌资产

企业管理经常存在一个矛盾，让管理者感到头疼，那就是“销售和营销两个部门互相不对付”：销售部门认为货是自己卖的，营销部门就知道乱花钱；营销部门又认为自己才是高瞻远瞩，销售部门只会瞎扑腾。从战略视角来看，这两方都应该学会用“管理者思维”代替“员工思维”，站在全局想问题。销售这个“主攻”和营销这个“助攻”要换位思考，统一认识。好的销售工作，一定是顾问型的；好的营销工作，一定是战斗型的，这样才能辅助销售工作做到事半功倍，扮演好“神助攻”的角色。我主张以战略视角来洞察营销创意，战略策划讲究“大处着眼，小处着手”，也就是“战略上宏观扫全局，执行上细节见精妙”。“营销之父”菲利普·科特勒提出了“营销 4P”理论，包括“Product”（产品）、“Price”（价格）、“Place”（渠道）、“Promotion”（促销），堪称经典。但我认为 Promotion 并不是促销的意思，它的本意是宣传推广，可见翻译不当，就容易把经念错。为了正本清源，接下来我就来举例说明什么是营销宣传的战斗力，以及怎样打造营销宣传的战斗力。

一、战略宏观扫全局：营销宣传的战略目标就是卖货 + 积累品牌

战略策划，就是要穿透纷繁复杂的表象，直达本质。营销宣传的本质是什么？就是牢记我们宣传的目的，不要跑偏。我们宣传为了什么？短期是把产品卖出去，长期是要积累品牌资产，让产品持续地好卖。因此，营销宣传的最终目的只有两个：一个是卖货，一个是积累品牌资产。卓有成效的营销宣传，不只是卖货，还起到了积累品牌资产的作用。如果说卖货力是无坚不摧的利矛，那品牌力就是坚不可摧的盾牌。一攻一防，相得益彰，两种力量是高水平的平衡，而不是低水平的取舍。我们策划制作的每一种宣传物料，都要达到这两个功能。也许有人会说，这要求也太高了吧？亲爱的读者，对于想要追求卓越的你来说，这不是最高要求，而是最低要求，是营销宣传工作牢不可破的底线。

营销宣传的重点工作是广告。广告一词，据考证源于拉丁文 advertere，其意为注意、诱导及传播。而汉语的“广告”一词，最早在日本出现，铃木保良所著的《现代广告手册》中称：大约明治 5 年至明治 20 年（1872—1887 年），日本开始流行“广告”这个词。1894 年，美国“现代广告之父”艾伯特·拉舍提出：广告是印刷形态的推销手段，这个定义含有在推销中劝服的意思。既然广告的意义在于劝服消费者，那么只要是消费者能看到的地方，都有我们施展广告作用的空间。今天，花样频出的广告让我们应接不暇、眼花缭乱，到底哪些招数是有用的，哪些内容是滥竽充数的？我们只需要看两个方面，就能鉴别谁是“黄金”，谁是“黄铜”。一是看这个广告有没有卖货，二是看有没有积累品牌资产。图 19-1 是 LV 在知乎上做的圣诞广告，里面除了产品、LV 经典元素“LV 标志、棋盘格、十字花”和圣诞道具之外，就没有其他的内容了。越是强势的品牌，越不需要名人代言，他们的广告里产品是永远的主角！在这个广告画面里，产品重点展示，就是在卖货；LV 经典元素展示，则是在积累品牌资产。这就是堪称教科书级的纯粹广告！

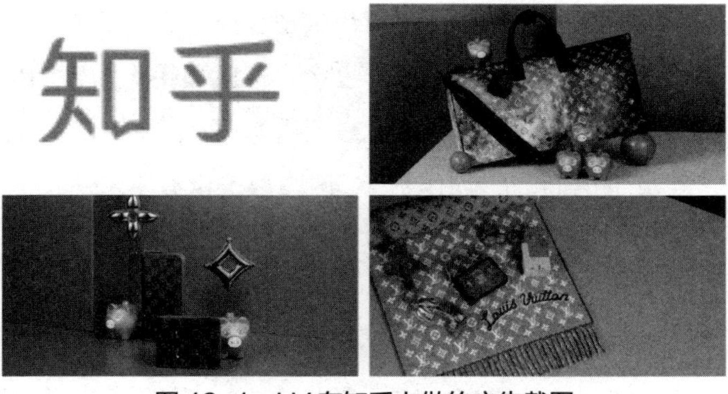

图 19-1　LV 在知乎上做的广告截图

二、执行细节见精妙：怎么让营销宣传卓有成效

原则上，一个营销宣传的动作、物料，应该要同时实现卖货和积累品牌资产的目标，虽然现实中还要根据具体情况有所侧重，但不管如何侧重，优秀的营销宣传工作都能兼顾这两个目标。

首先，在品牌资产积累层面，打响营销宣传包围战，建立品牌资产。

从生意经营的角度来看，不光投放出去的电视广告、杂志广告是广告，其实所有能让受众看到的物料都是广告。包括在宣传单页、产品包装、终端门头、促销柜台、陈列货架等媒介上精心制作出来的，能够刺激消费者快速购买产品的宣传资料，通通是在做广告！广告大师大卫·奥格威在《一个广告人的自白》中说到："每则广告都应该是一件推销你的产品的完整的作品。设想消费者会读有关同一种产品的一个又一个广告是不现实的。你应该把每一则广告写得很完整，设想这是你把你的产品推销给读者的唯一机会——机不可失，时不再来。"这能够给我们什么启发呢？整合营销曾经很热门，直到现在各大营销机构也在宣称其是"整合营销传播"，给不同媒介的广告内容做了分工：这是品牌层面的，这是"舒适篇"，这是"安全篇"……假如你是消费者，你是愿意一站式购齐呢，还是"东市买骏马，西市买鞍鞯，南市买辔头，北市买长鞭"呢？既然分散

的“整合传播”销售力并不强，那为什么现在还这么流行呢？有几个主要原因，品牌厂商出街的作品多，花样也多，这就显得作为营销机构的乙方给甲方干了很多活儿；完整的广告拆得七零八落，给创意人才提供了更大发挥空间，满足了他们的“创作欲”。这些都是没有真心为客户着想，只考虑自己有没有活儿干，有没有钱挣。我认为，打造一个个合格的营销物料出来，才能创造真实价值，这是每个营销广告人应尽的义务。营销宣传的物料形式种类千千万，但内容无非就是在图片（包括形状、符号）和文字上精心策划，统一符号应用、统一色调、统一话语、统一材料质感，力求形成品牌的统一风格，这就如同每年国庆节天安门前的阅兵式一样，着装统一、步伐整齐、干净利落，看着就气势如虹、神圣不可侵犯，这体现了品牌厂商的品牌意志力。在买卖双方的意志力较量上，消费者可从来没赢过，可能你要问了，咱不消费行不行？不可能的，人的本性之一就是“占有欲”，哪怕暂时想不到需要什么东西，也想四处逛逛，万一遇到心仪的呢。而且，你一定会遇到心仪的，毕竟在商家广告营销的猛烈进攻下，“总有一款适合你”！因此，一个品牌的营销宣传物料，风格最好不要改来改去。只有长年重复一种风格，才能在消费者的脑海里留存一个固定的印象，也方便消费者在需要时第一时间想到并选择我们，这就是积累品牌资产。风格不变，但内容要持续优化和改善，这来自我们对现场的观察总结经验，看看到底是哪些东西在影响消费者做决策，效用大的元素要放大，效用小的就缩小比例，根本没用的就删除掉。物料是在释放广告信号，它们每改善一点点，消费者的反馈也会发生变化，进而带来销量提升。这样持续改善的成果不求多、不求大，每次一点点，保持稳定增长，积累下来就是一个大成果。

其次，在卖货层面，精心策划的广告宣传，让人“生理性”地想买单，就像你总是“生理性”地想点开“10万+”的网文一样。宣传卖货从本质上说就是一项注意力引导工程，视觉冲击力相当于引流，而阅读顺序的设计，就是提高销售转化率。

（1）看这里，看这里！产品没有注意力，广告就没有销售力。

卖货这么接地气的事，可能很容易被人和“Low”联系在一起。于是，有人可能会说，我们要追求“高大上”的广告，那就卖不了货了，怎么办？好在有例有循，苹果公司就做出了既“高大上”又能把货卖疯的广告。苹果公司的产品广告给人的感觉干净、简约，符合大家对“高大上”广告的认知。这种“高大上”的感觉，引得国内很多厂商纷纷追捧、借鉴，制作类似的广告放在官网、户外、门店，这样做也不能说是不好，正所谓“三人行必有我师，择其善者而从之”。苹果公司从产品开发、产品设计到广告制作都是一流水平，大家向它学习也是对的，至于学的是精髓还是皮毛，是把握了核心要领还是跟风画皮，这就得看厂商和营销从业者的水平了。也许你并没有注意到，在苹果广告“高大上”的背后，其实有着非常务实、朴素的理念。一方面，广告当然是用来卖货的，卖货就一定要介绍产品这个主角，还要把产品放大，成为画面的焦点。现在各行各业都在模仿苹果，从服装、家居到食品都在学习它的广告风格，但产品在画面中的占比并不大，这是很遗憾的。另一方面，苹果公司就算找名人做广告，比如 iPod 这个著名的广告就请了顶级的说唱明星，却处理成了剪影，来突出 iPod 和白色耳机线（见图 19-2），不会让明星盖过自己产品的风头，而让产品做绝对的主角。从积累品牌资产的角度来讲，那些年年换新，指不定啥时候就过气的名人，他们在你的广告中出现不会为你的品牌积累什么品牌资产，而不断推出的系列产品才是你值得投资的品牌资产。

VS

苹果产品广告
弱化名人

XX产品广告
强化名人

图 19-2　利用名人做广告之案例对比

真正的大品牌是不需要请代言人的，你可曾看到过劳斯莱斯、百达翡丽、劳力士大张旗鼓地请明星做代言人？给自己产品在广告中最大的戏份，这是产品自信，也是品牌自信。生活中，我们自己也是消费者，我们愿意买某个品牌的东西，感觉就是踏实，这是常识。

注意力就是商机，广告画面一定要抓人眼球。消费者每天都在接收海量的信息，多到应接不暇。同时营销人员也在挖空心思研究什么样的标题、文字能引人注目，说到消费者的痛处，让消费者对厂商推广的商品感兴趣。从接收信息到购买成功的整个过程中，消费者都在浏览和筛选信息，那么，如何科学地管理消费者的注意力呢？需要广告人认真地调研消费者的生活场景，把自己代入消费者的角色，仔细想想消费者关心的是什么，然后用好广告中的每一个字、每一个图形，促进和消费者沟通的效率。这些年开始流行苹果、MUJI 这样的简约风格，但苹果的简约和 MUJI 不一样，苹果的简约是很感性的，我们从广告中能看到苹果新品的色彩、功能等产品信息，而 MUJI 的简约是冷淡的。我们做广告，就要研究传播原理、心理学、生理机制这些基础学科知识，从而积累丰富的常识。比如，人们看到鲜艳的东西会警惕、激动，看到暗淡的东西会忽略、无感；看到动态的东西会优先注意一下，看到静态的东西可能不太注意；读到逻辑清晰的文字会多看一会儿，读到逻辑混乱的则本能地逃避。所以 iPhone 广告画面上的产品色彩斑斓，而周边的留白减少了杂乱信息的干扰，你就愿意停下来多看一会儿。苹果官网对于产品特性的讲解，能用视频动画说明就不用静态图片，这很符合人的生理反应机制。同理，在终端零售场景下，也会尽量优先用跳跳卡、摇摆广告牌、广告屏这些生动的促销物料来吸引消费者的注意力，增加其购买的机会。消费者大部分都是正常人，而 MUJI 的高溢价显然过滤掉了大多数的正常人，专攻小众的高收入、高品位、喜欢与众不同的一少部分人。假如你的产品定价不高，还要学 MUJI 玩冷淡简约，那就是“高不成低不就”了，符合你的定价的人群你看不上，你想迎合的客群呢，人们根本看不上你，这是自绝于“衣食父母”。我们平时逛街时只要稍加留意，就会发现这样“高不成低不就”的例子不胜枚举，千万要擦亮眼睛，不去学它。

（2）巧设“画面焦点 + 阅读顺序”，让人看了忍不住想买。

营销物料的单兵作战能力要强大，就意味着我们做每一个物料的设计时，都要去研究消费者的阅读习惯，用什么样的图才能更有效地刺激购买。就拿文字来说，大多数人的阅读顺序是先上后下、从左往右，先看大字再看小字，先看颜色不一样的字再看颜色一样的字，这是什么原理呢？大字和颜色不一样的字更加突出，这会引起人类本能的警醒。图片方面呢，大卫·奥格威说过，要尽可能地使插图简洁。人物设计上要用单人插图来吸引读者的兴趣，用一大堆人的场景图片是拉不到消费者的。单人插图为什么会比多人插图更吸引读者呢？原理是什么？大卫·奥格威并没有解释。我的经验体会是这样的，虽然我们锁定的消费者是一个消费群，是一群人，但本质上是面对一个人的，因为通常情况下读者是一个人在阅读。单人插图能更容易地把读者带入情景，引发共鸣，而多人插图的话，读者想带入进去还得挑人——这几个人里面谁是我的 cosplayer（角色扮演者）呢，还是谁都不是呢？天啊，这明显增加了读者的脑力负担。读者再聪明，也不愿意去深入解读广告浪费脑细胞啊。

广告也是信息的一种，信息是多样的，信息也是繁杂的。人类的大脑有个自我保护机制，在复杂的信息面前会自动分类、筛选出紧急、关键的信息优先处理。举大家比较熟悉的交通标志牌为例，这里面有大量的符号帮助人们快速获取关键信息，你能想象牌子上写一段话给大家慢慢读的场面吗？那也太危险了。所以，我们需要提炼出人人都能秒懂的符号和关键的文字信息。人们会优先辨认图形，然后才是文字，因为图形可以跨国界、跨语种，让更多的人看懂。如图 19-3 所示，高速公路上的路牌，除了“地名”“路名”“距离”和“下一出口”使用文字以外，剩下的信息几乎都用符号来表示。这足以说明符号比文字更加醒目，人们会优先解读符号信息，然后才是文字信息。

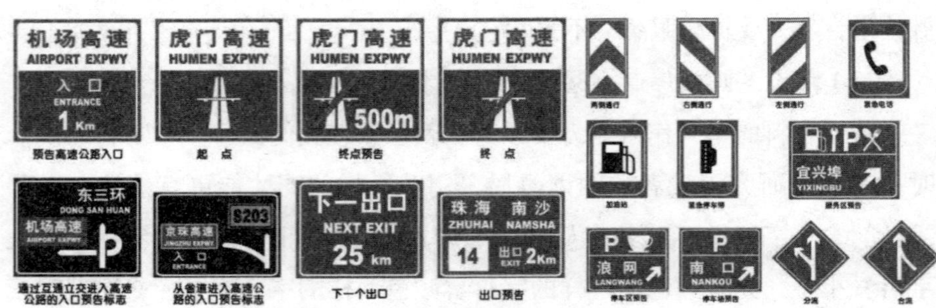

图 19-3 简明扼要的高速公路指示牌

文字比较多的，我们就会先读大字，再读小字，先读颜色不一样的，再读颜色一样的。如图 19-4 所示的两个停车场标志牌，我们首先看到的是大大的方框，里面是大大的字母“P”，这是通行全球的停车场符号，地球人都认识。然后，左侧牌子的竖排文字是“机车停车场入口”，右侧牌子是“小型车停车场入口”，分别使用摩托车的符号和小轿车的符号，这样就区分了两个停车场，以免进错。还有更小的横排文字，是与竖排汉字对应的英文，方便不识汉字的外国人辨认。我们看到这个停车指示牌的阅读顺序就是：“P”字母停车符号→小轿车符号→“小型车停车场入口”竖排大字号汉字→“Small Vehicle Parking Entrance”横排小字号英文。

图 19-4 标识清晰的停车场指示牌

商业世界的一切都是为了销售，一切都要当作广告位来利用。除了画面，吸引眼球的还有广告画面上的文字。大家看下图 19-5 所示的 LV 店面，一般来说，我们首先会注意到设计成“L”形的发光墙面，然后注意到 LV 的 LOGO，最后则会留意到门头的店名“LOUIS VUITTON”。

图 19-5　层次分明的 LV 店面广告设计

再看宜家的价签（见图 19-6），上面最为醒目的就是底部色块，红色块代表着要去自提区拿货，黄色块代表的是体验区有货，可以直接放入购物车。接下来会看到最大的字就是价格，宜家深谙消费心理学，价格用了最大的字号，然后才是其他信息如品名、材质、尺寸等。尤其特别的是，在宜家的广告中还明白地写出了“请看价签”四个字，结尾用了感叹号“！”，这在一定程度上会刺激消费者的潜意识，从而“不知不觉”地去看价签。

图 19-6　独具匠心的宜家标签设计

同理，麦当劳的广告里，价格不仅字号很大，还用了比白色更加醒目的黄色，这也就是色彩心理学理论告诉我们的：“红色比黄色醒目，而黄色又比白色醒目。”此外，它还对广告画面上的这些信息，都做了细心的排序（见图 19–7）。看到没？满满的都是套路啊！麦当劳作为快餐界代表，每一张图、每一个字都能“撒豆成兵”，刺激消费者的购买行为，贩卖食品的广告就是刺激食欲的广告。

图 19–7 “撒豆成兵”的麦当劳产品广告设计

今天我们还发现，对于产品来说，最大的广告媒介其实是包装。利乐为了保护产品内容物的口感和营养价值，研发了一系列包装，极大地方便了液态产品的包装及分销至消费者手中。“包装带来的节约应超越其自身成本”，这是利乐创始人鲁宾·劳辛博士的信条，也正是他开创了四面体包装。四面体包装的基本原理是将一卷塑料复合纸卷成管状，然后一边灌装饮料，一边进行密封。这种四面体包装最常见的形态就是利乐砖，现在利乐砖为了使产品在货架上更好地进行 45° 陈列，还设计了四个倒角，这四个倒角就成了 45° 陈列的绝佳广告位。如图 19–8 所示，把这个广告位用得最好的是椰树牌椰汁，而旁边的莫斯利安则显得有点浪费了。

图 19-8　利乐砖包装的产品陈列效果

其实，好牌就在自己的手上，不必抱怨广告位昂贵、稀缺，我们真正缺乏的是发现广告位的眼睛和善加利用广告位的双手。

总结

销售和营销不存在谁更重要的问题，只是角色不一样。营销是销售的放大镜，如果我们打造出“卖货成精”的营销宣传，那就是给销售部门的“神助攻”了。卓有成效的营销宣传，不只是卖货，还起到了积累品牌资产的作用。如果说卖货力是无坚不摧的利矛，那品牌力就是坚不可摧的盾牌。一攻一防，相得益彰，两种力量是高水平的平衡，而不是低水平的取舍。有了这样的战略认识，还需要好的手艺和技法来实现这些战略目标，在品牌资产积累层面主要是尽量做到统一规范，在卖货层面则需要研究各种跨学科的知识，在视觉层面打造有效“引流 + 转化”的广告画面。这样，方能打造一支百战不殆的营销铁军。

到底什么样的广告语能够一句永流传

广告语应该是广告营销里面群众参与度最高的，好像每个消费者都能对一则广告语评论一二。有些出色的广告语也确实太经典了，已经走进了老百姓的生活，甚至成为人类文明的宝贵遗产，具有很大的文化意义。本章之所以要写这个主题，是应资深广告人、著名装帧设计师马青老师“点”题，他是这么跟我说的：“策划思路和方法需要清晰的语言表达，广告语言是被策划和创造的产物，如‘味道好极了’这样的极致语言，也是策划表达。语言是可以通过创意再造的。是不是可以写一写这个话题呢？”确实，我也有这样的感触。自从有现代广告以来，我们生活中的话语多多少少会受到厂商营销内容的影响。营销宣传，尤其是硬性广告，最核心的其实就是一句广告语，消费者看到最后可能也只记得那句广告语了。广告语对于消费者来说其社会意义要大于商业意义（尤其是公益广告），但对于品牌厂商来说，就完全是商业利益了，广告好坏决定了营销业绩。我们从战略视角来看这个问题，就要用到“权变思维”，有的地方要坚持原则，有的地方要不拘一格。毕竟，人类的语言本身就是在不断地演变发展的，今天中国的孩子们学文言文需要译文才能看懂，而今天的英国人看莎士比亚的原著也会一头雾水。字母还是那些字母，笔画还是那些笔画，但拼装出来就是完全不同的意义。可见，语言文字的可塑性是很强的，那么广告语的创作空间也是非常大的，判定好坏的标准可能会千差万别，各执一词的情况会很常见。那么，到底什么样的一句话是好的广告语？我们又该如何创作一个广告语呢？接下来，我将从广告语创作的心法和技法两个层面来讲述，希望对你有所帮助。

一、并非简简单单一句话的事——广告语创作的心法与技法

众所周知，广告业界是“文人相轻”的重灾区，这倒不是说广告人个个心高气傲，而是较少有人去冷静思考这矛盾背后的问题与价值。人类能够进步，思辨必不可少，真理就是这样越辨越明的。还有就是怀疑甚至反对，我们仔细想想，真的就是这样，没有怀疑就没有真理，没有反对就没有进步。广告界有人强调感觉和调性，有人在意流量和转化，这种矛盾有点像西医批评中医不懂解剖科学，中医又批评西医没有系统思维。什么是进步？怎样才能进步？要去伪存真，学会辩证地看待问题。广告语是一句话，但“创作广告语”并不是简简单单一句话的事。

先说心法，心法就是明白做这件事的目的何在、意义何在，为了达到我们的目的要遵守哪些原则。投放广告的目的，我相信各个品牌厂商都有不同的侧重点，但最重要的一点，一定是“刺激消费需求”，这是颠扑不破的真理。因此广告语承担了至少 80% 的重任，这句话刺激到了，这个广告就达到目的了。目的清楚了，原则是什么？要知道，消费者是非常容易遗忘的，这不是说消费者记性不好，而是说人家为什么要记你这个。遗忘是消费者的权利，这是客观事实，不以品牌厂商的意志为转移。因此，我们的原则有两条，一是创作让消费者好记的，并且能达到刺激需求这个目的的内容；二是坚持投放，用重复对抗遗忘，一遍两遍记不住，七遍八遍可能就会让人想买来试试了。

相对来说，技法容易学，心法不容易学。为什么呢？技法是用对应的方案解决对应的问题，关键在于战术层面的细节拿捏。这个熟能生巧，没什么难的。但心法考虑的是目的和原则，是对战略层面的大方向把控。你

能保证自己始终服务于最终目的吗？你能在诱惑面前坚持自己最初的原则吗？这个诱惑不一定是金钱美色的诱惑，很可能是满足你“虚荣心”“创作欲”“支配权”的诱惑。看文字描述和身临其境是两码事，这考验的就不是熟能生巧了，而是心性、心力，也就是意志力。意志不坚定，可能会半途而废。其实不只是营销创意行业如此，生活中的很多事情也是如此。

二、广告语创作技法最重要的两点：功能满足和修辞加分

技法要服从于心法，如果没有纯良的心法坐镇，技法再熟练也难以修成正果。也就是说，心法正，技法强，广告语会长开；心法偏，技法强，广告语会长歪。广告语的创作技法主要分为两个层面，一个是功能，一个是修辞。

先说功能层面。由于广告语乃至整个营销宣传的目的就是刺激消费需求，因此广告语需要具备三种特别重要的功能。

（1）记住名字。包含品牌名和产品名，必须在广告里给消费者留下深刻印象，如果刚看完就不记得这是哪家的什么产品的广告，那就太失败了。

（2）煽动情绪。当然，煽动情绪的前提是洞察人性，用一句话点到痛处，或搔到痒处，为消费者成功购买打下心理基础。

（3）鼓动尝试和购买。如果一句广告语让人听了没有产生想了解甚至想买的冲动，那就相当失败了。可悲的是，这样“无感”的广告语有很多，而之所以你没留意到，就是因为它的“无感”。

当然，我们也不能奢望一句广告语就会把所有的功能都实现，更多情况下要有所取舍。因为有了取舍，所以广告语也被分作明显的两种：一种是广告为自己而做，一种是广告为社会而做。这不是说动机（可能创作者自己也没有意识到），而是从原理和成效而言。

"为自己而做"这个好理解，名字留下，情绪煽动到位，消费者恨不得马上下单！那"为社会而做"是什么意思呢？注意，我说的不是公益广告而是商业广告，一个商业广告"为社会而做"，毫不利己专门利人，有这么好心的品牌厂商吗？本应基于商业考虑却更具社会意义，有这么神奇的广告语吗？来，看一下——

1号选手："钻石恒久远，一颗永流传。"

2号选手："不在乎天长地久，只在乎曾经拥有。"

这两句广告语的特征是什么？文采飞扬，炫完技就走了，名字却没留下，当了一回"无名英雄"。你还能记得这是谁家的广告吗？我提示一下，这可不是昙花一现的"前广告语"，而是品牌厂商现在还在用的。想起来了吗？

"钻石恒久远，一颗永流传"是钻石巨头戴比尔斯的广告语，英文为"A diamond is forever"，在1999年曾被美国《广告时代》杂志评选为20世纪最伟大的广告语。它的中文翻译由奥美公司于1993年征集所得，这句话也成为我们生活中的"金句"被到处引用，却鲜有人知道其出处，这就是典型的"为社会而做"的广告。戴比尔斯能够取得今天的商业成就，和这句广告语并没有什么直接关系，而是得益于公司垄断了全球80%的钻石矿藏，还创造了"4C"标准来维护天然钻石的地位，对抗人工钻石的威胁。任何商业运作，在垄断面前都显得太弱了。恐怕只有这种实力雄厚的厂商，还能继续用这么没有生产力的广告语，如果你的实力还没有强到如此程度，不建议模仿。

"不在乎天长地久，只在乎曾经拥有"，这是铁达时手表的广告，当年还请了红极一时的周润发和吴倩莲来代言，演了一出相当精彩的广告片。如今，这句话依然被人传颂，但铁达时手表呢，只能成为我的童年记忆了。

那么，可不可以商业成效和社会意义兼得呢？当然可以，试举几个：人头马一开，好事自然来；百度一下，你就知道；没人能拥有百达翡丽，只不过为下一代保管而已。但这样的广告语比较稀少，可遇而不可求，对

创作者要求极高。如果不能兼得，我希望我们的品牌厂商能明明白白地取舍，而不是稀里糊涂。我相信戴比尔斯所做的一系列广告和影视植入，都是为整个行业发展推波助澜，可以说是“公心”大于“私心”，算是明明白白地舍弃了一部分“为自己而做”，成全了一大部分的“为社会而做”，那句经典的“钻石永流传”丰富了人类的婚嫁文化。

现在再说说修辞层面。艺术是源于生活而高于生活，而营销宣传，尤其是广告策划的遣词用句，是来源于生活而放大于生活。广告语在某种程度上会随着广告的长期投放而影响生活，有些生命力旺盛的广告语能在人们的生活中存活数十年之久。比如各种“××体”广告语走红的一段时间，人们就会把它们拿来引用或者改编，其乐无穷。修辞的意义，就在于让广告语朗朗上口，更加容易传播。下面简要介绍 4 种比较常见的技法，方便诸位读者举一反三。

1. 名词动词化

“百度一下，你就知道。”这个广告语非常成功，据说是音频节目《冬吴相对论》主持人梁冬在百度当副总裁时创作的。从“有问题百度一下”到“百度一下，你就知道”，百度改变了人们的生活习惯。“百度一下”是数亿万网民每天上网时的标准动作，随着百度的这句广告语迅速流传开来，百度的品牌也更加深入人心。“百度”作为一个名字、一个名词，却当作动词来用，真是神来之笔！但是它并非百分之百的原创，这句广告语的创作灵感疑似来自搜索引擎巨头 Google。Google 有句广告语叫“Google it”，现在英语国家的网民，想搜索什么东西，嘴里也会默念一句“Google it”。所以，我说“百度一下，你就知道”就是中国版的“Google it”，大家应该没什么意见吧？在不侵犯知识产权的前提下，这也是个重要的创意工作方法，叫“找参考”。在电影《硅谷传奇》中，乔布斯说过一句话，It’s like Picasso said：Good artists copy，Great artists steal。翻译成中文就是，“好像是毕加索说的：‘好的艺术家复制作品，伟大的艺术家窃取灵感’”。其实毕加索说的是“Bad artists copy，good artists steal”（拙劣的艺术家模仿，伟大的艺术家窃取），而电影中的乔布斯在引用时改成了上面那句。

2. 形容词副词化

“Think Different”（非同凡想）是苹果公司最有影响力的一句广告语了。严格来说，这是有语病的，different 是形容词，却放在 think 这个动词后面，当副词用了。不过，有什么关系呢？这个广告是著名广告人李・克劳创作的，当时的背景是苹果公司希望能和当时的 IT 巨头们多建立商业联系，于是致敬 IBM 的著名广告“Think IBM”，来了个“Think Different”。

3. 押韵

人头马一开，好事自然来。这是“香港四大才子”之一的黄霑为人头马创作的广告语。押韵，主要是为了让人好记。从古代的《荷马史诗》《诗经》以及唐诗、宋词、元曲，到今天的顺口溜、网络段子，押韵都是随处可见的。如果问什么修辞方法能让一句话口耳相传，生命力持续旺盛，我想非押韵莫属，这可是经受了人类几千年岁月考验的。

4. 重复

如果说押韵是最强的广告语修辞技法，那重复应该就是第二强了，可以来感受一下。

“燕舞，燕舞，一曲歌来一片情。”这是盐城燕舞收录机的广告语，当年还是唱出来的，大街小巷的人都在学唱“燕舞广告歌”。

“孔府家酒，叫人想家。”孔府家酒这个广告语用了两个“家”字，第一个是品牌名字里的“家”，也是孔府家酒的核心诉求；第二个“家”字是在煽动人的情绪，引发大家对这个品牌产品的认同感。

“牙好，胃口就好，身体倍儿棒，吃嘛嘛香。”这个广告出自蓝天六必治牙膏，可惜这个产品现在很少看到了。这句广告语的精华就在于“A 好，B 就好”的句式很有语感，让人一听就能记住。

当然，也有些非常卓越的广告语，是包含两种以上技法的，这一方面是归功于创作者的灵感，另一面也是长期的洞察和语感训练的成果。冰冻三尺，非一日之寒，再有天分的广告人，也需要具备非常扎实的基本功，只有这样才能长期地做出好作品。不然全靠灵感，只是偶然得点便宜，成不了大气候。

总结

在广告语创作的心法层面，首先要明白做这件事的目的所在。投放广告最重要的目的，一定是“刺激消费需求”，这是颠扑不破的真理。因此广告语承担了至少 80% 的重任。其次是制定原则。遗忘是消费者的权利，这一客观事实不以品牌厂商的意志为转移。广告语的创作原则有两条，一是创作让消费者好记的，并且能达到刺激需求这个目的的内容；二是坚持投放，用重复对抗遗忘。广告语的创作技法主要分两个层面，一个是功能，一个是修辞。广告语创作的心法和技法是个复杂的话题，任何简单化都容易误入歧途。因此，很考验创作者的战略思维能力，需要在“遵守规则”和“改写规则”两极保持高水平的平衡。优秀的人遵守规则，卓越的人改写规则。当然，不是为了改写而改写，而是精通原来的规则，认识到其局限性，为了取得更好的成效而不得不改写规则。这，就是进步的源头。

第 21 章

广告在没落，公关在崛起？融合才是未来

2013 年，美国“定位之父”艾·里斯先生出版了一本书，叫《广告的没落，公关的崛起》，这本书的核心观点就是，昂贵的广告建立不了品牌，要用公关建立品牌，在成功塑造好品牌之后再用广告来维护品牌。的确，广告是越来越昂贵了，今后也会越来越昂贵。对于初创品牌来说，如果没有特别的战略策划，那么一开始就猛砸钱打广告是不明智的。但里斯先生说的是“广告的没落，公关的崛起”，我不禁要问了：“广告真的在没落?公关又真的在崛起吗？”中国的现代商业文明历史确实不长，尤其是改革开放以来，我们才算真的领教到了什么是现代商业。VI、咨询、广告、公关等扑面而来，一时间，中国市场上几乎人人“言必称西”。然而，到了 21 世纪的今天，如何对来自西方的商业营销思想去伪存精，把这些“优质种子”转一下基因，更好地适应我国这 960 万平方千米的土地呢？这是我们要思考的问题。广告和公关其实是两个行当，各干各的活儿，各吃各的饭，没什么好争的。所以，要辩证地看待事物，只有看全局抓关键，品牌管理的工作才能够卓有成效。

一、广告的没落，是个伪命题

不论是东方还是西方，广告这个东西已经存在了数千年。考古学家从古代废墟的遗址里发现了不少广告的踪迹。商业性质和政治竞选的广告在庞贝的废墟中有所发现，但还不是最早的，公认的最早的广告应该是在古希腊发现的《寻奴》。另外，在古埃及有用莎草纸制作的销售推广或寻找失物的广告海报；在古印度，亦有通过壁画的形式来达到商业宣传的效果。现代广告大约在17世纪的英国出现，当时的广告是报章内的宣传，以书籍销售为主，后来因为宣传效果良好，医药产品也开始采用这个宣传途径。

《诗经》的《周颂·有瞽》一章里已有"箫管备举"的诗句，据汉代郑玄注："箫，编小竹管，如今卖饧者吹也。"意思是，西周时卖糖食的小贩就已经懂得以吹箫管之声招徕生意。北宋时期的名画《清明上河图》，里面描绘了北宋东京繁华的街市景象，悬挂式广告随处可见。当时的广告，主要是为了凸显商品品质而制作，以产品及品牌宣传为主，内容、形式和媒介都比较原始。

现在的广告概念源自西方，学名叫"Advertising"，定义是"为了某种特定的需要，通过一定形式的媒体，并消耗一定的费用，公开而广泛地向公众传递信息的宣传手段"。而Advertising的英文原义是"注意""诱导""招徕"，也就是"广而告之"。这一点上来看，中国和西方对广告的定义基本相同。那么，广告的本质是什么呢？是信号发射，发射一个信号来刺激消费者的购买需求。商业广告，刺激的是受众金钱的消费，而公益广告刺激的则是观念的消费。总之，都是刺激消费。

广告发展数千年来，我们可以看到它的内容、形式、媒介一直在变化，一直在与时俱进。而不变的是什么呢？是消费者的需求和欲望。任何时代，人们都有消费的欲望，就看你能不能进行有效的刺激，让消费者买单。因此，凡是能够起到发射信号作用的，都是广告，不论付不付费。这里可能有人会问了，好像美国广告主协会对广告下的定义是：广告是付费的大众传播，其最终目的是传递信息，改变人们对广告商品或事项的态度，诱发其行动而使广告主获得利益。这是付费的啊，你怎么说不付费的也算呢？对于这个问题，我们需要辩证地思考，既然广告的本质就是发射信号，那只要能做到这一点，不管是不是付费投放都应该属于“广告”性质。比如说，门店张贴的海报、产品本身的工业设计、产品的包装设计，这些都会刺激消费需求，因此，它们都是广告。

广告要怎么做才能卓有成效呢？

首先是内容创作，要想办法降低传播成本，这需要每一个广告主题都非常清晰，并且要深谙传播学，在话语层面、平面设计层面、工业设计层面、场景构造层面都要做到让消费者一接触就印象深刻，有想了解尝试一下的冲动。

其次是媒介投放，要选择适合自己品牌和产品的媒介，但同时不要害怕贵的。比如你的产品是面向区域市场的，那你在央视猛打广告就不太合算，正确的做法是把预算压倒性地投入目标区域，成为声量最大的那一家。比如你的产品是对公领域的，也就是“To B”为主的，那你集中在 CBD 打就不太明智了，正确做法是在央视或地方卫视的财经类频道投放视频广告、在高速公路或航机楼投放平面广告，这样可以精确地锁定目标客群，即具有政商影响力的社会中坚力量。投放的频次呢，要重复、重复、再重复！要知道，消费者是很健忘的。如果你选择的是超级厉害的媒介，那消费者的印象会深刻一些，如果不是呢？那就需要经年累月地打广告，霸占这个坑位。不论是便宜的、贵的还是免费的媒介，都要长时间地占领。因为广告学有个“浪费一半”的说法，广告不可能每次都百分之百地覆盖消费者，因此要坚持足够久的时间，让广告来影响新买家，留住老买家。

广告穿越了千年时光，形式在不断演变，品牌想要表达的东西，还是会通过广告媒体来传播。广告这一事物，昨天、今天没有没落，明天也不会没落。没落的，只会是那些态度不正、手艺不精，只会忽悠品牌厂商乱花钱，中饱私囊的广告从业人员。

二、公关的崛起，也是个伪命题

公关这个概念也是舶来品，源自英文的 Public Relations。Public 意为“公共的”，Relations 即“关系”，两个词合起来便是“公共关系”，简称 PR 或公关。每个人的认识角度不同，对公共关系内涵的理解也各异，于是公关具体的定义有很多个版本。20 世纪 70 年代中期，美国著名的公共关系学者莱克斯·哈洛博士就搜集到 47 个公共关系的定义，因此有人开玩笑说“有多少公共关系学者，便有多少种公共关系的定义”。追本溯源，公共关系一词首次出现是在 1807 年美国总统托马斯·杰斐逊的国会演说中，而“公关之父”爱德华·伯尼斯对它是这样定义的：“公共关系是一项管理功能，制定政策及程序来获得公众的谅解和接纳。”西方文化认为，人来到这世上是带着原罪的，所以动不动要去教堂忏悔。这就不难理解为什么伯尼斯说公关是为了获得公众的谅解和接纳了，因为你带着原罪啊，为了获得信任，你需要社会各界去“管着”你。当然，中国文化还是相信人性本善的，只要往好的方向引导就行。

公关的本质到底是什么？我认为，公关这个概念，很难得地给了企业一个舆论主场，让企业可以发挥主场优势。担任公司发言人的，常常不是公关人员，而是企业的最高主管，或是对产品、公司策略熟悉的人，也就是说话有分量的人，媒体需要直接针对这种级别的人提问，才能了解到营运和技术的具体内容，也最有在文章中引述的代表性。公关人员会和记者沟通，对公司高层提供对外发言的建议，但是他们本身不会是公司发言人。公关的本质，就是控制舆论主场，虽然存在你来我往的沟通，但在公关的每一个场景里品牌厂商都是绝对的主角，对任何问题都有最终的解释权。

那么如何有效地公关呢，可以从三个层面来讲。

首先是态度。因为是主场作战，优势很明显，所以在每一个公关场景，品牌厂商的态度都必须真诚、自信、主动。把死的说成活的，并不能掩盖问题，更不能解决问题。文过饰非，只会越描越黑，最后搞得自己说什么都没人信了。

其次是能量。虽然是主场，还是要借势，找能量强的因素来为我们所用，比如开发布会，就一定要选知名场地（大城市、大酒店、大会堂……），一边借势，一边造势，强强联手。可能有人会说，我实力不强，人家会不会看不起我，怎么和人家强强联手呢？还记得前面说的“态度”吗？要真诚、自信、主动。在强强合作上，自信非常重要。如果连你都不相信自己，人家怎么会相信你？没有一个大企业生来就是大企业，也没有一个大品牌是一夜成功的。你实力再弱，体量再小，这些都不是问题。问题是，你的志向远大吗？你的意志坚定吗？这个世界虽然很现实，但商业形态是在不断循环更替的，很大一部分资源也都处于无序状态，并非铁板一块牢不可破。只要你自己志有定向，没人会小看你。获得能量的前提，是态度。

最后是形式。坚持一条公关的“线”不要断，比如你是行业的领先者，那你就有承办行业重大事件的义务，一年接着一年，就像滚雪球一样越滚越大，产生复利。这个过程中你的公关场景或者是公关事件，会影响消费者的认知，形成你的“舆论保护伞”。这把伞会为你遮风挡雨，为你消化掉一定程度的负面声音。比如沃尔沃经年累月地做各种关于“安全”概念的公关活动，先是把车身结构做得很结实，强调“碰撞安全”，然后是把座椅做得很环保、符合人体工学，强调“皮肤和骨骼安全”，现在沃尔沃又开始讲它怎么注重内饰的环保、怎么净化车内空气的故事，强调“呼吸安全”。也许你也有印象，沃尔沃有一句经典的公关语，是吉利汽车董事长李书福收购沃尔沃时，夸赞沃尔沃车内空气质量的，叫作“打开门是北京，关上门是北欧”。很形象，对不对？只凭这一句就让很多人对于沃尔沃的“安全”有了更加立体的印象。近年来，沃尔沃把自己几十年来研究碰撞安全的数据资料，全都公开在官网上提供给人们下载，把它称作“EVA 安全平等行动”。很真诚、很自信、很主动！其实呢，雷克萨斯在安全方面的动作一点也不比沃尔沃少，包括碰撞安全、皮肤和骨骼安全、呼吸安全这几个方面。当年丰田刹车门事件美国政府也早已对它做出平反并

道歉，那就是美国政府为了保护本国车企生意，强行给丰田栽赃嫁祸的。但是，怎么样呢？做了很多，却不会说。

可见，公关也不存在什么所谓“崛起”，群众的眼睛是雪亮的，你不可以永远欺骗所有人。不论哪个时代，心术不正的公关都会破坏企业形象。文过饰非、删帖拉黑，看起来是扭转了形象，其实会进一步扭曲操盘手的内心。

三、广告公关深度融合，在五个市场为企业战略服务

产品是需求和欲望的载体，需求和欲望不变，只是产品的形态在演变。所以说，没有产品的时代，只有时代的产品。广告也好，公关也罢，都是品牌意志的载体，广告和公关的内容、形式、媒介会与时俱进，但品牌厂商的意志始终贯穿如一。任何时代都需要广告，任何时代也都需要公关。如今，它们的形式在融合，边界也变得模糊，可谓“你中有我，我中有你”。企业要生存，要长久地发展，都会面临“五个市场”（援引华彬老师的观点）。第一个是顾客市场，没有顾客，就没有企业；第二个是人才市场，员工是内部的顾客，我们要吸引人才来公司工作，又要让每个人都能在这里尽性发挥，不仅创造事业成就，而且实现人生目标和美好生活；第三个是资本市场，企业要有最感性的成长故事，足以吸引长期投资，而且融资成本要低；第四个是政策市场，我们要得到各级政府、各国政府的欢迎和支持，甚至推动制定我们认为符合全社会的利益，又能推动本行业发展的政策和法规；第五个是公民社会，在公民社会我们是造福一方百姓，推动社会进步的力量。

这五个市场都是一个本体，即企业。那么，企业的本体是什么？止、定、静、安、虑、得。一家企业要志有定向，止于至善，心要定、要静、要安。企业若能志有定向，那么它所做的广告动作和公关动作，就是在一个战略意志的引领下，在五个市场上深耕，广告和公关深度融合，统一大

的战略目的和目标，匹配合适的节奏和节点。企业是社会的公器，企业为公，品牌为公，底线就是不作恶。如果你不能为这个社会促进什么，那至少不要“促退”。

总结

广告的本质是发射一个信号来刺激消费者的购买需求。数千年来，广告的内容、形式、媒介一直在变化，不变的是消费者的需求和欲望。广告这个事物，昨天、今天没有没落，明天也不会没落。

公关的本质就是控制舆论主场。虽然存在你来我往的沟通，但在公关的每一个场景里品牌厂商都是绝对的主角，对任何问题都有最终的解释权。公关也不存在什么所谓“崛起”，不论哪个时代，心术不正的公关都会破坏企业形象。

任何时代都需要广告，任何时代也都需要公关。如今，它们的形式在融合，边界也变得模糊，它们都是品牌意志的载体。

黑马常有，而千里马不常有，即便是千里马常有，而伯乐也不常有。我认为，大家不应该太过追捧黑马，而是应该给予千里马更多的粮草和鼓励。黑马现象，可能会激发人性之恶，刺激着人心走向贪巧求速。本来挺踏实的企业一成了黑马，就开始内心膨胀眼睛发红，缺乏远见，一步步地把棋下死。而千里马则是志有定向，一步一个脚印，走在一条“少有人走的路”上。越是浮躁嘈杂的时代，越是呼唤黄钟大吕；而千里马们，正在以浑厚的嘶鸣声，呼唤着它们的战略同路人！

参考文献

[1] 詹姆斯·柯林斯，杰里·波勒斯.基业长青[M].真如，译.北京：中信出版社，2002.

[2] 菲利普·科特勒，凯文·莱恩·凯勒.营销管理[M].王永贵，等译.上海：格致出版社，2009.

[3] 华杉，华楠.超级符号就是超级创意[M].天津：天津人民出版社，2013.

[4] 孙明远.聚珍仿宋体研究[M].北京：科学出版社，2018.

[5] 周博.中国现代文字设计图史[M].北京：北京大学出版社，2018.

[6] 夏颖.宋体与仿宋体比较研究[D].武汉：湖北美术学院，2017.

[7] 董月夕.汉字大爆炸[M].南京：江苏美术出版社，2012.

[8] 罗威尔.知中：了不起的宋版书[M].北京：中信出版社，2017.

[9] 莫梅锋.多感官整合设计理念在广告中的应用[J].包装工程，2013(20)：4–7.

[10] 贝蒂尔·霍特，尼可拉斯·布劳依斯，马库斯·范迪克.感官营销[M].朱国玮，译.上海：格致出版社，2014.

[11] 马丁·林斯特龙.感官品牌[M].赵萌萌，译.北京：中国财政经济出版社，2016.

[12] 迈克尔·莫斯.盐糖脂：食品巨头是如何操纵我们的[M].张佳安，译.北京：中信出版社，2015.

［13］菲利普·费尔南多－阿梅斯托．吃：食物如何改变我们人类和全球历史［M］．韩良忆，译．北京：中信出版社，2020.

［14］迈克尔·波特．竞争战略［M］．陈丽芳，译．北京：中信出版社，2014.

［15］迈克尔·波特．竞争优势［M］．陈丽芳，译．北京：中信出版社，2014.

［16］何五元，林景新．营销造势：经济危机下的营销宝典［M］．暨南大学出版社，2009.

［17］谈伟峰，黄文华．闻香识品牌［M］．北京：清华大学出版社，2014.

［18］傅凯峰．质地与形状的视觉辨别中的触觉成分［D］．杭州：浙江大学，2009.

［19］陈思．皮肤摩擦触觉感知的机理研究［D］．徐州：中国矿业大学，2016.

［20］张冰玉．手指皮肤摩擦感知功能研究［D］．成都：西南交通大学，2014.

［21］Linden D J.Touch：the science of hand，heart，and mind［M］. New York: Viking，2015.

［22］Lang P J，Bradley M M，Cuthbert B N.Motivated attention：Affect，activation，and action［J］. Lawrence Erlbaum Associates，1997：97–135.

［23］Sathian K.Visual cortical activity during tactile perception in the sighted and the visually deprived［J］.Developmental psychobiology，2005，46（3）：279–286.

［24］Van Boven R W，Hamilton R H，Kauffman T，et al. Tactile spatial resolution in blind braille readers［J］.Neurology，2000，54（12）：2230–2236.

［25］Roudaut Y，Lonigro A，Coste B，Hao J，et al. Touch sense：functional organization and molecular determinants of mechanosensitive receptors

[J].Channels，2012，6（4）：234-245.

[26] Im H，Kim E.Effect of Yakson and Gentle Human Touch versus usual care on urine stress hormones and behaviors in preterm infants：a quasi-experimental study [J]. International journal of nursing studies，2009，46（4）：450-458.

[27] Jablonski N G. Skin：a natural history [M].Berkeley：University of California Press，2006.

[28] Widdowson E M.Mental contentment and physical growth [J]. Lancet，1951（1）：1316-1318.

[29] Wardell D W，Weymouth K F. Review of studies of healing touch [J]. Worldviews Evid Based Nurs，2004，36（2）：147-154.

[30] 戴维·阿克.管理品牌资产 [M].吴进操，常小虹，译.北京：机械工业出版社，2012.

[31] 戴维·阿克.创建强势品牌 [M].李兆丰，译.北京：机械工业出版社，2012.

[32] 戴维·阿克，埃里克·乔基姆塞勒.品牌领导 [M].耿帅，译.北京：机械工业出版社，2012.

[33] 西蒙·斯涅克.从“为什么”开始，乔布斯让Apple红遍世界的黄金圈法则 [M].苏西，译.深圳：海天出版社，2011.

[34] 华杉，华楠.华与华方法：企业经营少走弯路、少犯错误的九大原理 [M].上海：文汇出版社，2020.

[35] 万融.商品学概论 [M].4版.北京：中国人民大学出版社，2010.

[36] 高云龙，郜启扬.营销谋略与经典案例 [M].北京：社会科学文献出版社，2005.

[37] 祝开东.工艺美术专业技能实训与考核 [M].北京：中国农业出版社，2006.

[38] 唐赤华，戴克商.消费者心理与行为 [M].北京：清华大学出

版社，2007.

［39］张丽莉 . 消费心理学［M］. 北京：清华大学出版社，2010.

［40］华杉，华与华商学院 . 设计的目的［M］. 上海：上海文艺出版社，2021.

［41］马尔科姆 · 格拉德威尔 . 异类：不一样的成功启示录［M］. 苗飞，译 . 北京：中信出版社，2014.

［42］居斯塔夫 · 勒庞 . 乌合之众：群体时代的大众心理［M］. 张倩倩，译 . 北京：北京联合出版公司，2015.

［43］克劳德 • 霍普金斯 . 科学的广告 + 我的广告生涯［M］. 邱凯生，译 . 北京：华文出版社，2010.

［44］赫尔曼 • 艾宾浩斯 . 记忆［M］. 曹日昌，译 . 北京：北京大学出版社，2014.

［45］张戟 . 引爆市场［M］. 北京：现代出版社，2008.

［46］大卫 • 奥格威 . 一个广告人的自白［M］. 林桦，译 . 北京：中信出版社，2008.

［47］劳拉 • 里斯，艾 • 里斯 . 广告的没落，公关的崛起［M］. 寿雯，译 . 北京：机械工业出版社，2013.